全国中等职业技术学校汽车类专业教材

汽车调漆

人力资源和社会保障部教材办公室组织编写

中国劳动社会保障出版社

简介

本书的主要内容包括汽车调漆概述、汽车调色工具与设备的使用、面漆调色基础、面漆调色、汽车面漆的配制等。

本书由胡小牛主编，丁国存、董鹏、徐武军、宗俊平参编，高海红主审。在本书的编写过程中，得到了庞贝捷漆油贸易（上海）有限公司的支持与帮助，在此表示感谢！

图书在版编目（CIP）数据

汽车调漆/胡小牛主编. —北京：中国劳动社会保障出版社，2015
全国中等职业技术学校汽车类专业教材
ISBN 978-7-5167-1862-9

Ⅰ.①汽…　Ⅱ.①胡…　Ⅲ.①汽车-涂漆-中等专业学校-教材　Ⅳ.①U472.44

中国版本图书馆 CIP 数据核字（2015）第 131407 号

中国劳动社会保障出版社出版发行
（北京市惠新东街 1 号　邮政编码：100029）
*
北京市白帆印务有限公司印刷装订　　新华书店经销
787 毫米 × 1092 毫米　16 开本　14 印张　297 千字
2015 年 7 月第 1 版　　2021 年 12 月第 5 次印刷
定价：31.00 元

读者服务部电话：（010）64929211/84209101/64921644
营销中心电话：（010）64962347
出版社网址：http://www.class.com.cn
http://jg.class.com.cn

前　言

为了更好地适应中等职业技术学校汽车类专业教学要求，全面提升教学质量，人力资源和社会保障部教材办公室组织有关学校的骨干教师和行业、企业专家，在充分调研企业生产和学校教学情况、广泛听取教材用户反馈意见的基础上，对全国中等职业技术学校汽车类专业教材进行了修订和补充开发。

本次教材修订和补充开发工作的重点主要体现在以下几个方面：

第一，完善教材体系，更好地满足教学需求。

结合职业院校汽车类专业设置和办学特点，调整并完善了教材体系，与专业通用基础教材相衔接，开发了汽车维修、汽车电器维修、汽车钣金与美容、汽车检测、汽车营销等专业方向教材，构建了“通用基础平台＋不同专业方向平台”的教材体系。此外，还针对学校对电控技术、车载网络技术、新能源汽车等高新技术的教学需求，开发了相应的教材。

第二，反映技术发展，适应岗位职业能力需求变化。

随着汽车制造水平的不断提高，汽车维修的内容和工艺发生了相应变化；伴随着私家车保有量的不断增长，汽车营销、汽车美容等相关从业人员的职业能力要求也在发生相应变化。因此，本次修订工作注重在教材中增加新知识、新技术、新材料、新工艺等方面的内容，体现教材的先进性。同时，根据中级工从事相关岗位工作的实际需要，合理确定学习目标，对教材内容的深度、难度做了适当调整，同时注重综合职业能力的培养。

第三，融入先进教学理念，创新教材表现形式。

专业通用基础教材的编写以汽车及其零部件为载体，充分体现专业特色；专业方向教材的编写根据学校教学实际，充分体现一体化教学思路，增加了实训内容在教材中的比重。为了增强教材的表现效果，提高学生的学习兴趣，教材中使用了大量高质量的实物图片，部分教材采用双色或彩色印刷。

第四，开发辅助产品，提供教学服务。

为了方便教学，配套开发了习题册、教学参考书和电子课件。电子课件可通过人力资源和社会保障出版集团网站（http://www.class.com.cn）免费下载。

本次教材修订工作得到了河北、江苏、浙江、山东、山西、广东、广西、陕西等省、自治区人力资源和社会保障厅及有关学校的大力支持，在此表示诚挚的谢意。

人力资源和社会保障部教材办公室

2012 年 7 月

目　录

单元一　汽车调漆概述

课题一　汽车涂料简介

学习目标

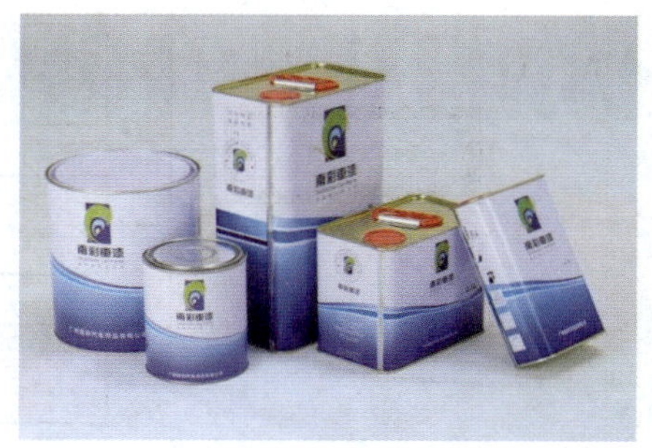

1. 了解汽车涂装、汽车调漆的概念。
2. 掌握汽车涂料的组成与分类。
3. 能正确选择和使用汽车涂料。
4. 了解汽车涂层的结构与作用。
5. 了解国内外主要的汽车修补漆品牌。
6. 掌握汽车面漆的性能和特点。

知识准备

汽车外表的90%以上都是涂装表面。汽车涂装是提高汽车产品的耐腐蚀性，延长其使用寿命的主要措施之一。同时，涂层的外观、颜色、光泽等直接影响人们对汽车质量的直观评价，决定了汽车的市场竞争能力。无论是在汽车制造行业，还是在汽车维修行业，汽车涂装都是一项非常重要的工作。

汽车涂装是指将涂料涂覆于经过处理的汽车底材表面上，经过干燥成膜的一种工艺。已经固化的涂料膜称为涂膜，由两层或两层以上的涂膜组成的复合层称为涂层。汽车表面涂装就是典型的多涂层涂装。

汽车调漆是根据调色原理和涂料特性，调配车身面漆颜色和施工黏度的涂装工艺。汽车调漆包括面漆调色和面漆配制两个工序。面漆调色是指根据颜色的三个基本属性，将两种或两种以上的不同基本颜色的色母按一定比例混合，并且针对具体车辆颜色进行微调，以产生所需要的理想颜色的过程；面漆配制是指根据面漆的特性和用量，将调好颜色的油漆、稀释剂、固化剂等按照一定比例混合，配制成适合喷涂的涂料的过程。

汽车的颜色五颜六色，如何调出与原车身相同的颜色，做到无痕修补是汽车修补涂装首要解决的问题。本书从汽车涂装修补的角度出发，重点介绍汽车面漆的调色和配制。

一、汽车涂料的组成与分类

1. 汽车涂料的组成

汽车涂料指涂装在汽车车身及零部件上的涂料，一般分为新车制造用涂料和旧车修补用涂料。现代汽车涂料大多为树脂涂料，由树脂、颜料、溶剂和添加剂组成，涂料的基本组成如图1—1—1所示。

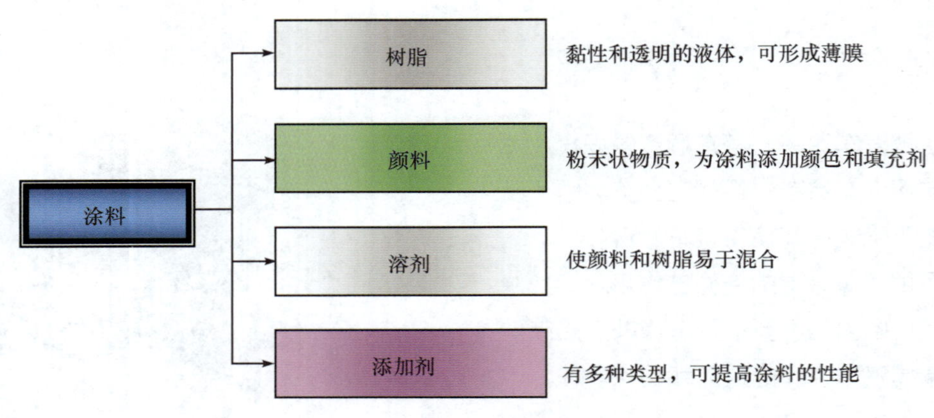

图 1—1—1　汽车涂料的组成

（1）树脂

树脂是涂料最基本的组成物质，属于非结晶型半固态或固态有机化合物，呈无色透明。树脂是涂料的主要成膜物质，对涂料的性能起着决定性的作用。树脂具有一定的保护与装饰性能，如光泽、硬度、弹性、耐水、耐酸碱等。对成膜树脂进行化学、物理改性后，可以提高涂膜的耐久性、附着力、防蚀性、耐磨性和韧性等。

（2）颜料

颜料是涂料中不挥发物质之一，它赋予面漆色彩和耐久性，起美观装饰作用，同时能提高涂料的遮盖能力，增强涂膜强度和附着力，改善涂料的流动性和涂装性能。颜料分为着色颜料（包括有机颜料、无机颜料及金属颜料）、体质颜料（主要用于改进涂料性能并降低成本，大多为天然白色或无色物）、防锈颜料（如氧化铁红、铝粉、红丹、铬黄、磷酸锌等）三种。

（3）溶剂

溶剂是涂料中的“挥发”成分，主要作用是充分溶解涂料中的树脂，使涂料能均匀涂布。优质的溶剂能改善面漆的涂布性能和涂膜特性，增强光泽，从而减少抛光工作量，同时也有助于更精确地调配颜色。常用的溶剂有烃类溶剂（如松香水、汽油、苯、二甲苯等）、烯类溶剂（如松节油等）、醇类溶剂（如乙醇、丁醇等）、酸类溶剂（如醋酸乙酯、醋酸丁酯等）、酮类溶剂（如丙酮、环己酮、甲乙酮等）、醇醚类溶剂（如乙二醇单乙醚、乙二醇单丁醚等）以及氯化烃类溶剂和水。

（4）添加剂

由于近十多年来涂料工艺发生了巨大变化，添加剂的使用也越来越普遍。虽然添加剂在涂料中的比例不超过5%，但它们起着各种重要作用。有能加速干燥并增强光泽的加速剂，有减缓干燥速度的缓凝剂，还有能减弱光泽的消光剂等。有些添加剂具有提高涂料综合性能的作用，具有减少起皱、加速干燥、防止发白、提高耐化学物质的能力。

2. 汽车涂料的分类

按涂料在涂膜中所起的作用不同，涂料可分为底漆、衬漆、面漆和原子灰等。

按照施工方法不同，涂料可分为刷漆、喷漆、烘干漆和电泳漆等。

按照使用效果不同，涂料可分为绝缘漆、防锈漆、防腐漆、耐酸漆和耐热漆等。

按是否含有颜料，涂料可分为清漆、色漆和含大量体质颜料的原子灰。

按溶剂构成情况不同，涂料可以分为溶剂型漆、水性漆、无溶剂型漆和粉末涂料。

按照成膜机理不同，涂料可分为氧化聚合型漆、双组份反应型漆、烘烤聚合型漆和溶剂挥发干燥型漆等。

按照涂料中主要成膜物质的不同，涂料可分为18类，见表1—1—1。

表 1—1—1　汽车涂料的分类

序号	代号	类别	主要成膜物质
1	Y	油脂漆类	天然植物油、清油（熟油）、合成油
2	T	天然树脂漆类	松香及衍生物、虫胶、乳酪素、动物胶、大漆及衍生物
3	F	酚醛树脂漆	改性酚醛树脂、纯酚醛树脂
4	L	沥青漆类	天然沥青、石油沥青、煤焦沥青
5	C	醇酸树脂漆	甘油醇酸树脂、季戊四醇醇酸树脂，其他改性醇酸树脂
6	A	氨基树脂漆	脲醛树脂、三聚氰胺甲醛树脂、聚酰亚胺树脂
7	Q	硝基漆类	硝基纤维素、改性硝基纤维素
8	M	纤维素漆类	乙基纤维、苄基纤维、羟甲基纤维、醋酸纤维、醋酸丁酸纤维、其他纤维
9	G	过氯乙烯漆类	过氯乙烯树脂、改性过氯乙烯树脂
10	X	乙烯漆类	氯乙烯共聚树脂、聚醋酸乙烯及其共聚物、聚乙烯醇、缩醛树脂
11	B	丙烯酸漆类	丙烯酸树脂、丙烯酸共聚物及其改性树脂
12	Z	聚酯漆类	饱和聚酯树脂、不饱和聚酯树脂
13	H	环氧树脂漆类	环氧树脂、改性环氧树脂
14	S	聚氨酯漆类	聚氨基甲酸酯

续表

序号	代号	类别	主要成膜物质
15	W	元素有机漆类	有机硅、有机钛、有机铝等元素有机聚合物
16	J	橡胶漆类	天然橡胶及其衍生物、合成橡胶及其衍生物
17	E	其他漆类	除以上成膜物质外的成膜物质，如无机高分子材料、聚酰亚、胺树脂等
18		辅助材料	稀释剂、防潮剂、催干剂、固化剂、脱漆剂等

二、汽车涂层的结构与作用

1. 汽车涂层的结构

由于单个涂层达不到高保护性和高装饰性的要求，所以汽车涂装采用多涂层体系。汽车多涂层体系通常由底涂层、中间涂层、面涂层和罩光涂层构成，其涂层总体厚度一般控制在100 μm左右，如图1—1—2所示。世界各国针对汽车涂层厚度的标准也略有差异，美国制造的汽车的涂层厚度为76~127 μm，欧洲制造的汽车为127~203 μm，日本制造的汽车为76~203 μm，中国制造的汽车为90~120 μm。

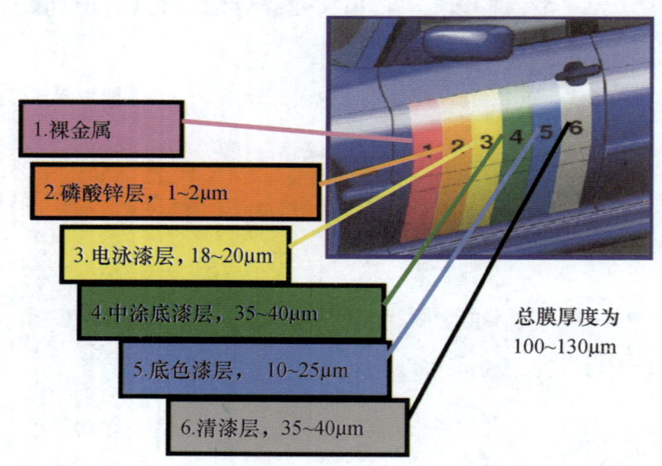

图 1—1—2 轿车车身涂层的结构和各涂层的厚度

2. 汽车涂层的作用

（1）保护作用

汽车属于户外用品，工作环境复杂、恶劣，而车身主要是由钢板制成，空气中的氧和水分会与车身发生反应，从而导致锈蚀。油漆涂层可以防止车身锈蚀的发生，从而保护车身，提高汽车的使用寿命。

（2）装饰作用

车身形状由表面造型和车身轮廓线条组成，例如平面、曲面以及各种曲线。汽车涂层可以使这些表面和线条更有立体感，同时加上涂层的色彩、光泽、鲜艳程度，绚丽的色彩与优美的线条融为一体，增加了车身的美感。

（3）标志作用

用特定颜色表明汽车特定的用途，这种标志作用在特种汽车上非常普遍。如消防车涂成大红色，邮政车涂成橄榄绿，救护车涂成白色并配上红十字标记，工程车涂成黄色与黑色相间的条纹等。

（4）特殊作用

特殊作用是指应用涂料的特殊性能使汽车具有特殊功能，从而完成特种作业或适应特定的使用条件。例如：化工物品运输车要在车体表面或车厢、罐仓内部涂布耐酸、耐碱、耐油、耐热及绝缘等涂料，以防止化学品渗漏或腐蚀汽车；军用汽车采用保护色达到隐蔽作用等。

三、汽车面漆及其配套产品

1. 汽车面漆的性能

车身底材不仅要用底漆防腐，还需要面漆的遮盖和屏蔽，以提高对金属的保护。面漆不但要有优良的装饰性（涂膜色彩鲜艳、光亮、丰满），而且需要具备良好的保护性。涂膜有耐候、耐水、耐油、耐磨及耐化学腐蚀性能的要求，因此，汽车面漆应具有以下几个方面的优越性能。

（1）外观装饰性。面漆应色彩鲜艳，光泽醒目，色差小，丰满度强和鲜映性好。

（2）硬度和抗石击性。面漆应坚硬、耐磨，且有足够的抗石击性（硬度一般在2H以上），以保证涂膜在汽车行驶中遇有路面沙石的冲击和摩擦时不会产生划痕。

（3）耐候性和抗老化性。耐候性和抗老化性是选择面漆的重要指标之一，如果汽车用面漆的耐候性及抗老化性不好，则使用不久后就会出现失光、变色及粉化，直接影响汽车的装饰性。

（4）耐湿热和防腐蚀性。为了满足汽车的使用要求，车身涂层应具有良好的耐湿热和防腐蚀性，在湿热条件下（如温度为40℃，相对湿度为90%）不能出现起泡或失光。

（5）耐化学药品性。面漆涂层在使用过程中，会与蓄电池电解液、润滑油、制动液、汽油、柴油及各种清洁剂等直接接触，因此，面漆涂层应具有良好的耐化学药品性。

（6）施工性能。高温原厂漆必须适应烘干温度在120℃以上、烘干时间在30 min等施工条件；在装饰性要求较高的场合，还应具有优良的抛光性能。汽车修补漆必须能与原厂漆相匹配，并能在60~80℃温度下烘烤成膜，适应于手工涂装。

面漆涂装的好坏，主要取决于其本身性能和前工序处理的好坏。底漆涂层不洁净，裂纹、凹坑没填好，表面研磨不光滑等也会带来面漆涂装的缺陷。面漆施工前，应了解涂料的性能，按照产品说明书给出的比例配制，采用正确的喷涂方法规范喷涂，以保证施工质量，提高面漆的装饰性。

2. 国内外主要汽车修补漆品牌

汽车面漆调色广泛用于汽车维修行业的修补涂装，修补涂装所使用的油漆为汽车修补漆。目前，汽车修补漆在高端市场上主要是进口品牌。进口品牌进入我国市场已有十多年的历史，在国内已有一批熟悉这些品牌色母特性的调色技术人员和完善的服务体系。

国产修补漆与进口修补漆在技术上还有较大的差距，比如目前还没有较好的国产高浓度色母。国产汽车修补漆是根据国内汽车市场需求而开发的，随着国产车销量的进一步提高，国产修补漆的市场会更大，在我国修补漆市场中已逐渐占主要地位。国内外主要汽车修补漆品牌见表1—1—2。

表 1—1—2 国内外汽车修补漆品牌

产地	企业名称	主要油漆品牌
国内品牌	福田纳路（原福田化学工业）	KJL、翼彩、诺思、TMK（新）
	银帆化学	银帆、闪彩、银迪
	雅图化工有限公司	皇冠、冠鼎、盈通、金易达、千色、千色晶彩
	江门联合涂料	AK、ZK、TY、ST、BBC、施得丽
	广州惠新汽车漆	惠新、新邦
	广东赢泽化学	长莹、广东增城
	明邦化工实业	邦派漆、N&D、金霸王、百合彩、千色龙
	东莞美洲豹	美洲豹、三益
	福莱姆汽车涂料	福莱姆、福瑞雅、轲龙
	兆邦涂料	中威优美、合邦、3E、欧蝶、博士、BSK
	秦皇岛大海汽车漆实业	大海、高邦、海格尔、格瑞尼
	大华涂料（中国）	宝岛（昆山）
	东来科技	高飞（上海）
	青岛德鑫	金邦、法力、铭牌、和鑫益
	金蚂蚁集团	金鲨
国外品牌	阿克苏诺贝尔 - 荷兰	新劲、莱顺、妙龙
	庞贝捷（PPG）- 美国	达壮、高霸、威宝
	宣威 · 威廉姆斯 - 美国	宣威、奥特 7000
	卜内门（ICI）- 英国	2K、贝高、NEXA——（目前被 PPG 收购）
	杜邦 - 美国	先达利、Standox 、杜丽、lucite

续表

产地	企业名称	主要油漆品牌
国外品牌	巴斯夫 - 德国	鹦鹉、RM、百事利
	贺柏兹 - 德国	施必快——（目前已被杜邦收购）
	爱犬 - 意大利	MAXMEYER、MMD、GOLDJOB、WBA、VSO
	得彩（DPI）- 韩国	DPI
	金刚化工（KCC）- 韩国	KCC
	关西	关西
	立邦 - 日本	洛可施（LACS）、耐可施（NAX）
	意大利	天意达
	埃及	埃卡
	实创化工	斯卡夫、优尼克、吉尼斯、圣菲尔、惊艳、必德、丸田、金丸田、贝阳、特耐特美
	邦尼制漆	邦尼、埃尔夫、猎头、火焰山、奥斯达、恩普特、博克斯、多利莱

3. 汽车面漆及其配套产品

汽车面漆通常包括成品面漆、颜色色母和罩光清漆。汽车面漆配套产品的种类比较多，常见的配套产品有固化剂、稀释剂、驳口水、1K调和树脂及2K调和树脂等。

（1）色母

色母，顾名思义为颜色之母，是用来调配车身颜色的面漆。色母有1K色母和2K色母之分。

1K色母是单组份色母，是不需要添加固化剂就能直接干燥成膜的面漆，在汽车调色色母系列中，有1K素色色母、1K珍珠/银粉色母；2K色母是双组份色母，由甲组份面漆与乙组份固化剂组成，使用时按一定比例混合才能产生充分的化学反应，以达到固化成膜与干燥的效果。有的高档进口漆用高浓缩通用色母，没有1K、2K的分别，如杜邦、ICI系列。使用时加入配套的树脂，一般配比为1∶1。

（2）清漆

根据固体含量的多少，清漆分为中浓清漆和高浓清漆，也有的分为镜面清漆、水晶清漆、高光清漆等。选择时，应首先考虑高固体含量、高膜厚、高光泽与高硬度的清漆。使用时，应严格按照各涂料厂商给定的清漆与固化剂、稀释剂的比例配比。固化剂多加会使涂膜变脆，易开裂；少加则会造成干燥变慢，硬度下降，易失光。稀释剂多加会使涂料黏度太低，导致涂膜失光快，成膜薄，易流挂；稀释剂少加会使涂料黏度太高，导致流平较差，镜面效果不佳。

（3）固化剂

固化剂是与2K色母、成品漆、清漆配套使用的产品，具有耐候、抗黄变、提高涂膜硬度及耐化学品的性能，与2K面漆起化学反应而干燥成膜。固化剂一定要与2K面漆配套使用，并按涂料产品说明书给定的比例进行调配。

（4）稀释剂

稀释剂能提高涂膜附着力，降低涂膜黏度，增加涂膜平滑程度。面漆配制时应使用同一生产厂家配套的稀释剂，并按各生产厂家规定的比例进行调配。

稀释剂根据挥发性能的不同，分为快干稀释剂、标准稀释剂、慢干稀释剂和超慢干稀释剂。当室外温度为5~15℃时，选用快干稀释剂；当室外温度为15~28℃时，选用标准稀释剂；当室外温度为28~35℃时，选用慢干稀释剂；当室外温度高于35℃或湿度高于70%时，选用超慢干稀释剂。

（5）驳口水

驳口水具有很强的溶解能力，局部修补时，通常用驳口水溶接2K色漆、2K清漆涂膜新旧接口的位置，使新旧涂膜融为一体，达到无痕修补的效果。

（6）调和树脂

调和树脂有1K调和树脂与2K调和树脂之分。

1K调和树脂又称为金属漆调和树脂，能改善珍珠银粉的定向排列，提高1K珍珠银粉的附着力，减少涂膜浮色发花现象。在调配珍珠/银粉漆时，如果色母较浓，则可以加入1K调和树脂进行冲淡，但添加时应控制在10%（质量分数）以内，过多会使涂料的遮盖力变差。

2K调和树脂可以增加2K面漆的表面光泽度及耐候性，添加时应控制在10%（质量分数）以内，否则会使遮盖力变差。

技能训练

训练1　常用汽车涂料的认知

普通底漆

塑料底漆

1. 底漆

（1）作用

底漆是直接涂在经过表面处理的车身表面的基础涂料。具有增强金属表面与原子灰之间的附着力，防止金属表面氧化腐蚀，提高金属防腐蚀能力的作用。

（2）分类

根据用途不同，分为普通底漆和特殊用途底漆，特殊用途底漆包括塑料底漆、磷化底漆、带锈底漆等。

（3）产品特性

良好的附着力、防腐功能、抗碱性能。

续表

 合金原子灰  填眼灰	2. 原子灰 （1）作用 用来填平底材上的凹坑、缝隙、孔眼、焊疤、刮痕以及加工过程中所造成的表面缺陷。 （2）分类 根据使用场合不同，分为普通原子灰、合金原子灰、纤维原子灰、塑料原子灰和幼滑原子灰等。 （3）产品特性 易刮涂、干燥快、不龟裂、不塌陷、易打磨。填充性好，对底材附着力强，耐高温，涂膜平整、配套性好。
 中涂底漆  封闭底漆	3. 衬漆 （1）作用 增强底漆与面漆间的附着力，增强涂层的丰满度，提高面漆的装饰性。通过添加特种填料降低涂膜的透水性、透气性，增强抵抗水、氧、电解质等腐蚀介质的能力。 （2）分类 根据使用场合不同，分为中涂底漆和封闭底漆。 （3）产品特性 良好附着力、结合力、填平性、打磨性和封闭性。
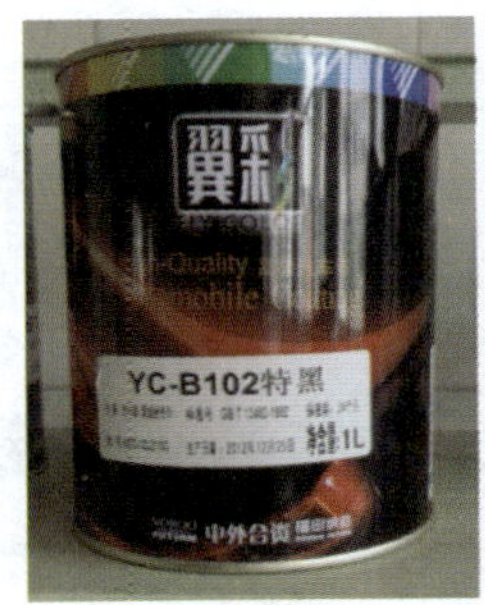 色漆 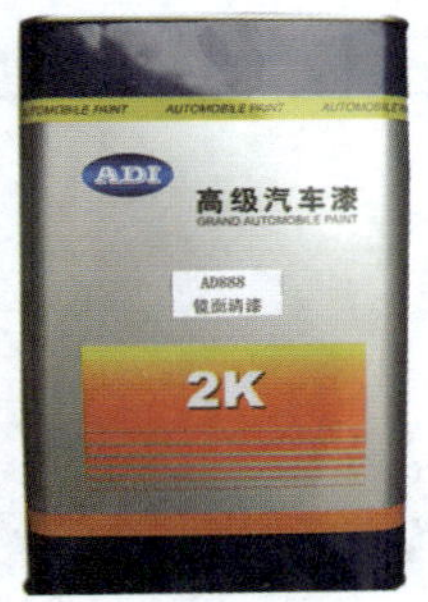 清漆	4. 面漆 （1）作用 面漆是涂层中最外层的涂料，在漆膜中起装饰和保护作用，面漆的质量直接影响着整个漆膜的质量。 （2）分类 根据其作用不同分为色漆和清漆。 （3）产品特性 具有优良的装饰性、耐腐蚀性、耐候性和耐崩裂性。

续表

稀释剂

5. 辅料

（1）稀释剂

稀释剂用来稀释油漆，使稀释后的油漆符合施工黏度的一种重要辅助材料。每一个品牌的油漆都有其配套使用的稀释剂，不同品牌或同一品牌不同类型的稀释剂不能混用。

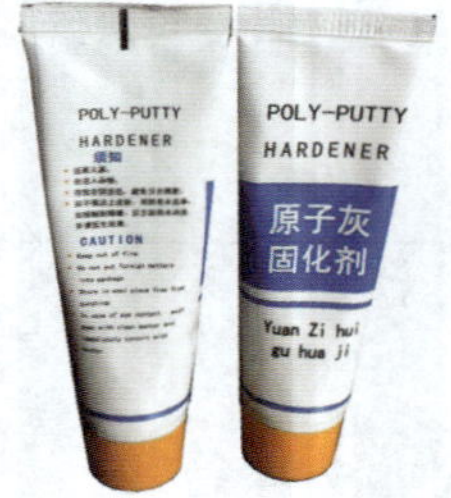

原子灰固化剂

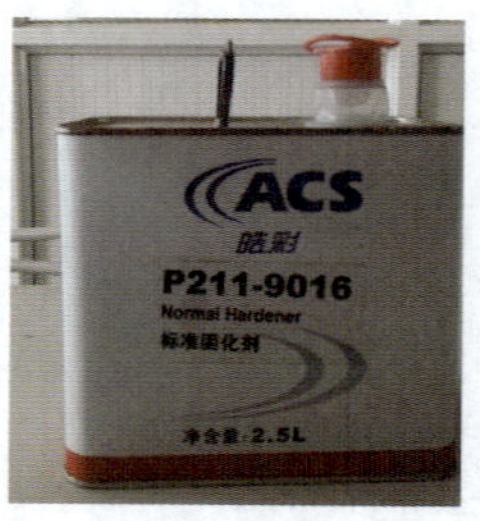

面漆固化剂

（2）固化剂

固化剂是双组份涂料固化的辅助材料，双组份涂料必须加入固化剂才能固化。汽车涂装常用的固化剂有原子灰固化剂和油漆固化剂。固化剂的使用要严格按照产品说明书的比例控制用量，添加过量或不足都会影响涂膜的质量。

调和树脂

驳口水

（3）添加剂

汽车涂料添加剂的作用是提高涂膜的性能，使涂料适应喷涂环境。汽车涂装常用的添加剂有提高涂膜性能的调和树脂，溶接新旧涂膜的驳口水，提高涂膜平整度的流平剂等。

训练评价

考核要求

1. 在规定的时间内完成常用汽车涂料的认知。
2. 应及时指正在操作过程中出现的违规操作。
3. 符合安全文明生产的要求。

考核标准

考评标准表——常用汽车涂料的认知

考核时间	考核项目	分值	评分标准与指导	评价结果
30 min	底漆的认知	15	按要求酌情扣分，并指正	
	原子灰的认知	15	按要求酌情扣分，并指正	
	衬漆的认知	15	按要求酌情扣分，并指正	
	面漆的认知	25	按要求酌情扣分，并指正	
	辅料的认知	20	按要求酌情扣分，并指正	
	“6S”操作规范的认知	10	每项扣 2 分，扣完为止	
	遵守相关安全操作规范		因违规操作发生人身和设备事故，终止考核，成绩按 0 分计；超时，每分钟扣 2 分，超时 5 min 终止考核	
	分数合计	100		

思考题

1. 简述常用汽车涂料的种类和作用。
2. 国内主要汽车修补漆品牌有哪些？各自有什么特点？

课题二　调漆作业安全与防护

学习目标

1. 了解调漆作业中汽车涂料的危害。
2. 熟悉调漆作业中常用的安全防护用品。
3. 掌握汽车调漆作业的安全操作规范。
4. 掌握汽车调漆作业的6S操作规范。
5. 在调漆作业中能做好安全防护工作。
6. 能进行调漆作业的6S规范操作。

知识准备

一、汽车涂料的危害

汽车调漆作业时刻都与涂料和溶剂打交道，绝大部分涂料及溶剂都是易燃和有毒物质，这些有毒物质可以使人体的神经组织麻痹，产生行动和语言的障碍。

汽车涂料中主要的有害物质是有机溶剂型混合物或挥发气体，如甲氧基醋酸丙酯乙醇、丁醇、二甲苯、醋酸乙酯和醋酸丁酯；含有苯乙烯的聚酯类，如中涂底漆和原子灰；固化剂中的异氰酸盐和有机类过氧化物；水性涂料中的胺类化合物；侵蚀性防锈底漆以及含有重金属铬、铅和锌的涂料。另外，油漆中苯蒸气达到一定浓度可致人死亡，长期接触苯会引起慢性中毒，形成白细胞减少、血小板降低、骨髓造血功能发生障碍等疾病。有害物质对人体的危害见表1—2—1。

表 1—2—1　　有害物质对人体的危害

类别	有害成分	对人体的危害
颜料	铅	对神经系统、血液系统、肾脏系统、生殖系统
	铬	对呼吸道、消化道的损害，皮肤溃伤、鼻中隔穿孔
	镉	对呼吸道、肾脏系统的损害
树脂	一般为合成物质	对呼吸道、皮肤的损害，引起过敏
溶剂	甲苯、二甲苯等	对中枢神经、皮肤、肝脏的损害
固化剂	一般为异氰酸酯	刺激皮肤、黏膜，引起呼吸器官障碍，导致呼吸急促、发冷、发烧等类似感冒的症状

二、调漆作业的安全防护

虽然调漆作业具有一定的危害，但只要采取适当的防护措施，这些危害可以避免或将危害减轻到最低限度。为保障工作人员的人身安全，减少职业病的发生，调漆作业时要求佩戴防护用具，这也是保证涂装质量的必要措施。

1. 呼吸系统的保护

腐蚀性溶液和溶剂所蒸发的气体、喷样板时的喷雾都会给呼吸系统带来危害。即使在通风良好的环境下，操作者仍需佩戴呼吸保护器。常见的呼吸保护器有防尘口罩、滤筒式防毒面具和供气式防毒面罩三种。调漆作业通常使用滤筒式防毒面具，分为单筒式（见图1—2—1）和双筒式（见图1—2—2）两种。滤筒式防毒面具由脸部面罩和可更换的滤毒罐组成，滤毒罐中的活性炭滤芯通常用无毒、无味、无过敏源和无刺激性材料制成，可以吸附空气中的有害物质。滤筒式防毒面具必须定期更换，活性炭滤芯的有效工作时间为8~10 h。调漆作业中，活性炭对磁漆、硝基漆以及其他非氰化涂料有较好的防护效果，但对氰化涂料则无防护作用。

2. 头部的保护

在调漆作业过程中，由于调漆室内空气流通性差，大量的溶剂挥发在空气中，喷涂样板时会产生漆雾，这些有害物质会黏附在头发上，伤害头发和头皮。为了保护头部，在作业过程中需要戴工作帽。调漆作业使用的安全帽有防静电工作帽（见图1—2—3）和普通棉质工作帽（见图1—2—4）两种，喷漆用的防静电连体工作服上的帽子可以代替工作帽使用。留有长发的工作人员要将头发扎结在头后，用工作帽完全包裹住，才能从事调漆作业。

图 1—2—1　单滤筒式防毒面具

图 1—2—2　双滤筒式防毒面具

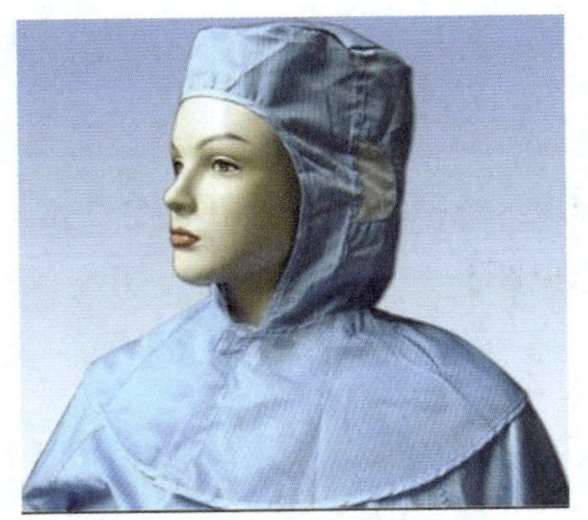

图 1—2—3　防静电工作帽

图 1—2—4　普通棉质工作帽

3. 眼睛和脸部的保护

调漆作业时有蒸发的涂料蒸气和滴洒的涂料，可能会伤及眼睛。眼睛和脸部的防护用具有防尘镜、护目镜和防护面具三种，如图1—2—5所示。调漆时需要佩戴护目镜，护目镜镜片进行了特殊处理，具有不起雾功能，以保证涂装作业的正常进行。

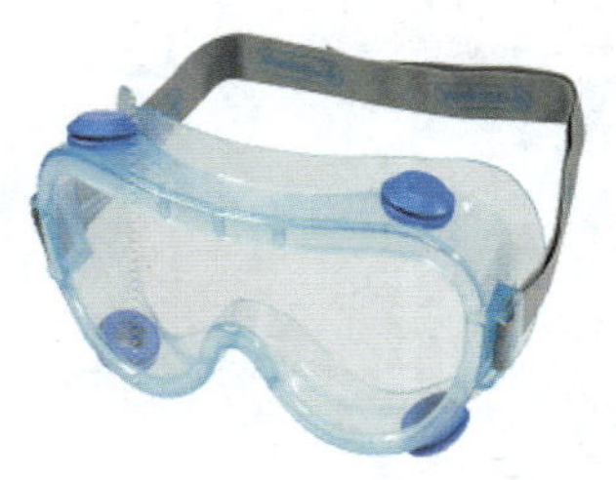

防尘镜

护目镜

防护面具

图 1—2—5　眼睛和脸部的防护用具

4. 耳朵的保护

空气压缩机或机械打磨时所发出的噪声，会对人们的听觉产生不利的影响，长期工作会使操作人员听力下降，甚至会损伤耳膜，导致耳聋。耳塞是常用的耳朵保护用品，耳塞有多种样式（见图1—2—6），工作人员应根据工作环境选用不同的耳塞。调漆作业中，视具体工作环境而定，无噪声则不需要佩戴耳塞。

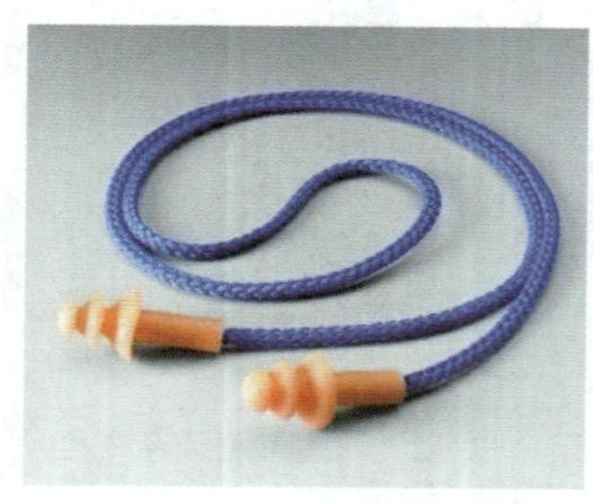

图 1—2—6　各式耳塞

5. 手的保护

为防止调漆作业中涂料、溶剂等对手造成伤害，工作时应佩戴安全手套。当手上沾上难以洗净的涂料时，可以用工业磨砂洗手膏（见图1—2—7）清洗，切不可用稀释剂洗手。

图 1—2—7　磨砂洗手膏

汽车涂装作业经常使用的手套有棉纱手套、乳胶手套、防溶剂手套三种，如图1—2—8所示。棉纱手套适用于打磨、除尘、清理等场合；乳胶手套适用于刮涂、调色、喷涂等与溶剂不直接接触的场合；防溶剂手套适用于除油、清洗喷枪等与溶剂直接接触的场合。调漆作业不与溶剂直接接触，但要保证手指的灵活性，需要佩戴乳胶手套。

棉纱手套

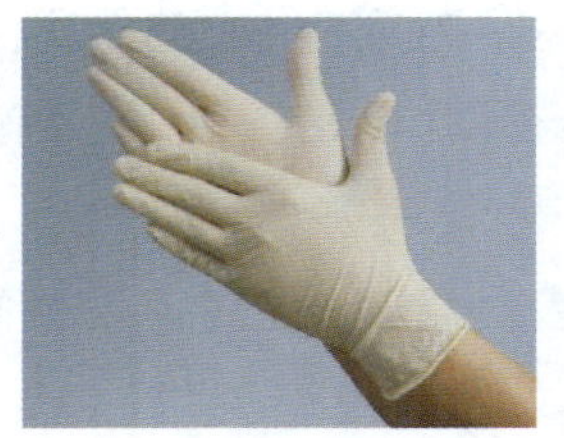
乳胶手套

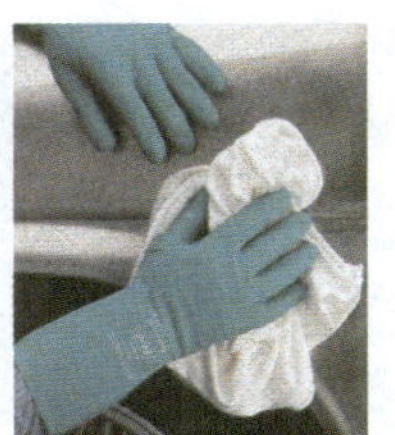
防溶剂手套

图 1—2—8 手套

6. 脚的保护

在涂装作业时，应穿戴有金属脚尖衬垫及防滑的安全工作鞋，金属脚尖衬垫可以保护脚趾不受落下的物体砸伤。安全工作鞋如图1—2—9所示，在任何涂装作业场合都可以穿。

图 1—2—9 安全工作鞋

7. 身体的保护

在涂装作业过程中，身体主要靠工作服来保护。为了保证涂膜的质量，工作服面料应不起毛。工作服的上衣应是长袖，工作裤要有足够的长度，以能盖到鞋头为好。涂装作业的工作服有棉质工作服（见图1—2—10）和防静电工作服（见图1—2—11）两种。棉质工作服主要用于打磨、贴护等场合，防静电工作服用于喷漆、调漆等场合。

图 1—2—10 普通棉质工作服

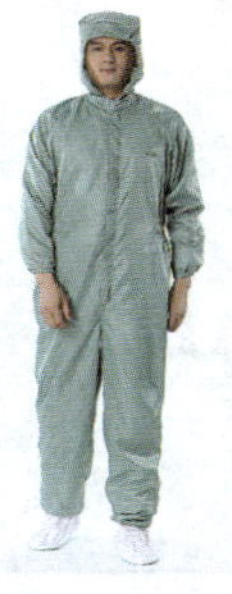
图 1—2—11 防静电工作服

三、调漆中心的安全管理

调漆作业在专门的调漆中心进行，调漆中心包括调漆设备、汽车涂料、各种辅料和材料货架等，其中涂料、稀释剂、固化剂等不但是易燃易爆物品，同时也是有害气体产生之源。为了确保生产安全，更好地为喷漆车间服务，必须做好安全防护措施。

1. 调漆中心的管理规定

（1）调漆中心为油漆材料重地，严禁烟火。

（2）非油漆工作人员禁止入内。

（3）调漆中心工作人员应保持调漆中心6S状况良好，地面湿度正常。

（4）调漆中心用电设备及照明电器应采用防爆设施，确保安全用电。

（5）调漆中心应保持通风状态良好，空气对流，换气扇工况良好。

（6）调漆工作人员每天应对调漆设备的工况性能进行检查，如有异常，应立即通知管理人员维修处理。

2. 调漆中心的环保要求

（1）废弃物控制

液态废油漆和溶剂应集中回收在旧金属桶内，盖好盖子，以防挥发至调漆中心，危害工作人员的身体健康。过滤用的废滤网、废塑料杯、废手套应统一回收，集中处理。

（2）防泄漏控制

在调漆过程中应防止油漆、各种溶剂泄漏，并注意节约油漆。可在地面放置一油盘，万一有油漆或溶剂泄漏在地面，应及时用干抹布擦净。

四、调漆作业的6S规范

1. 调漆作业的 6S 管理

（1）将所有调漆资料整理上架，置于容易查阅的地点，如图1—2—12所示。

（2）样板置于专用的样板架上，按车型、颜色贴好标签，如图1—2—13所示。

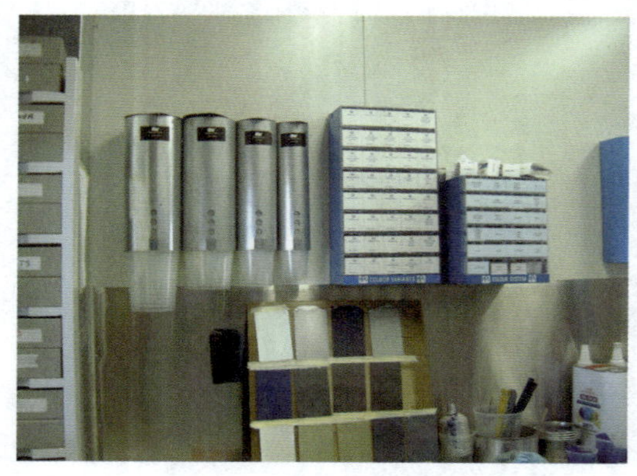

图 1—2—12　资料架

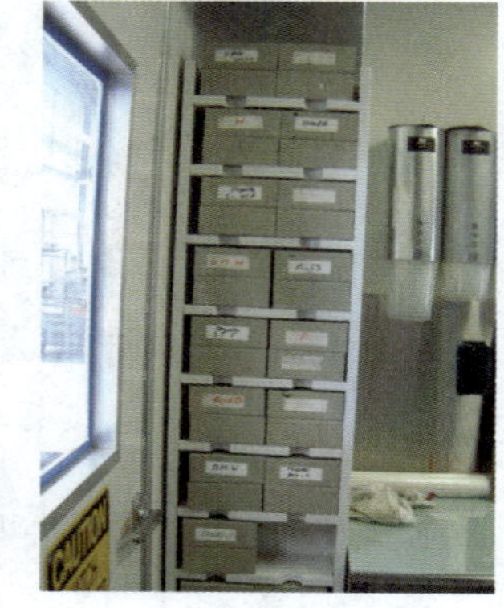

图 1—2—13　样板架

（3）调漆室所有设备摆放在定位标示格线内。

（4）备用漆料架、工具架、色母架、剩漆架等都应制作标签，标示号码。

（5）制作标签，标示色母名称、漆料和工具名称、剩漆颜色编码。

（6）每日检查各物品是否摆放到位。

2. 调漆工具、漆料存储管理

（1）色母、辅料、剩余油漆分别、归类存放，如图1—2—14所示。

（2）调漆间内只存放少量备用色母。涂料存放只预留3~5天的量，以及少量与其配套的漆料、辅料。

（3）剩余油漆应密封存放，贴好标签，标明颜色色号、配方，妥善保管。

（4）涂料依据先到先出原则进行摆放及使用。

（5）调漆用的工具和设备要定期保养，经常清洁，定点存放，调漆台的摆放如图1—2—15所示。

图 1—2—14　色母的摆放

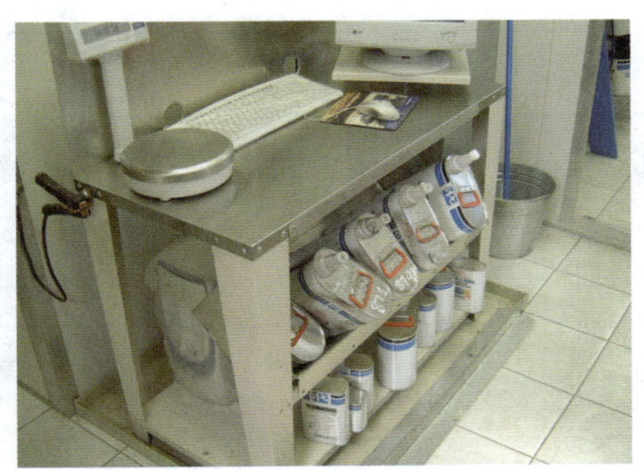

图 1—2—15　调漆台

五、安全防火技术

汽车涂装仓库和车间属于火灾危险区，应设置相应的消防设施，更主要的是防患于未然。如果发生火灾，要快速做出反应，采用合理的灭火方法。

常见灭火方法有三种：移去或隔离火源，使之熄灭；隔绝空气（即切断氧气），使之熄灭，比如将二氧化碳气体直接喷射到燃烧物体上；用冷却法使燃烧物体的温度降低到着火点以下。

涂装车间所有作业人员应熟知安全防火知识、火灾类型及灭火方法，会使用各种消防设施，一旦发生火灾，应立即切断电源，以防火势蔓延。当工作服上着火时，切勿惊慌失措，应就地打滚扑灭火苗。常用灭火器的类型及适用范围见表1—2—2，常见火灾类型及灭火方法见表1—2—3。

表 1—2—2　常用灭火器的类型及适用范围

灭火器类型	药液化学成分	适用范围
酸碱式	硫酸、碳酸氢钠	非油类及电器的一般火灾
泡沫式	硫酸钠、碳酸氢钠	液体溶剂、涂料类失火
高倍数泡沫	脂肪醇、硫酸钠加稳定剂、抗燃烧剂	火源集中、泡沫堆积等场合的火灾
二氧化碳	液态二氧化碳	电器失火

续表

灭火器类型	药液化学成分	适用范围
干粉灭火	碳酸氢钠等盐类，并加有适量润滑剂和防潮剂	扑救涂料类、可燃气体和遇水燃烧等物品的初期起火
四氯化碳	液态四氯化碳	电器失火
1211	二氟一氯一溴甲烷	油类、有机溶剂、高压电气设备、精密仪器等

表 1—2—3　常见火灾类型及灭火方法

序号	燃烧物	火灾初起时的灭火方法	灭火原理
1	有机纤维类普通燃烧材料（如擦漆用的废棉纱和抹布之类）	用黄沙扑火，或用水或酸碱式、泡沫灭火器扑火	起冷却降温、隔离空气的作用
2	不溶于水的有机溶剂、涂料（如稀释剂、清漆、色漆之类）	用二氧化碳灭火器扑火，或用泡沫灭火器和石棉毯压盖	隔绝空气
3	可溶于水的有机溶剂（如醇和醚类等）	用水扑灭	冲淡溶液而灭火，或将容器盖严而隔绝空气
4	在电气设备、仪器上或附近燃烧（如空气压缩机、静电设备等仪器仪表）	用四氯化碳或二氧化碳灭火器扑火	四氯化碳蒸气比空气重，可在物体上形成隔绝空气的气体并具有冲淡氧气作用，但只能在通风处使用，因其蒸气有毒

技能训练

训练1　滤筒式防毒面具的维护

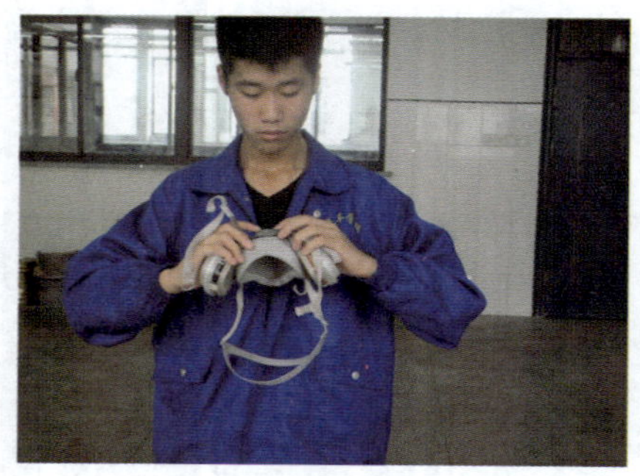

1. 防毒面具的检查

方法：

（1）检查面具有无裂纹、脏污。

（2）检查呼吸阀有无变形、撕裂，内部有无脏污。

（3）检查头带是否完整、有弹性。

（4）检查过滤罐座是否良好，有无裂纹。

（5）检查呼吸是否顺畅，防毒面具有无漏气。

提示：

（1）呼吸不顺畅时，应马上更换滤毒罐。

（2）活性炭滤毒罐的有效工作时间为 8~10 h。

续表

	2. 防毒面具的清洗 方法： （1）拆下过滤棉和滤毒罐。 （2）将防毒面具浸入不超过 50℃的温水中，加入中性清洗剂，用软刷刷洗至干净。 （3）用干净的温水冲洗、晾干。 （4）置于工作区外，密封保存。 提示： （1）过滤棉和过滤罐不能清洗。 （2）建议每次使用防毒面具后都进行清洁。
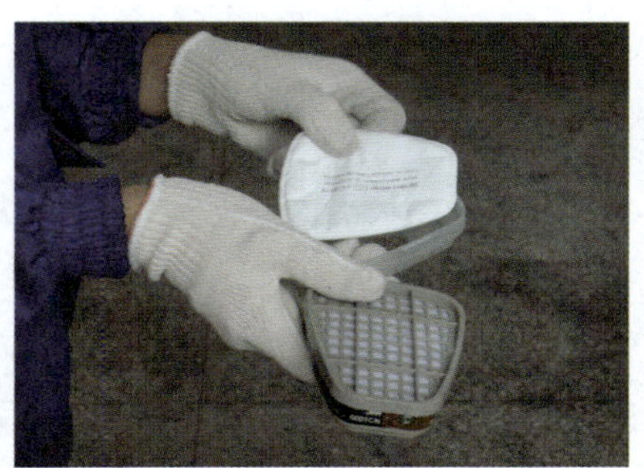	3. 防毒面具的组装 方法： （1）将过滤棉印有文字的一面朝向滤毒罐，放入塑料盖中。 （2）将塑料盖扣向滤毒罐并卡住。 （3）将滤毒罐上的标记对准面具上的标记，然后扣上。 （4）以顺时针方向转动滤毒罐至卡定位置。 提示： 组装时，确保各部件安装到位并卡定。
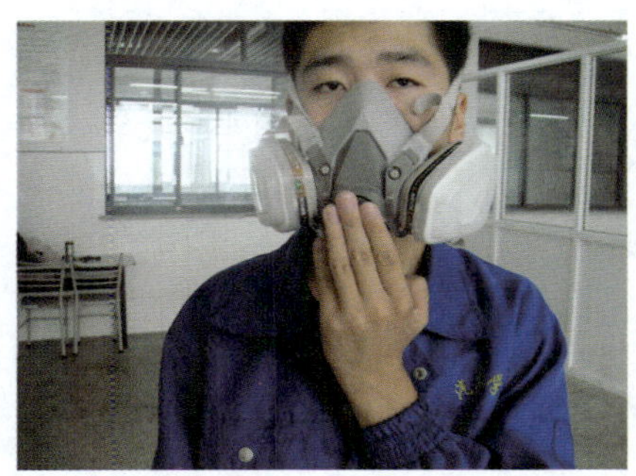	4. 防毒面具的测试 （1）正压测试方法 用手掌盖住呼气阀并慢慢向外呼气，密封性良好的防毒面具应该向外慢慢鼓胀，没有气体从面部和面具的结合处泄漏。 提示： 若有泄漏，应重新调整面具的位置、头带的松紧度，直至密封良好。
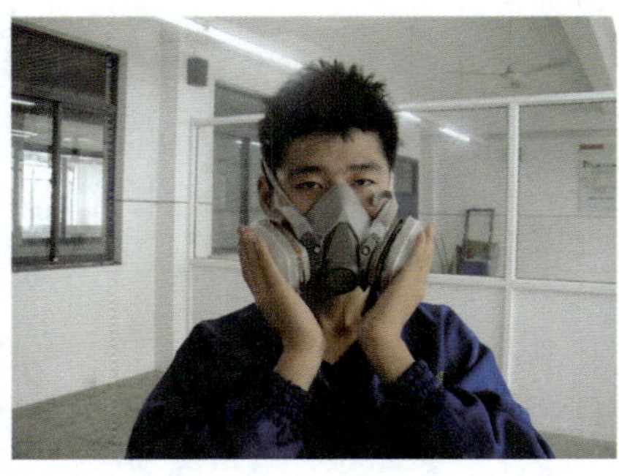	（2）负压测试方法 用手掌盖住滤棉的中心位置，轻轻吸气，密封性良好的防毒面具会有轻微塌陷，并向脸部靠拢，感觉不到气体进入。若有气体进入，则应进行调整。 提示： 若调整后测试仍然有气体进入，应检查呼气阀和面具是否破裂漏气。

训练2　防护用品的使用

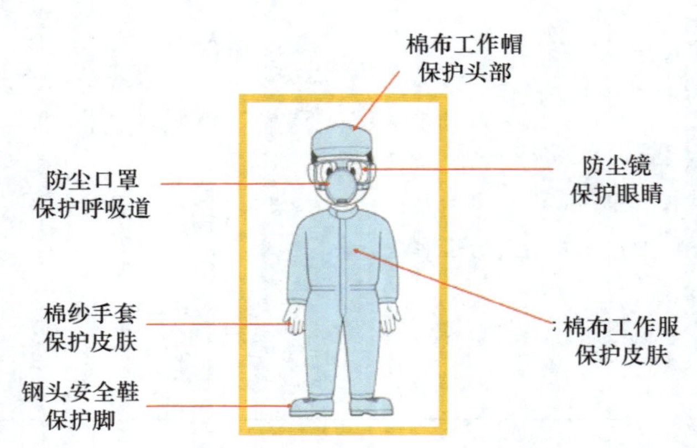	1. 打磨、抛光作业防护 方法： 操作者佩戴工作帽、防尘镜、耳塞、防尘口罩、棉质工作服、棉纱手套、安全鞋。 提示： 打磨作业的典型危害是打磨粉尘和噪音。 防尘口罩可以滤掉打磨等作业过程中80%以上的尘埃颗粒。
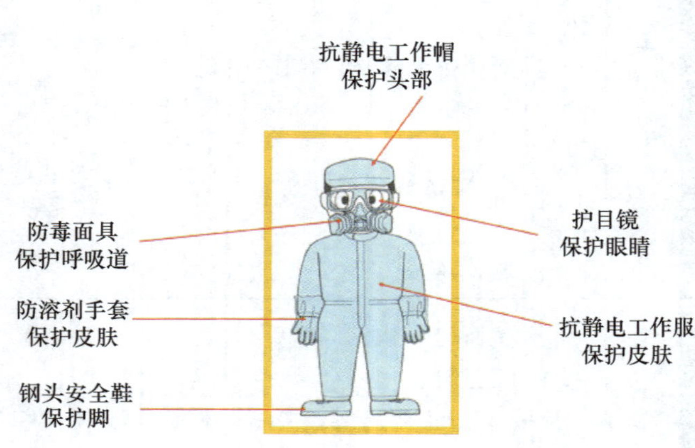	2. 化学除旧漆、除锈、除油、清洗喷枪作业防护 方法： 操作者佩戴抗静电工作帽、护目镜、防毒面具、抗静电工作服、防溶剂手套、安全鞋。 提示： 该作业主要针对皮肤接触化学物品，呼吸系统吸入的有害气体进行防护。
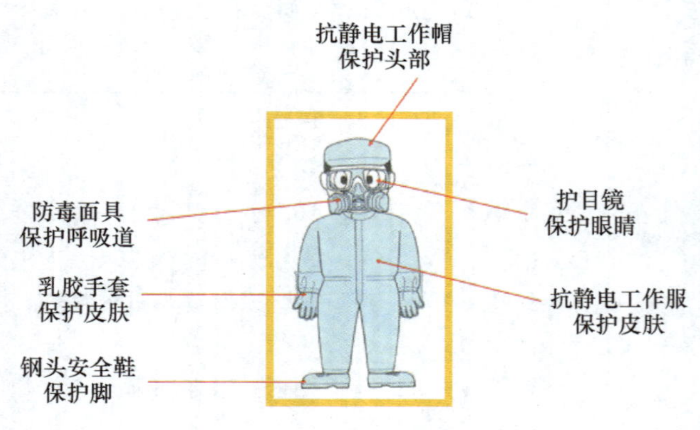	3. 原子灰刮涂、调色、非氰化涂料喷涂作业防护 方法： 操作者佩戴抗静电工作帽、护目镜、防毒面具、抗静电工作服、乳胶手套、安全鞋。 提示： 乳胶手套能阻隔溶剂，同时使作业方便。

续表

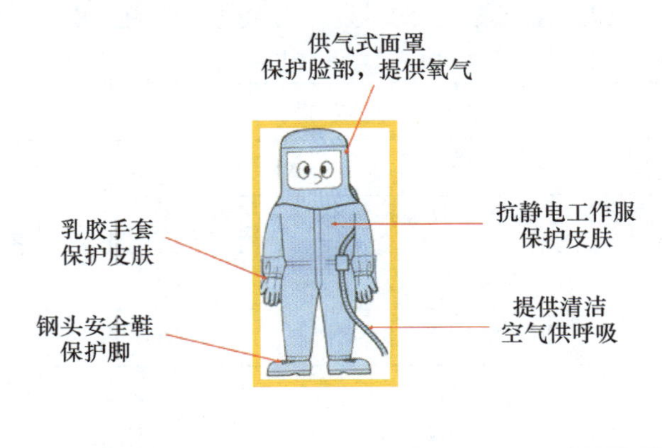	4. 氰化涂料喷涂作业防护 方法： 操作者佩戴全面供气式防毒面罩、抗静电工作服、乳胶手套、安全鞋。 提示： 全面供气式防毒面罩罩住整个头部，能对头部进行有效的保护。
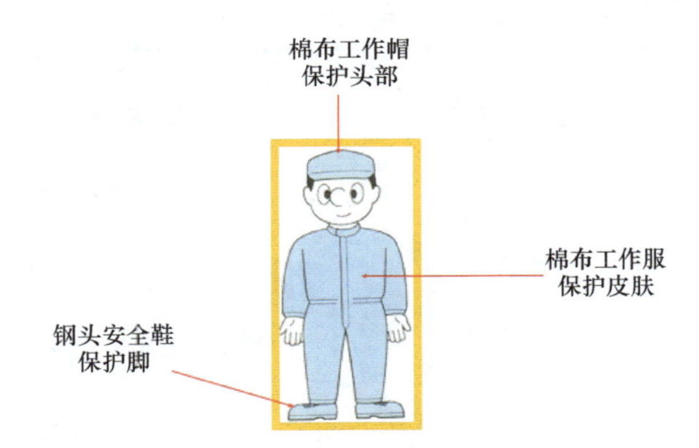	5. 遮盖、涂膜测试作业防护 方法： 操作者佩戴工作帽、棉质工作服、安全鞋。 提示： 该作业的灰尘少，不与有机气体接触，只需要基本防护即可。

训练评价

考核要求

1. 在规定的时间内完成防护用品的使用与维护，使之符合技术标准。
2. 应及时指正在操作过程中出现的违规操作。
3. 符合安全文明生产的要求。

考核标准

考评标准表——防护用品的使用与维护

考核时间	考核项目	分值	评分标准与指导	评价结果
30 min	打磨作业防护用品的使用	10	按要求酌情扣分，并指正	
	除油作业防护用品的使用	10	按要求酌情扣分，并指正	
	调色作业防护用品的使用	10	按要求酌情扣分，并指正	
	喷涂氰化涂料防护用品的使用	10	按要求酌情扣分，并指正	

续表

<table>
<tr><th>考核时间</th><th>考核项目</th><th>分值</th><th>评分标准与指导</th><th>评价结果</th></tr>
<tr><td rowspan="8">30 min</td><td>遮盖作业防护用品的使用</td><td>10</td><td>按要求酌情扣分，并指正</td><td></td></tr>
<tr><td>防毒面具的检查</td><td>10</td><td>按要求酌情扣分，并指正</td><td></td></tr>
<tr><td>防毒面具的清洗</td><td>10</td><td>按要求酌情扣分，并指正</td><td></td></tr>
<tr><td>防毒面具的组装</td><td>10</td><td>按要求酌情扣分，并指正</td><td></td></tr>
<tr><td>防毒面具的测试</td><td>10</td><td>按要求酌情扣分，并指正</td><td></td></tr>
<tr><td>“6S”操作规范的认知</td><td rowspan="2">10</td><td>每项扣 2 分，扣完为止</td><td></td></tr>
<tr><td>遵守相关安全操作规范</td><td>因违规操作发生人身和设备事故，终止考核，成绩按 0 分计；超时，每分钟扣 2 分，超时 5 min 终止考核</td><td></td></tr>
<tr><td>分数合计</td><td>100</td><td></td><td></td></tr>
</table>

思考题

1. 调漆作业时应穿戴哪些防护用品？
2. 简述滤筒式防毒面具的维护步骤。

单元二　面漆调色设备的使用

课题一　面漆调色工具和设备的使用

学习目标

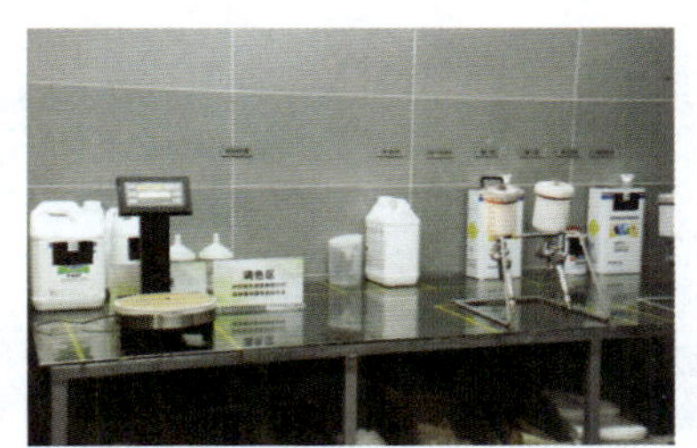

1. 了解常用调色工具设备的种类和用途。
2. 掌握常用调色工具的使用方法。
3. 掌握基本调色设备的使用方法。
4. 能够熟练使用电子秤进行配色。
5. 能正确使用烘箱干燥比色样板。
6. 能正确使用比色灯箱进行颜色比较。

知识准备

汽车面漆调色的主要工具和设备有电子秤、样板、调漆杯、调漆搅拌尺、色卡、比色灯箱、烘箱、调漆机等。

一、面漆调色基本工具

1. 调漆杯

在调漆过程中，用来盛装涂料的容器称为调漆杯。调漆杯根据大小不同，有0.2 L、0.3 L、0.5L、1 L、2 L等不同容量；根据杯子硬度不同分为硬质调漆杯和软质调漆杯，如图2—1—1所示。调漆杯一般都是用塑料制成，具有质量轻、耐酸碱、耐高温、无毒无味等特点。

软质调漆杯

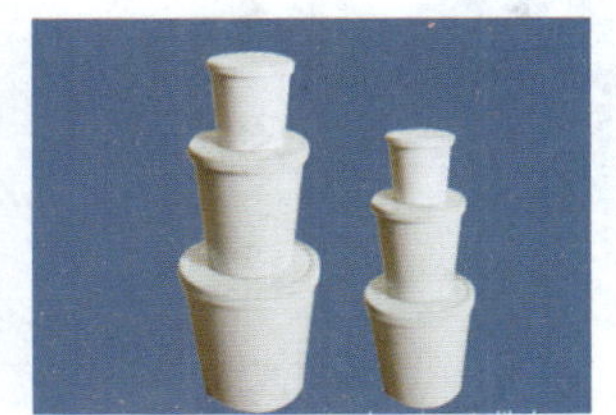

白色PE硬质调漆杯

图 2—1—1　调漆杯

2. 调漆尺

调漆搅拌尺是一种用金属或塑料制成的尺子，上面没有刻度，用来搅拌（见图2—1—2）涂料和进行涂料颜色的比较（见图2—1—3）。在调色过程中，经常用涂料配制的调漆比例尺来替代调漆搅拌尺。

图 2—1—2　用调漆搅拌尺搅拌

图 2—1—3　用调漆搅拌尺比色

3. 样板

样板是汽车调色中用来比色的调色工具。在调色过程中，将调配的色漆喷在样板上，待涂膜干燥后与标准颜色进行比较，找出颜色的差异。样板作为色漆涂膜的基底，极大地方便了涂料颜色的比较，提高了调色的准确程度。

样板根据其使用的材质不同，有不锈钢板、铝质样板和纸质样板，如图2—1—4所示；根据其作用不同，分为试验样板（用于喷涂比色涂料的样板）和标准样板（喷涂好标准颜色的样板），如图2—1—5所示；根据其尺寸大小的不同，有4 cm × 5 cm、10 cm × 12 cm、20 cm × 30 cm三种。样板尺寸越大，越有利于颜色的比较。

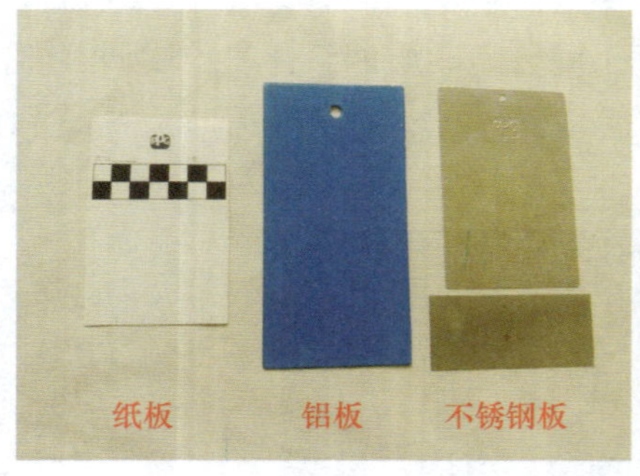

图 2—1—4　不同底材的样板

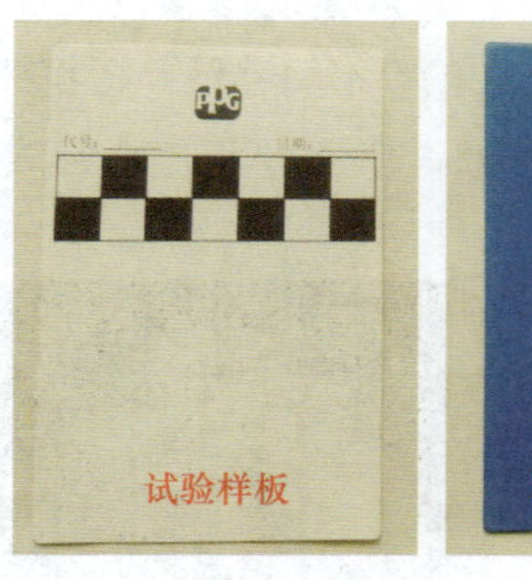

图 2—1—5　不同作用的样板

二、面漆调色常用设备

1. 电子秤

电子秤，又称配色天平（见图2—1—6），是一种称量涂料，帮助计算适当混合配比用的专用天平。电子秤由托盘秤、电子显示器和集成电路板组成，如图2—1—7所示。电子显示器内装有发光二极管，安装在托盘上方，使用方便。常用电子秤的量程可达7 500 g，精确度为0.1 g。电子秤为汽车修补漆称量的专用配套产品。

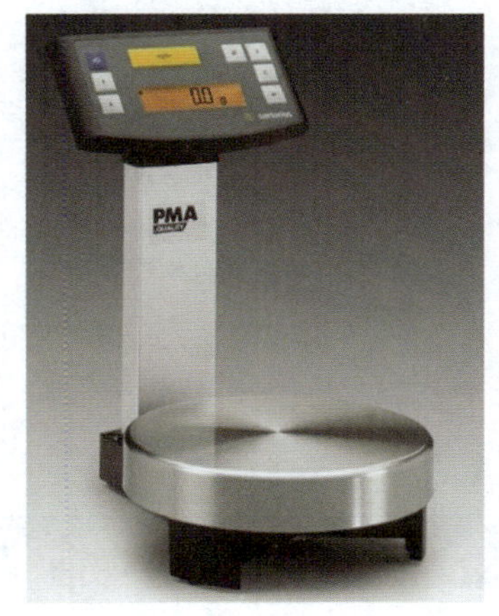

图 2—1—6 赛多利斯调色电子秤

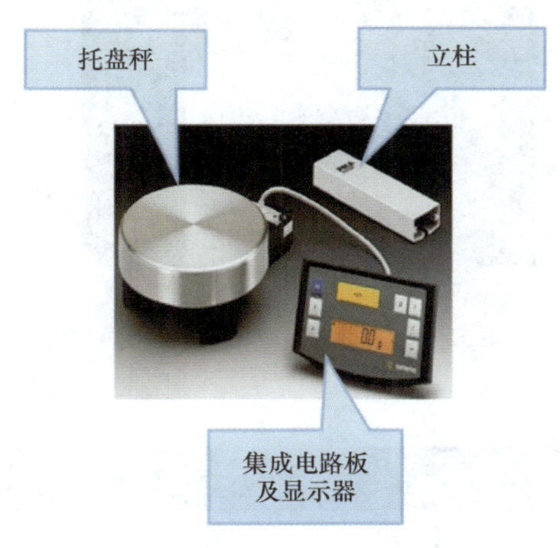

图 2—1—7 电子秤的组成

2. 调漆机

调漆机，又称为涂料搅拌机（见图2—1—8），是用来存放和搅拌色母的调色设备。调漆机有32、38、59和108等各种规格，由电动机、存放架和搅拌爪组成。由于涂料中的树脂、溶剂及颜料的密度不同，经过一段时间就会分离，因此，涂料在使用之前需要充分混合。每个油漆罐上都装有搅拌器（见图2—1—9），与调漆机上的搅拌爪相配合，打开电动机电源后，电动机就会带动搅拌爪转动，使油漆罐上的搅拌器转动搅拌油漆，以使涂料充分混合。

图 2—1—8 调漆机

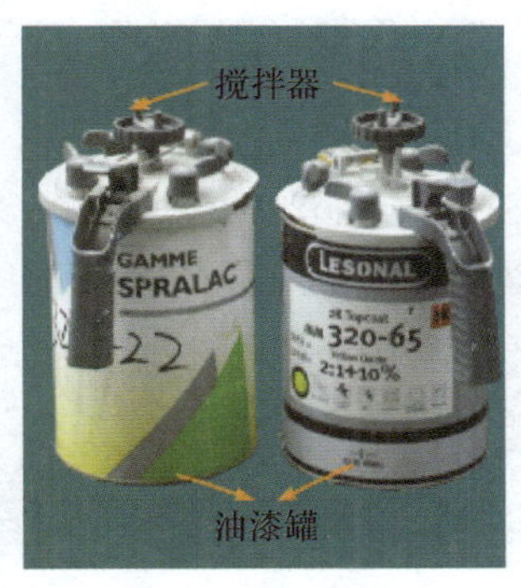

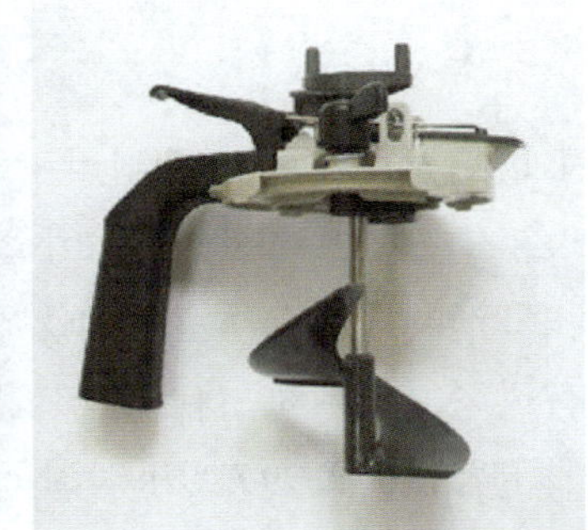

图 2—1—9 装有搅拌器的油漆罐

3. 比色灯箱

比色灯箱又名目视比色箱、对色灯箱，是在光线不好的情况下，模拟自然光环境的调色设备。比色灯箱的内壁是中灰色亚光面，箱内通常安装有D65、TL84、CWF、UV、U30、F、TL83、HOR、U35中的几种光源。实际生产的比色灯箱有六光源（见图2—1—10）和五光源（见图2—1—11）两种。使用时根据客户的要求选择不同光源进行比色，客户没有指定光源时，通常使用D65光源。比色灯箱各种光源的技术参数见表2—1—1。

图 2—1—10　六光源比色灯箱

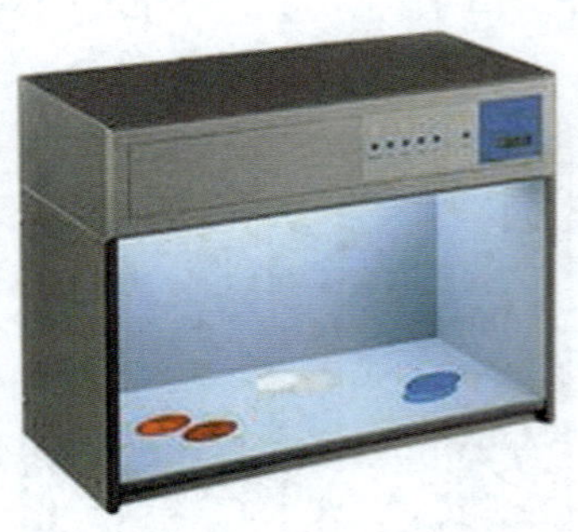

图 2—1—11　五光源比色灯箱

表 2—1—1　　比色灯箱各种光源的技术参数

序号	光源代号	光源名称	光源功率	光源色温
1	D65	国际标准人工日光光源	18 W/ 支	6500 K
2	TL84/P15	欧洲、日本、中国商店光源	18 W/ 支	4000 K
3	UV	紫外光源	18 W/ 支	波长：365 nm
4	F	家庭酒店用灯、比色参考光源	40 W/ 支	2700 K
5	CWF	美国冷白商店光源	20 W/ 支	4150 K
6	TL83	欧洲标准暖白商店光源	18 W/ 支	3000 K
7	U30	美式商用光源	18 W/ 支	3000 K
8	HOR	水平日光	500 W/ 支	2300 K
9	INCA	钨丝灯，橱窗射灯	150 W/ 支	2856 K

4. 烘箱

烘箱是一种用来强制烘干零件或试验样板的设备，按照用途的不同，烘箱分为大型油漆烘箱（见图2—1—12）和小型样板烘箱（见图2—1—13）两种。烘箱的外壳一般采用薄钢板和型钢制成，工作室采用优质的结构钢板制作，外壳与工作室之间填充硅酸铝纤维；烘箱内有热风循环系统，利用强制通风，使烘箱内温度均匀一致；烘箱温度控制仪表采用数字智能显示表，配置999.99小时时间控制器并与报警装置相连接，从而使烘箱操作简便、快捷、有效。

图 2—1—12　大型油漆烘箱

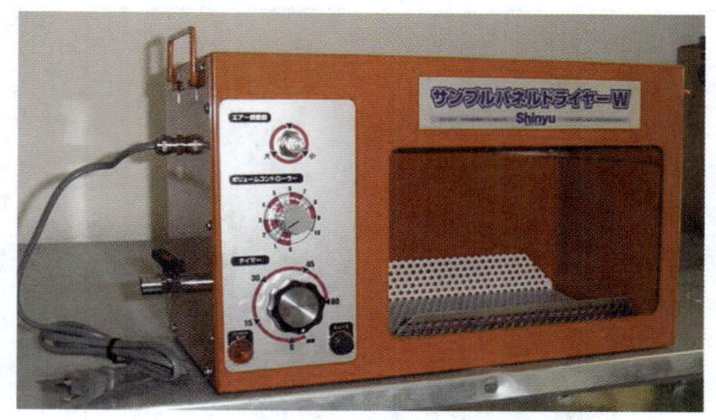

图 2—1—13　小型样板烘箱

技能训练

训练1　电子秤的使用

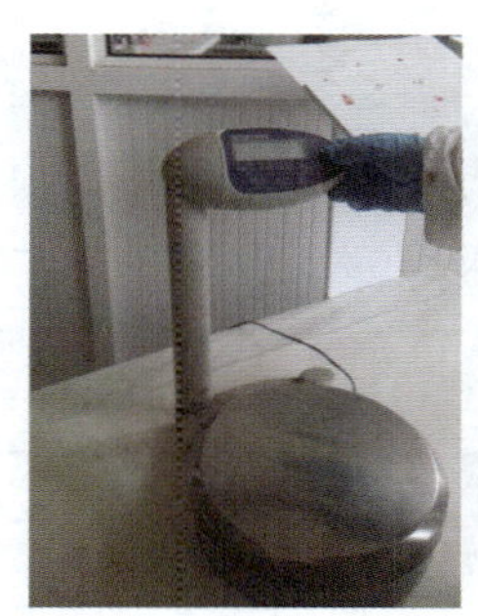

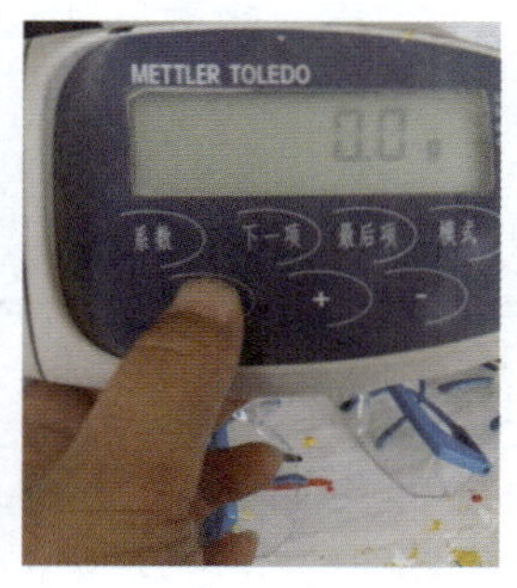

1. 放置、开机

方法：

（1）将电子秤放置在水平的工作台上，接通 220 V 电源。

（2）打开电子秤开关，通过菜单键调整电子秤上的计量单位，调整到“0.0 g”。

（3）按下清零键，清除电子秤上的数值。

提示：

电子秤的放置应远离高温、振动区；有些电子秤直接使用电池，不连接电源也可使用。

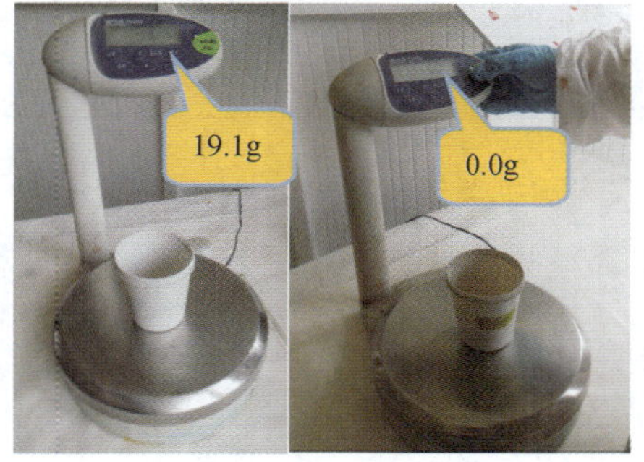

2. 去皮、清零

方法：

（1）将调漆杯轻轻放到电子秤上，显示屏上显示杯子的重量为 19.1 g。

（2）按一下“去皮 / 清零”键，电子秤的显示屏上又显示“0.0 g”。

提示：

按下“去皮 / 清零”键，电子秤就将秤上所放杯子的质量忽略不计。调色称量的是涂料的质量，所以杯子的质量应忽略不计。

续表

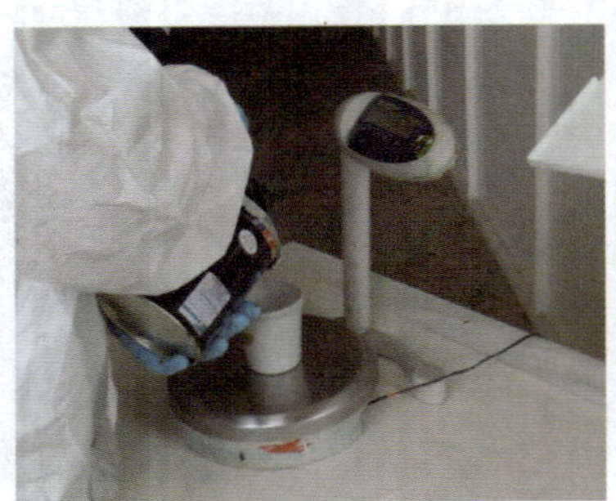	3. 添加、称量涂料 方法： （1）按照颜色配方，计算各色母添加的绝对量。 （2）按照质量从大到小的顺序，依次添加和称量配方中的色母。 提示： （1）每添加和称量好一种色母后，必须清零，为添加下一种色母做准备。 （2）调色一般采用绝对量的添加称量方法，这样可以保证每一个色母添加的准确性。累积量添加法不够准确。
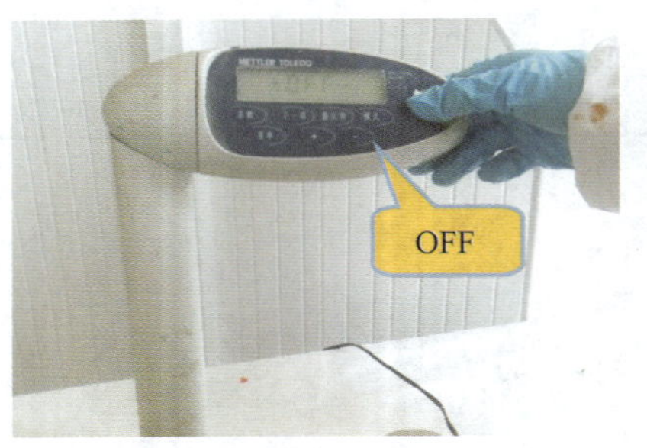	4. 关机 方法： （1）按下电源键，关闭电子秤。 （2）断开电源插座，关闭电源。 （3）进行现场的6S整理。 提示： 关闭电子秤时，应长按电源键3 s以上，当显示屏上出现“OFF”字样即可。

训练2　比色灯箱的使用

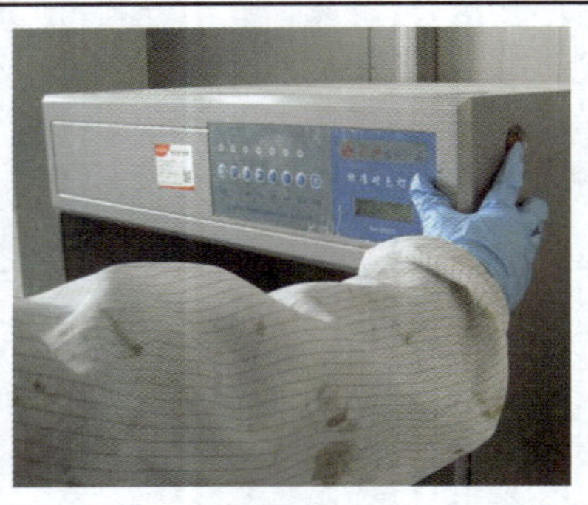	1. 开机 方法： （1）将比色灯箱的电源插头插到外接插座上。 （2）按下比色灯箱右侧的红色按钮，接通比色灯箱的电源。 提示： 电源接通后，比色灯箱上的显示屏点亮，如果显示屏不亮，则比色灯箱出现故障或电源插座无电。
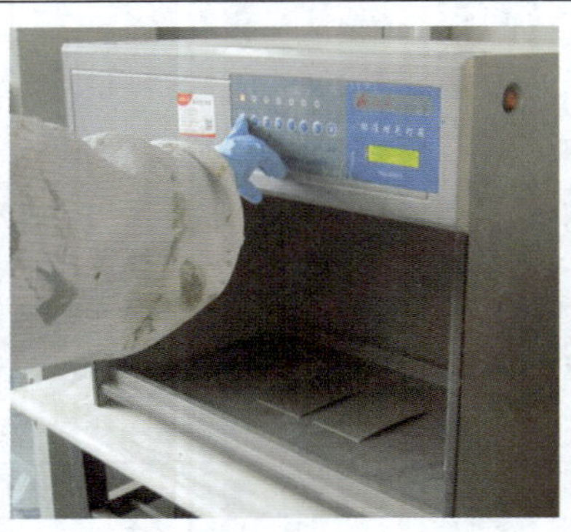	2. 打开光源总开关 方法： （1）按下控制面板上最左侧的电源按钮，接通控制面板电源。 （2）观察电源按钮上的指示灯是否点亮，点亮则表示工作正常。 提示： 选用比色光源前，必须事先打开光源总开关。

续表

<table>
<tr><td>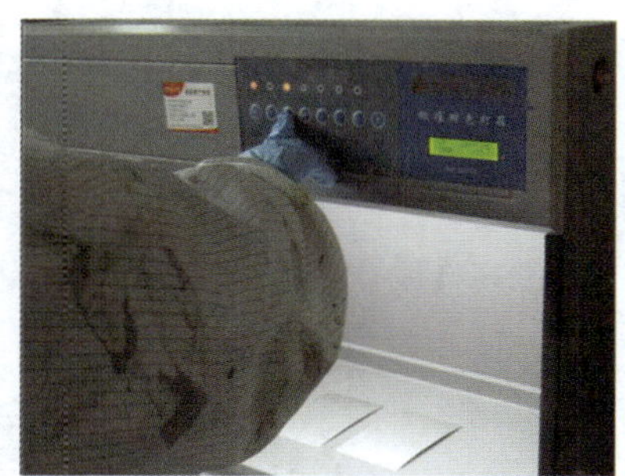</td><td>3. 选择比色光源
方法：
（1）根据需要按下对应的光源开关。
（2）光源打开后，操作面板上对应光源的指示灯就会点亮。
提示：
（1）根据客户要求选择光源，在客户没有特别说明的情况下，选用 D65 光源。
（2）两种光源不能同时选择，开启一种光源，前一种光源就会自动关闭。
（3）当按下全开按钮时，所有光源都打开，此时的光线为混合光。</td></tr>
<tr><td>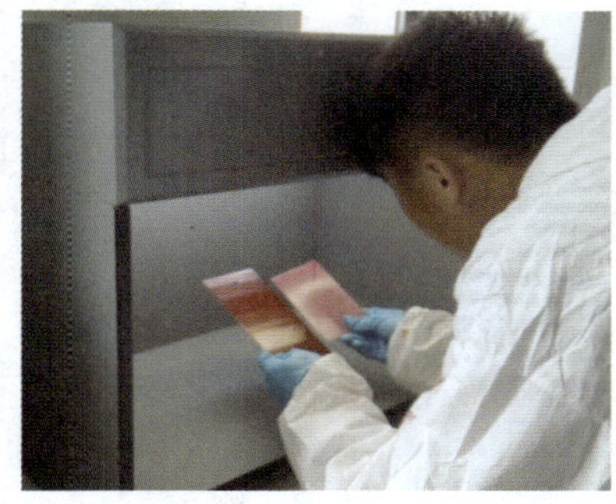</td><td>4. 比色
方法：
将试验样板和标准样板在比色灯箱内进行颜色比较。
提示：
（1）比色时注意多角度观察，以便找出颜色差异。
（2）比色时不能长时间观察，防止视觉疲劳，产生颜色误判。</td></tr>
<tr><td>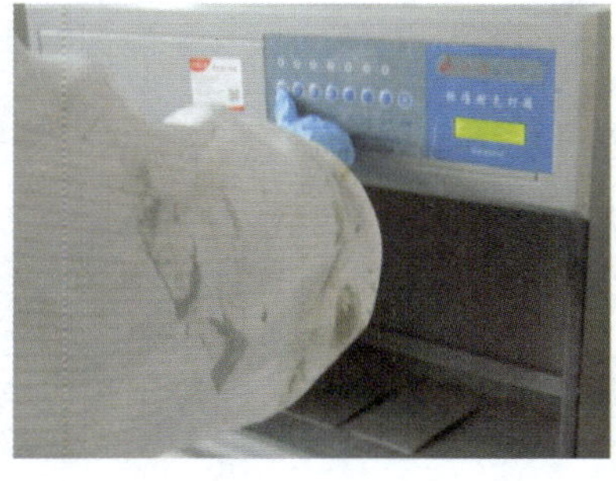</td><td>5. 关机
方法：
（1）按下 D65 按钮，关闭标准光源。
（2）按下控制面板上的光源总电源按钮，关闭光源的总电源。
（3）按下比色灯箱电源总开关，关闭总电源。
（4）拔去电源插座，整理电缆线。
提示：
关机的顺序是先关比色灯箱的各类分开关，然后关闭电源总开关，最后断开电源，不能反向操作。</td></tr>
</table>

训练3 烘箱的使用

	1. 准备工作 方法： （1）将样板烘箱的电源插头插到电源插座上。 （2）将需要烘烤的样板平放在托盘上。 提示： （1）根据托盘大小确定样板的数量。 （2）放置时切忌将样板重叠或竖立。
	2. 开机 方法： （1）顺时针旋转电源开关至“开机档”。 （2）观察烘箱上电源指示灯，烤箱工作正常时，电源指示灯点亮。 提示： 开机前应检查烘箱的各类开关是否处于关闭的位置，如果处于打开位置，应事先归位。
	3. 设置烘烤时间 方法： 顺时针旋转计时器旋钮，根据涂膜干燥的需要设置烘烤时间。 提示： （1）旋钮周围标有烘烤时间的刻度。刻度中每一小格代表 1 min，一大格代表 10 min，最长设定时间为 60 min。 （2）烘烤的时间与涂膜的特性有关。
	4. 烘烤完成 方法： （1）当听到蜂鸣器发出“嘀嘀嘀”的声音时，表示设定的烘烤时间到，烘箱自动停止加温。 （2）观察涂膜的烘干程度，确认烘烤完成。 （3）手握托盘手柄，取出烘烤样板。 提示： （1）待托盘冷却后，取出样板。 （2）样板取出时，手不能直接接触样板涂膜，防止涂膜污染。

续表

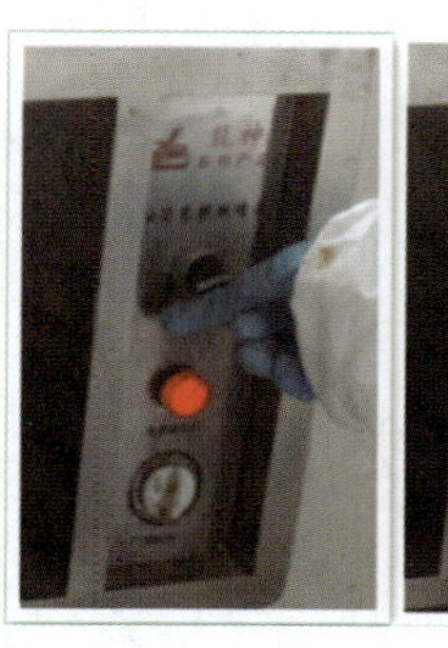 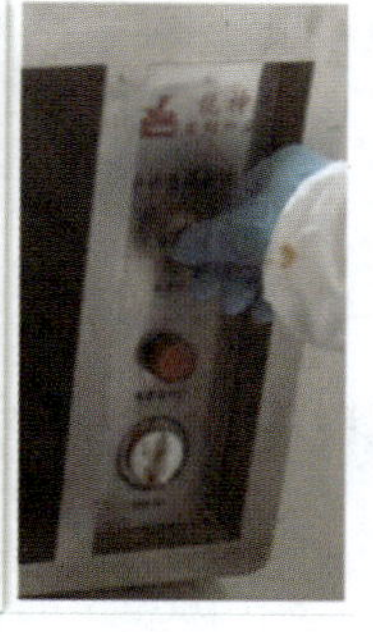	5. 关闭设备电源 方法： （1）将电源开关旋回“0”位，电源指示灯熄灭。 （2）拔出电源插头，整理电源连接的电缆线。 提示： 烘烤完成后，严格按照 6S 规范进行整理。

训练评价

考核要求

1. 在规定的时间内，完成调色工具、设备使用的测试。
2. 应及时指正在操作过程中出现的违规操作。
3. 符合安全文明生产的要求。

考核标准

考评标准表——调漆设备的使用

考核时间	考核项目	分值	评分标准与指导	评价结果
30 min	电子秤的开机，调整计量单位	5	按要求酌情扣分，并指正	
	电子秤的清零	5	按要求酌情扣分，并指正	
	电子秤称重	20	按要求酌情扣分，并指正	
	比色灯箱的开机	5	按要求酌情扣分，并指正	
	比色灯箱光源的选择	10	按要求酌情扣分，并指正	
	样板比色	5	按要求酌情扣分，并指正	
	调色烘箱的开机	10	按要求酌情扣分，并指正	
	样板烘烤时间的设置	10	按要求酌情扣分，并指正	
	调色样板的放入和取出	20	按要求酌情扣分，并指正	
	“6S”操作规范	10	每项扣 2 分，扣完为止	
	遵守相关安全操作规范		因违规操作发生人身和设备事故，终止考核，成绩按 0 分计；超时，每分钟扣 2 分，超时 5 min 终止考核	
	分数合计	100		

思考题

1. 电子秤的操作步骤是怎样的？有哪些注意事项？
2. 怎样使用小型样板烘箱？

课题二　颜色配方查询设备的使用

学习目标

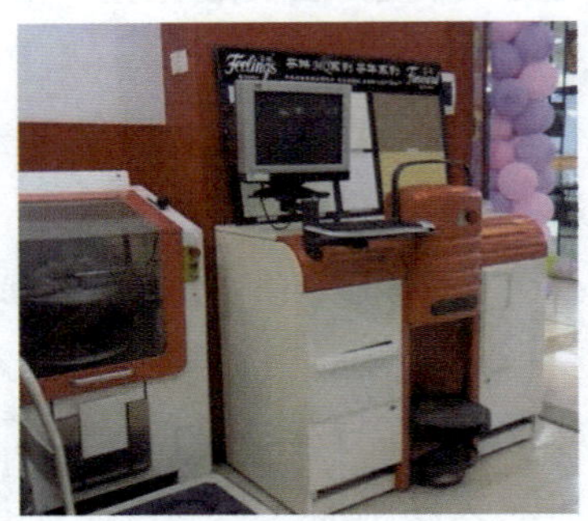

1. 了解汽车电脑调色的基本原理。
2. 掌握调色电脑和调色软件的功能。
3. 掌握测色仪和色卡的组成和功能。
4. 能熟练使用软件查询颜色配方。
5. 能使用测色仪采集颜色数据。
6. 能正确利用色卡中的颜色信息进行调色。

知识准备

汽车电脑调色的基本原理是通过查找车身上（位置见图2—2—1）的颜色代码（见图2—2—2）或相关的颜色信息，查询存储在电脑中的颜色配方，然后根据颜色配方添加、称量各色母混合配色，最后进行颜色微调，使所调颜色与目标颜色一致。颜色配方查询是电脑调色的基础和前提，用于颜色配方查询的基本设备有调色电脑、颜色资料（如色卡）、测色仪和阅读机等，阅读机目前已逐渐被淘汰。

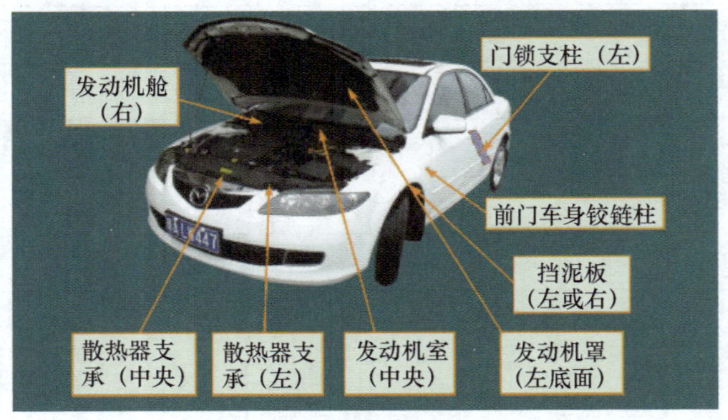

图2—2—1　车身颜色代码位置

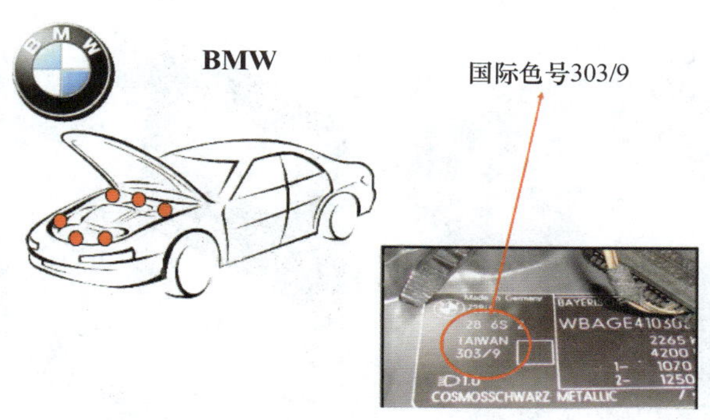

图 2—2—2　BMW 颜色代码

一、调色电脑和调色软件

在电脑中装上调色软件，用来调色的电脑即为调色电脑，如图2—2—3所示。调色电脑可以与调漆设备相连，随时计算调色数据。如某一色母添加过量后，电脑则自动按照配方重新计算其他色母的添加量，从而保证调色的精度。调色电脑内装有调色软件，储存了大量的颜色配方和其他电子颜色资料，运行调色软件，就可以查询调漆人员所需要的颜色数据。

目前，市场上使用的调色软件较多，不同色母系统对应的调色软件也不同，世界知名品牌，如PPG、巴斯夫、新劲、杜邦等，都有自己独立的调色软件和调色系统，PPG公司调色系统软件如图2—2—4所示。

图 2—2—3　调色电脑

图 2—2—4　PPG 公司调色系统软件

二、测色仪

测色仪是一种新型辅助调色设备，这种辅助调色设备的出现给汽车涂装修补行业带来了新的革命。测色仪是涂料厂家及汽车生产厂家用于颜色检测的必备工具，它可以在车身上读取颜色数据，经电脑调色系统查询，找到与车身颜色最为接近的颜色配方。

测色仪由配色检测仪、对接站、连接线、AC适配器、白色校准板等组成。PPG公司生产的RapidMatch X-5测色仪的组成如图2—2—5所示。

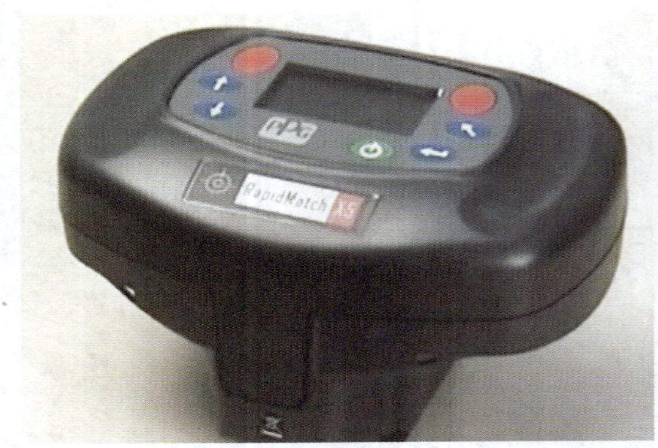

图 2—2—5　测色仪的组成

测色仪广泛用于油漆、油墨、塑料、涂料、造纸、化妆品、纺织印染、染料颜料等相关颜色行业的颜色管理和颜色调配，其主要作用是检测颜色的各项参数，便于定量分析所调颜色的色差，为调色软件提供配方查询的依据，充实颜色系统资料。在配色方面，测色仪具有以下功能。

（1）便于建立颜色配方的资料库。测色仪能电子化颜色配方，积累调色资源，确保颜色资料的完整。

（2）提高调色效率。测色仪根据实际车型测色，与调色软件匹配使用，优化油漆库存和采购，提高生产效率，降低成本，减少与客户的色差争议。

（3）修正和调整颜色配方。颜色有偏差时，测色仪自动修正配方，快速调整色母比例，保证了汽车涂装修补中的颜色稳定。

（4）便于色样颜色的储存。电子颜色数据资料与实际样板颜色的储存不一样，不会出现色样磨损、变色或遗失，一旦保存，颜色电子数据就永远不会改变。

（5）便于近似颜色的查找。测色仪能帮助调色软件更快、更方便地查找库存颜色和相关信息，保证了调色和生产的快捷。

三、色卡

色卡是车身标准颜色或差异色在某种底材（如纸、面料、塑胶等）上的体现，用于色彩选择、比对、沟通，是色彩实现在一定范围内统一标准的工具。色卡是根据不同的颜色配方做出来的颜色卡片。色卡有按汽车厂商及品牌（见图2—2—6）来划分的调色色卡，按色系划分的标准色卡（见图2—2—7），现代修补调色通常使用按照车辆品牌划分的调色色卡。色卡上通常有颜色代码、颜色名称、品牌代码等信息（见图2—2—8），是一种非常实用的调色工具。一套完整、齐全的色卡能极大限度地方便实际的调色工作，起到事半功倍的效果。

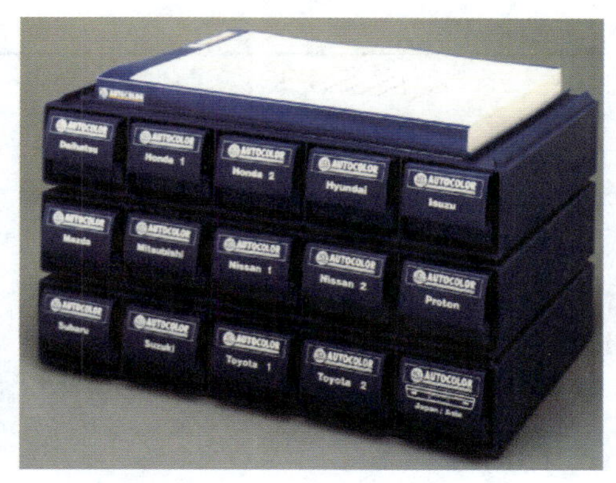

图 2—2—6　按车型分类的色卡

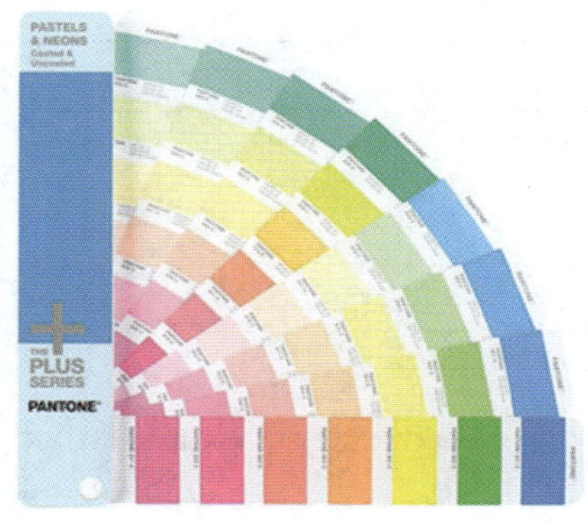

图 2—2—7　标准色卡

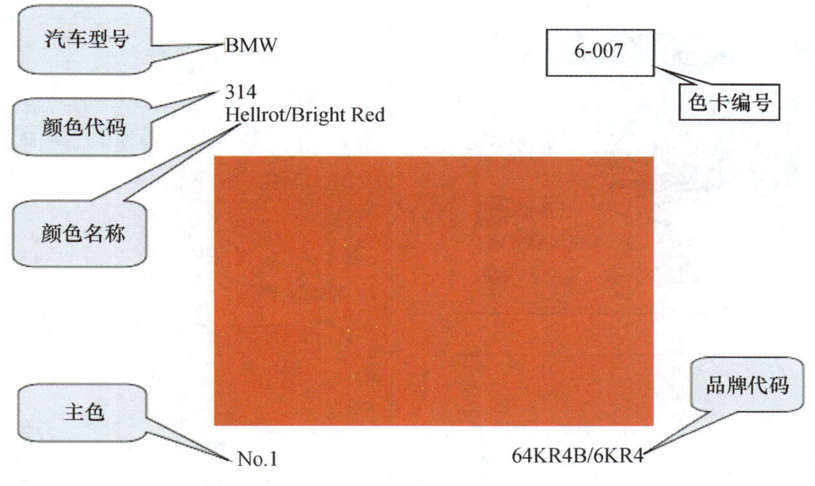

图 2—2—8　色卡上的各种信息

技能训练

训练1　调色软件的使用

1. 打开软件

方法：

双击调色电脑桌面上的快捷方式，打开调色软件，左图为软件界面。

提示：

PPG 调色软件有简体中文界面和英文界面，安装软件时，要将英文界面转换成简体中文界面。

续表

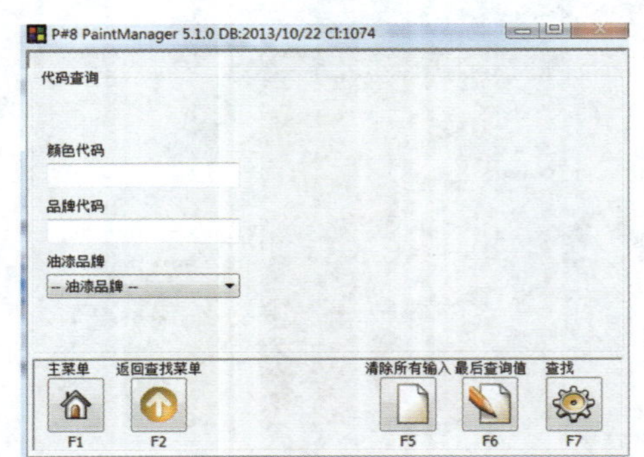

2. 进入配方查询界面

方法：

点击软件界面上的“查找”按钮，或者直接按键盘 F7 键，进入配方查询界面。

提示：

调色配方查询的前提是找到颜色代码或品牌代码以及其他综合信息。

3. 选择查询模式

颜色配方查询的模式有颜色代码查询法、颜色品牌代码查询法、标准查询法三种。

（1）颜色代码查询法

方法：

1）点击“代码”按钮，或者直接按键盘 F5 键，进入查询界面。

2）根据车身或色卡上提供的信息，输入颜色代码。

提示：

颜色代码的查询途径有三种：

· 通过车辆维修手册找出颜色代码。

· 从汽车车身铭牌上读取颜色代码。

· 用色卡与车身颜色比对，找出最接近的颜色代码。

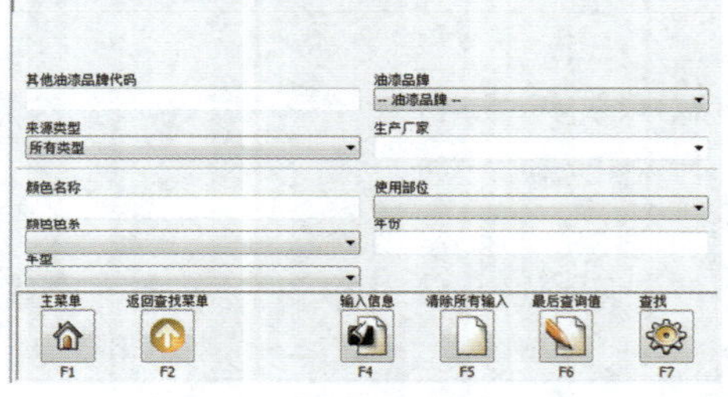

（2）品牌代码查询法

方法：

1）点击“其他油漆品牌查询”按钮，或者直接按键盘 F6 键，进入颜色配方查询界面。

2）根据色卡上提供的信息，输入油漆品牌代码及油漆品牌。

提示：

1）若车身上没有颜色代码，就从颜色资料箱中找出对应车型，根据色系找出与车身颜色相近的色卡。

2）颜色代码与品牌代码可以同时输入。

续表

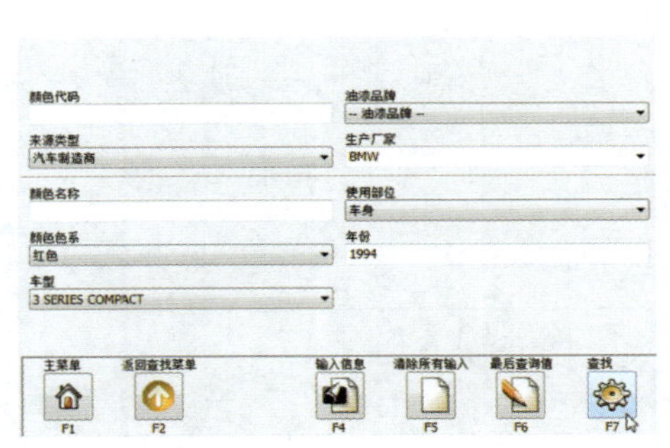	（3）综合信息查询法 方法： 1）点击“标准查询”按钮，或者直接按键盘 F7 键，进入颜色配方查询界面。 2）将汽车品牌、汽车型号、生产日期、颜色色系等综合信息输入对话框。 提示： 1）在车身上找不到颜色代码，同时又没有颜色资料时，可以通过标准查询。 2）油漆来源类型均选汽车制造商。
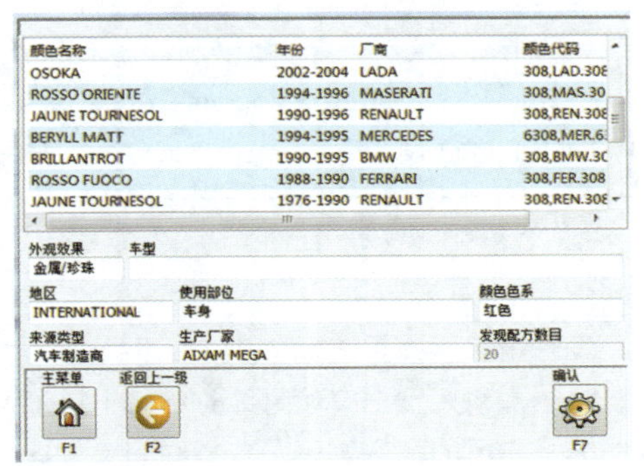	4. 进入信息显示栏 方法： 点击“查找”按钮，或者直接按键盘 F7 键，进入颜色信息选择界面。 提示： （1）查询时输入的信息越多，查询的结果越精确； （2）信息较多时，可根据汽车综合信息找出所要的车型。
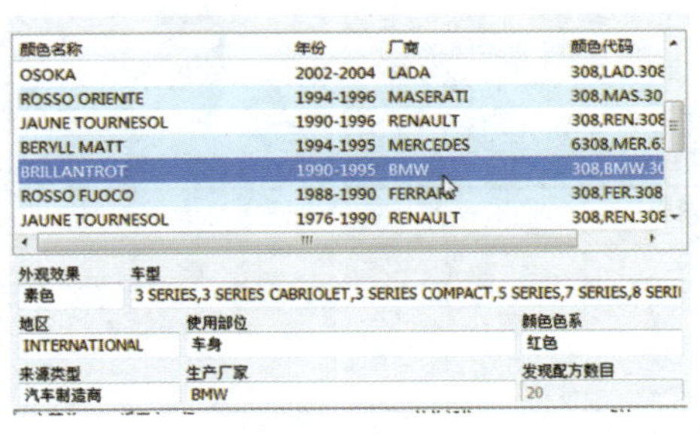	5. 选择符合要求的车型信息 方法： （1）根据汽车综合信息找出符合要求的信息。 （2）点击该条信息，进入下一步操作。 提示： 车辆信息包括汽车品牌、汽车型号、生产日期、颜色代码等。
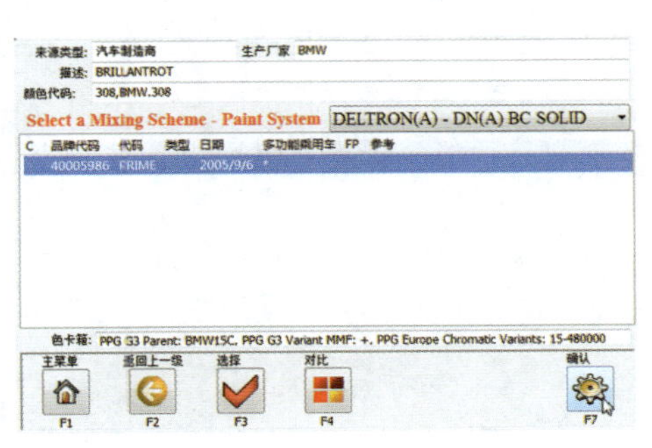	6. 进入配方选择栏 方法： （1）选择颜色条目信息。 （2）选中涂料菜单，蓝色为已确认的条目。 （3）点击“确认”按钮，或直接按下键盘 F7 键，进入下一界面。 提示： 选择颜色信息时，要仔细核对，确认无误后方可点击“确认”按钮。

续表

<table>
<tr><td>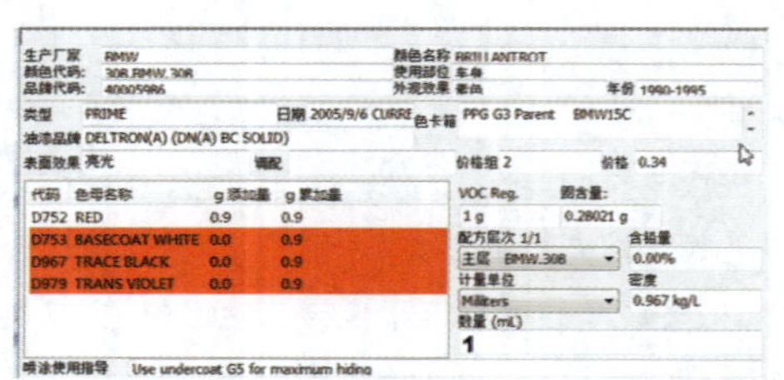</td><td>7. 显示配方
方法：
点击“确认”按钮，或者直接按键盘 F7 键后，进入颜色配方界面
提示：
界面中红色部分为车身的颜色配方。</td></tr>
<tr><td>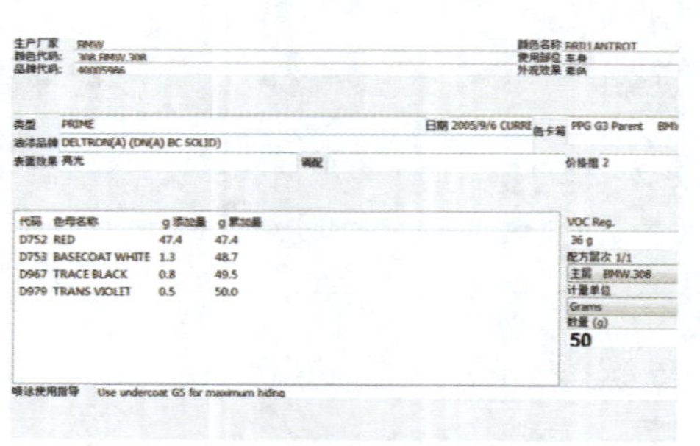</td><td>8. 选择计量单位
方法：
（1）点击计量单位填写栏处的箭头，显示下拉菜单。
（2）选择所需要的计量单位。
提示：
（1）Grams 表示克（g），Kilograms 表示千克（kg）。
（2）Milliliters 表示毫升（mL），Liters 表示升（L）。</td></tr>
<tr><td>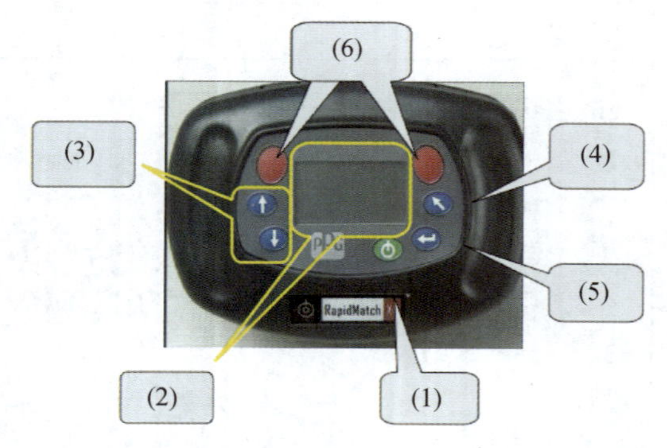</td><td>9. 输入调漆数量
方法：
（1）根据修补面积估算涂料的使用量。
（2）在重量栏根据实际调漆量输入对应的数字，如 50g，左面的配方则马上变成总量为 50g 的颜色配方。
提示：
根据所调油漆总量不同，各色母的添加量会自动发生改变，便于直接调配。</td></tr>
</table>

训练2　测色仪的使用

<table>
<tr><td></td><td>1. 测色仪界面的认知
（1）电源按钮：仪器电源开关。
（2）主显示屏：显示菜单信息。
（3）上下按钮：移动菜单。
（4）返回键：返回上一层菜单。
（5）回车键：激活选择控制选项。
（6）读取按钮：读取测量信息。</td></tr>
</table>

续表

<table>
<tr><td>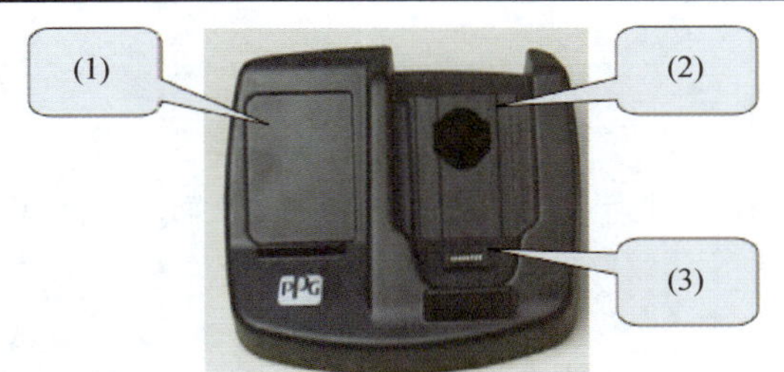
</td><td>2. 对接站的认知
（1）白色校准板：摆放、储存白色校准板。
（2）黑色校准口：零反射校准点。
（3）电脑及充电接口：数据传输、充电接口。</td></tr>
<tr><td>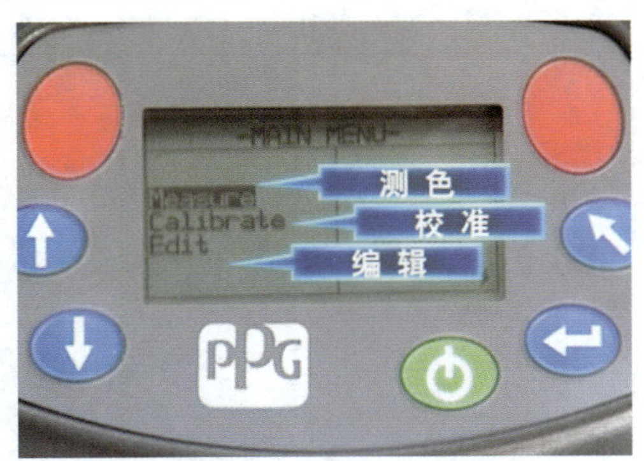
</td><td>3. 功能菜单介绍
（1）Measure：测色
（2）Calibrate：校准
（3）Edit：编辑</td></tr>
<tr><td></td><td>4. 系统建立
方法：
（1）将对接站放置在调色电脑附近。
（2）将电源连接线的小端与对接站连接，另一端与电源连接。
（3）将数据线一端与对接站连接，另一端与电脑 USB 接口连接。</td></tr>
<tr><td>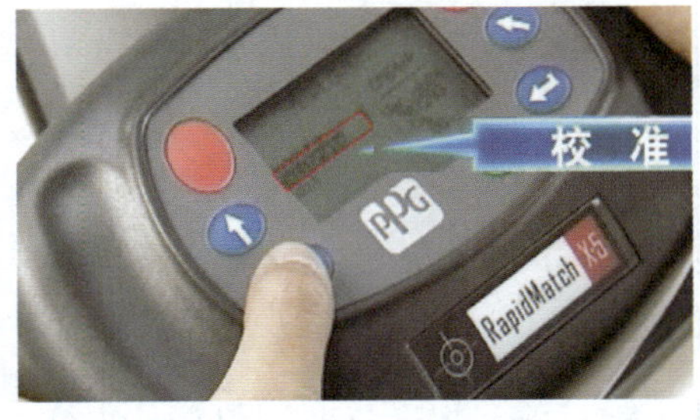

黑色校准 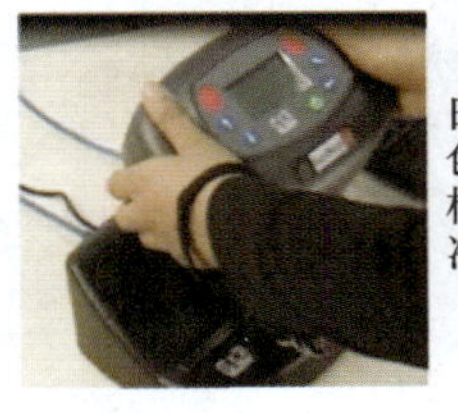 白色校准 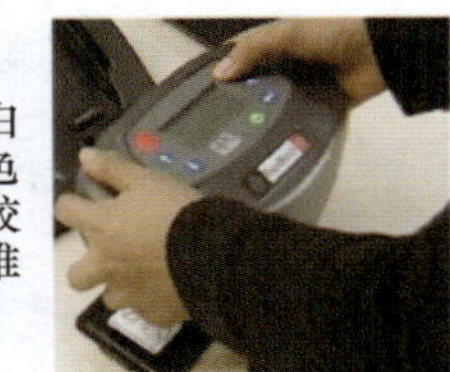</td><td>5. 校准
方法：
（1）用向下键“↓”选择校准菜单，按回车键 ↵ 进入校准模式。
（2）按照仪器的提示，按下红色按钮读取白色校准。
（3）将仪器摆放于底座上，再按红色按钮读取黑色校准，读取完毕会有“嘀”的提示音，并显示校准成功。
提示：
（1）为了保证正常测色，每次使用 RapidMatch 配色仪前都要校准。
（2）测色仪每使用 8 小时需要校准一次。
（3）校准时要确保黑白校准板清洁无尘。</td></tr>
</table>

续表

	6. 测量步骤 （1）表面清洁 方法： 在测色前，用粘尘布擦拭测量表面，去除污垢，保证读数准确。 提示： 如果涂膜表面浮色变色，需要用抛光蜡打磨除去表层，露出本来的颜色。
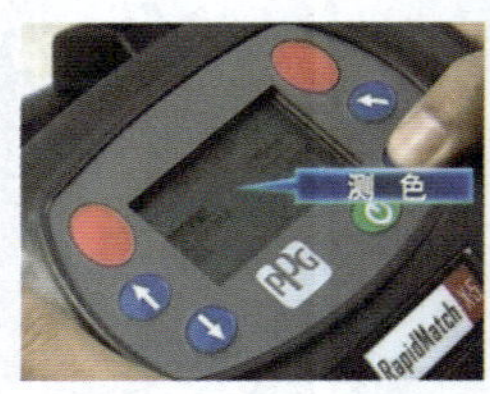  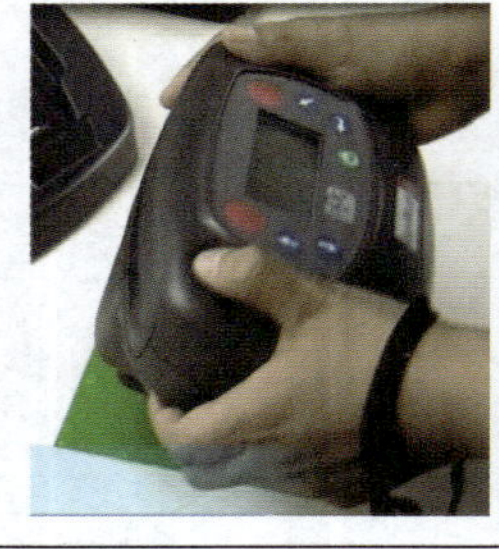 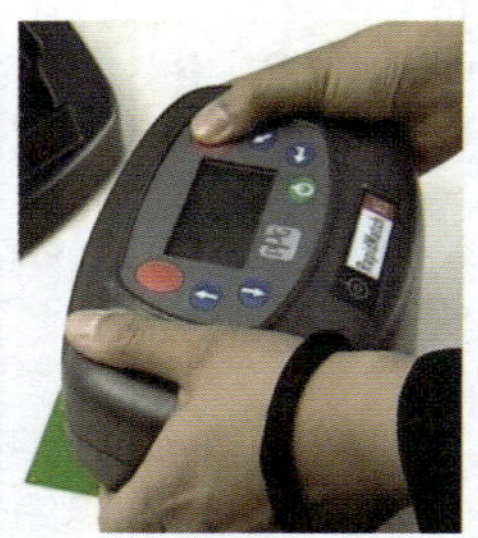	（2）测色 方法： 1）用向下键“↓”选择测色 measure 菜单，按回车键进入测色模式。 2）在修补区域较平整处放下测色仪，按红色按钮读取颜色信息。 3）小范围移动仪器，重复上述步骤共 5 次。 提示： 为了获得最接近的颜色参数，每次测色都必须读满 5 个值。
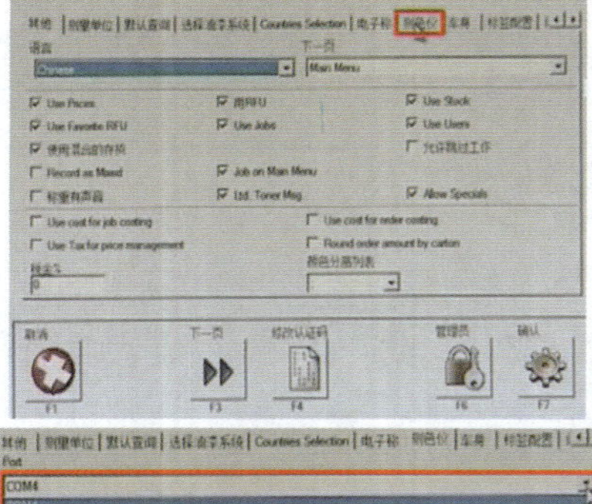  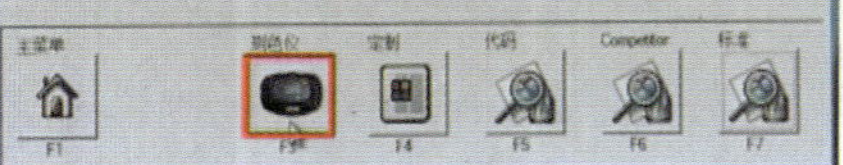	7. 查找配方 方法： （1）设置测色仪（初次使用） 1）连接测色仪和电脑。 2）打开调色软件。 3）设置步骤，依次点击维护 F6→选项 F7→测色仪→确认 F7。 4）选择端口 PORT：COM1→勾选 Show Prophet——点击确认按钮。 5）在主界面，点击“查找”按钮，出现测色仪图标即可。

续表

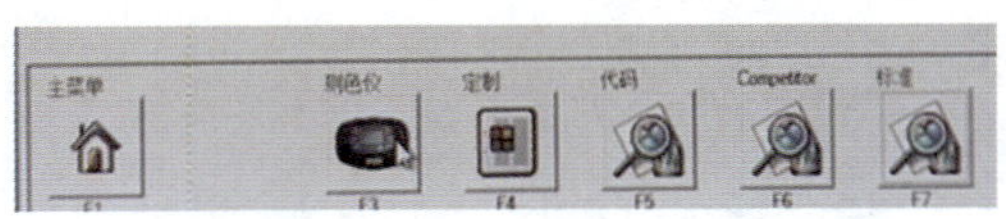 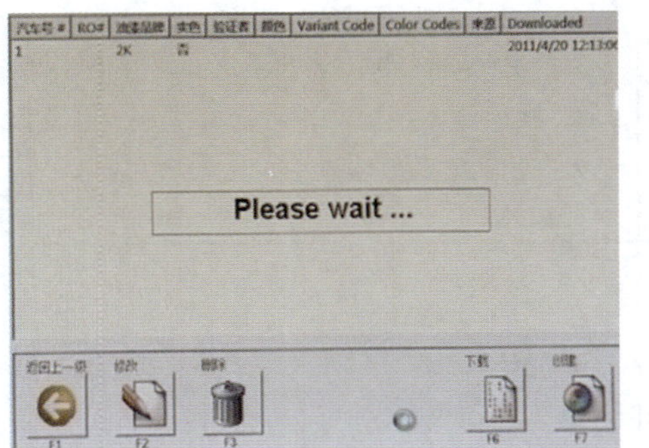 	8. 下载数据 方法： （1）点击调色软件界面上的“测色仪”按钮，进入测色仪界面。 （2）点击“下载”按钮，设备会自动下载所有测量组数据。 （3）对每组数据进行编号。
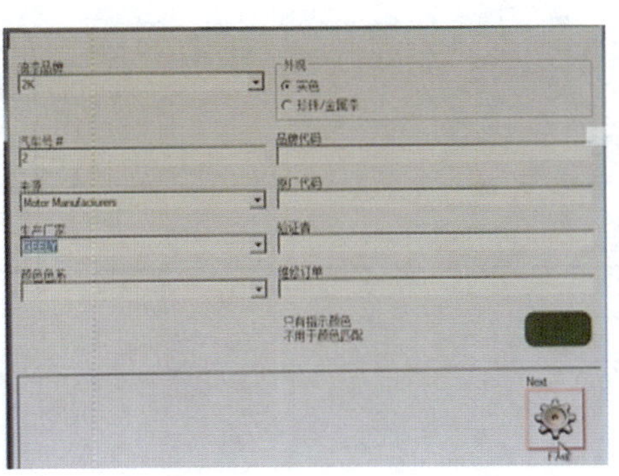	（4）汽车组编号 方法： 1）选择“油漆品牌”，如 2K，在下拉菜单中选择 2K。 2）填写“汽车号”。 3）选择“来源”和“生产厂商”。 4）点击“Next”按钮，完成编号。
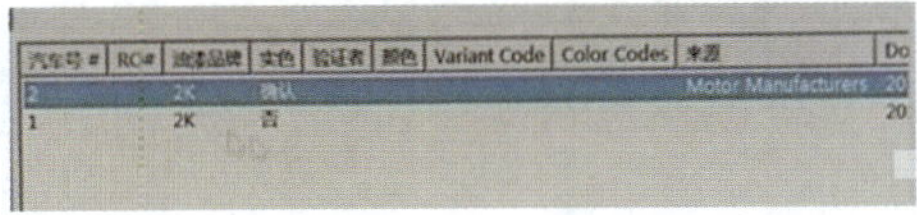 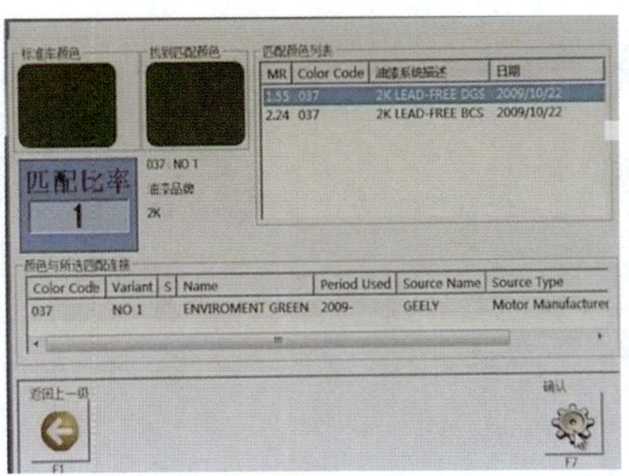 	（5）开始查找 方法： 1）选择所需汽车组号。 2）选择“创建”命令。 3）进入配方查找匹配。

续表

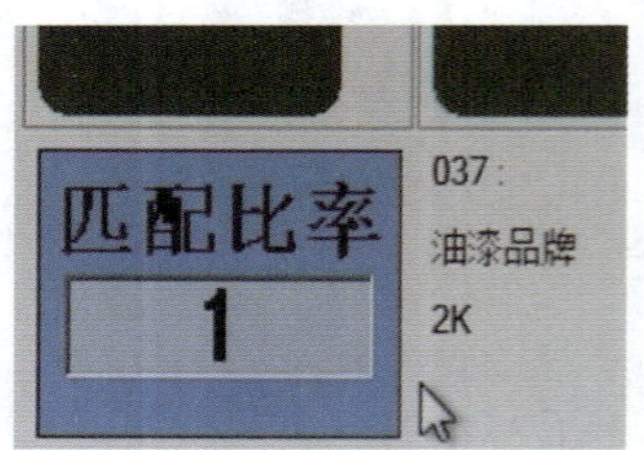

（6）匹配

方法：

根据匹配比率选择最匹配的颜色配方。

提示：

1）金属 / 珍珠漆，匹配比率数值必须小于 15；素色漆，匹配比率数值必须小于 10。

2）匹配比率数值越小，匹配率越高。

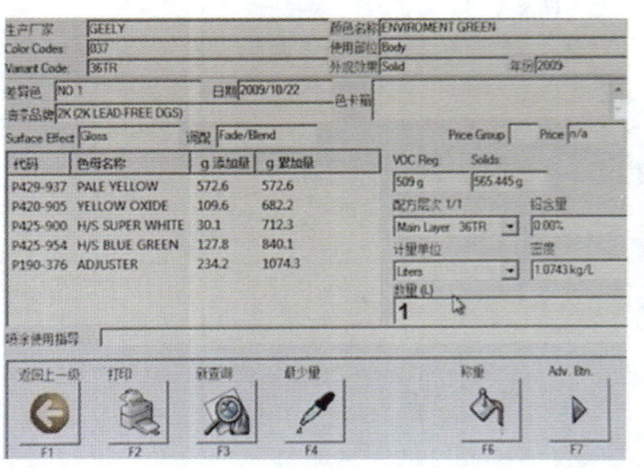

9. 调色

方法：

按照匹配的配方，添加色母进行调色。

提示：

调色时按照添加色母的绝对量添加，调色的准确程度高；按照色母累加量调色，误差比较大。

训练3　色卡的使用

1. 找出与车型匹配的色卡

方法：

根据所需调色的车型找出对应车系的色卡组。

提示：

以 PPG 公司汽车修补漆 BMW 为例，在色卡资料架上找出 BMW 车型的色卡组。

2. 找出颜色色系及颜色名称

方法：

（1）打开色卡组，根据所调的颜色，找出对应的颜色系列。

（2）将色卡颜色与车身颜色比对，确认最为接近的颜色。

提示：

一张色卡上对应几种不同的颜色，有标准色和差异色。

续表

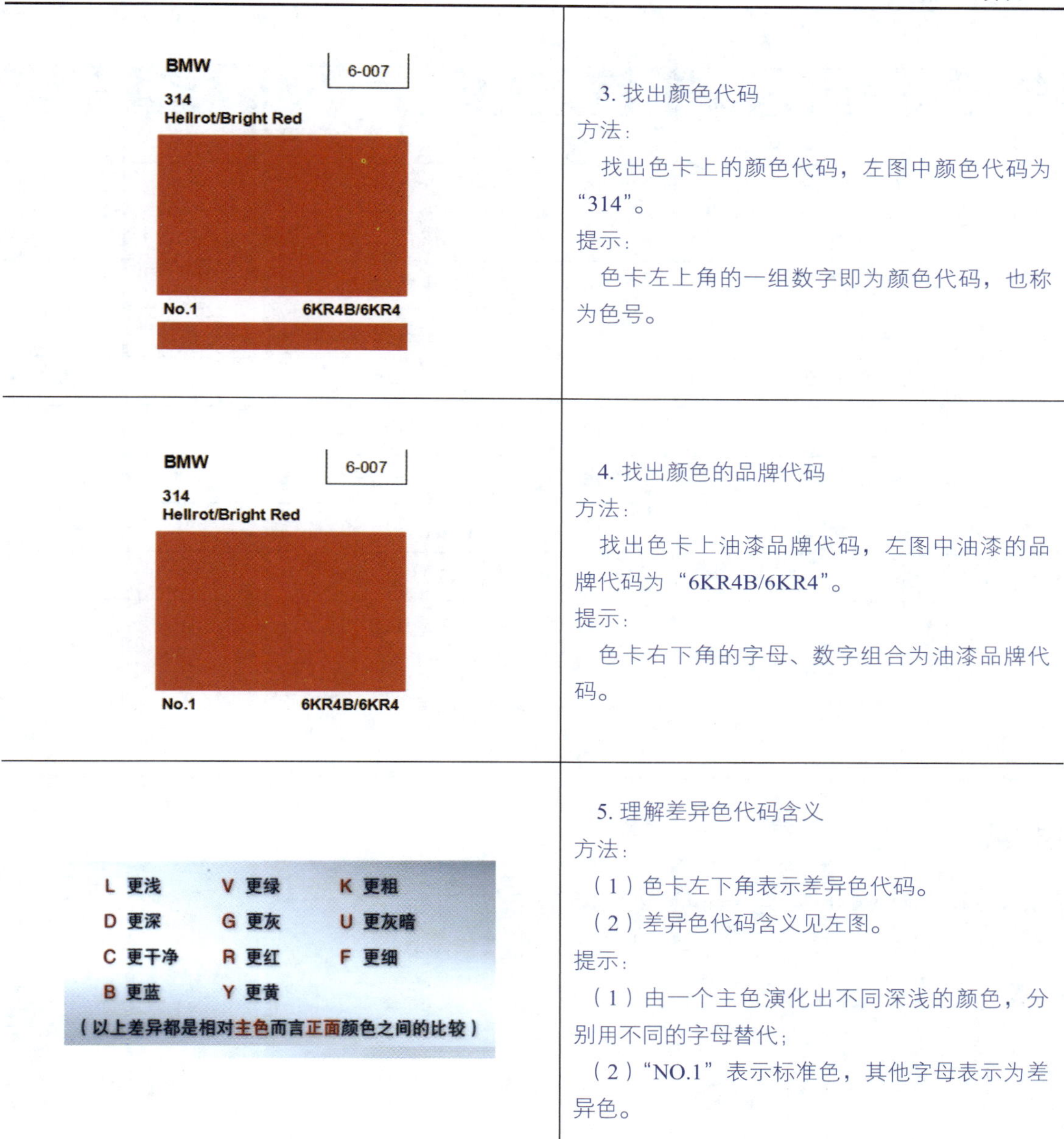

3. 找出颜色代码

方法：

找出色卡上的颜色代码，左图中颜色代码为“314”。

提示：

色卡左上角的一组数字即为颜色代码，也称为色号。

4. 找出颜色的品牌代码

方法：

找出色卡上油漆品牌代码，左图中油漆的品牌代码为“6KR4B/6KR4”。

提示：

色卡右下角的字母、数字组合为油漆品牌代码。

5. 理解差异色代码含义

方法：

（1）色卡左下角表示差异色代码。

（2）差异色代码含义见左图。

提示：

（1）由一个主色演化出不同深浅的颜色，分别用不同的字母替代；

（2）“NO.1”表示标准色，其他字母表示为差异色。

训练评价

考核要求

1. 在规定的时间内，正确使用颜色配方查询设备。
2. 应及时指正在操作过程中出现的违规操作。
3. 符合安全文明生产的要求。

考核标准

考评标准表——颜色配方查询设备的使用

考核时间	考核项目	分值	评分标准与指导	评价结果
30 min	测色仪系统的建立	10	按要求酌情扣分，并指正	
	测色仪充电	10	按要求酌情扣分，并指正	
	白色校准	10	按要求酌情扣分，并指正	
	黑色校准	10	按要求酌情扣分，并指正	
	测色	10	按要求酌情扣分，并指正	
	查找配方	10	按要求酌情扣分，并指正	
	调漆	10	按要求酌情扣分，并指正	
	色卡的查找	10	按要求酌情扣分，并指正	
	色卡的认知	10	按要求酌情扣分，并指正	
	“6S”操作规范	10	每项扣 2 分，扣完为止	
	遵守相关安全操作规范		因违规操作发生人身和设备事故，终止考核，成绩按 0 分计；超时，每分钟扣 2 分，超时 5 min 终止考核	
	分数合计	100		

思考题

1. 从“BMW6-007”色卡上可以读出哪些信息？
2. 测色仪的作用是什么？简要说明测色仪的操作步骤。

单元三　面漆调色基础

课题一　面漆的选用与用量估计

学习目标

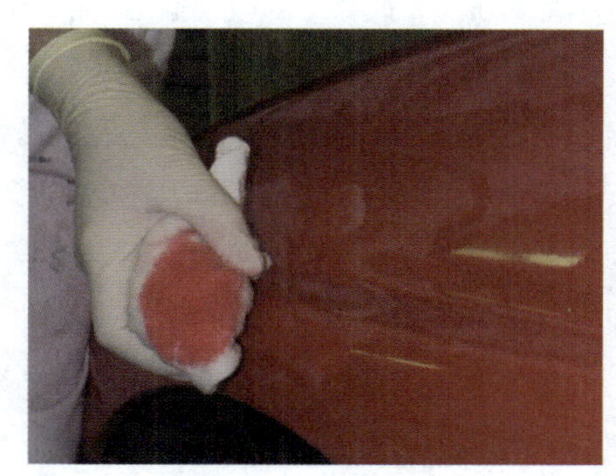

1. 了解汽车面漆的作用和分类。
2. 了解影响汽车面漆消耗的因素。
3. 掌握车身常用修补面漆的性能和特点。
4. 掌握车身修补面漆选用的原则和步骤。
5. 能正确鉴别车身原面漆的类型。
6. 能合理选择车身修补面漆并估计用量。

知识准备

一、面漆的基本知识

汽车面漆是汽车多层涂装中最后涂布的涂料，不但具有色泽艳丽、光亮丰满的装饰效果，而且还应具有良好的保护、耐水、耐磨、耐油及耐化学腐蚀性。汽车面漆可以分为汽车制造面漆（高温烘烤型漆）和汽车修补面漆（自干型漆），汽车修补涂装使用汽车修补面漆。

1. 汽车修补面漆的分类

汽车修补面漆按照是否需要调色可分为色母和成品漆，成品漆是根据不同车型车色调配好的常见固定颜色的油漆，色母是用来调配车身所需要颜色的油漆；按照涂料装饰性的不同，面漆可分为素色漆、普通金属漆、珍珠漆和罩光清漆；按照面漆成分的不同，面漆可分为单组份（1K）面漆和双组份（2K）面漆；按照溶剂构成情况不同，汽车修补面漆可以分为溶剂型面漆和水性面漆。

2. 车身常用修补面漆

（1）素色漆

素色漆俗称“磁漆”，是将非常细小的着色颜料均匀地分散在树脂基料中而制成的油漆，如图3—1—1所示。素色漆在涂装后具备良好的光泽度和鲜映性，涂膜厚度在达到50μm

后即可显现完全的色调。根据使用树脂的类型不同，车身常用素色漆有硝基漆、丙烯酸树脂漆和聚氨酯漆等。

1）硝基漆。硝基漆由硝基纤维素、不干性醇酸树脂、颜料、增韧剂和溶剂等组成，具有施工方便、适应性强、涂层均匀、干燥速度快、易于打磨等特点，是汽车修补涂装中应用最多的涂料之一。但硝基漆的耐候性差，涂层容易泛黄，为此，出现了改性的硝基漆。

2）丙烯酸树脂漆。丙烯酸树脂漆属溶剂挥发干燥型涂料，其中热塑性丙烯酸树脂漆的性能远远超过硝基漆。早期的热塑性丙烯酸涂料存在许多不足，后来人们对热塑性丙烯酸树脂涂料进行了大量的改进，出现了硝基纤维素改性的丙烯酸树脂涂料、醇酸树脂改性的丙烯酸涂料和丙烯酸聚氨酯涂料等。

丙烯酸聚氨酯涂料是最好的双组份涂料，已成为国内外汽车修补业的首选漆种。丙烯酸聚氨酯涂层既具有丙烯酸树脂涂料良好的挥发成膜性，又具有异氰酸酯类的交联成膜性，充分发挥了前者的快干性和后者的涂层性。

3）聚氨酯漆。聚氨酯漆涂层丰满、光亮、机械强度及耐候性好，施工性能、低温固化性能等优于其他涂料，是当今汽车修补涂料中应用最多的涂料之一，大有完全取代丙烯酸树脂涂料而位居目前修补漆之首的趋势。汽车常用的聚氨酯涂料有S01-1聚氨酯清漆、7650-聚氨酯清漆、聚氨酯汽车漆、7182各色聚氨酯磁漆等，这些都属于双组份涂料。

（2）普通金属漆

普通金属漆俗称“银粉漆”，主要由树脂、着色颜料、片状的铝粉颗粒、溶剂、分散剂等组成，产生金属闪光的效果，如图3—1—2所示。普通金属漆通常为单组份自然挥发干燥型，多采用丙烯酸聚氨酯型树脂。

图 3—1—1　素色漆

图 3—1—2　普通金属漆

普通金属漆中的着色颜料比一般素色漆少，加入铝粉颗粒后，光线很难穿透涂膜达到底层，所以铝粉颗粒能很好地提高涂膜的遮盖力。普通金属漆的遮盖能力比一般素色漆高，通常喷涂20~30μm的膜厚即可完全遮盖底层。

普通金属漆中表面光滑如镜的片状铝粉颜料，对入射的光线有定向反射作用（片状金属在涂层中整齐排列），所以从不同的角度观察，将产生不同的明亮度。涂膜中铝粉的排列并不是有序的，对光线的反射角度不同造成了金属漆本身的无光效果。因此，必须在金属漆上面再喷涂罩光清漆才能显现出光泽度和鲜映性，其金属闪光效果才能充分发挥。普通金属漆的施工包括金属漆层喷涂和清漆层喷涂两步工序，所以又称为双工序面漆。

（3）珍珠漆

珍珠漆与普通金属漆的区别在于涂料中的金属闪光颜料不是铝粉颗粒，而是表面镀有金属氧化物的云母颗粒。云母颗粒是以云母作为基础材料，其外包裹有二氧化钛或氧化铁薄膜的一种效应颜料。当云母颗粒以平行于表面的方向定向排列时，由于其折射率较高的透明层次结构，使入射光多次透射和反射而产生类似于自然界存在的珍珠、贝壳、羽毛等神秘光泽的效果。珍珠漆的光泽效果如图3—1—3所示。

珍珠漆也同普通金属漆一样，需要在珍珠层上喷涂罩光清漆来提高光泽度和鲜映性，体现珍珠色特有的光晕效果。珍珠漆的遮盖能力比较差，在喷涂时往往需要先做一层与面漆颜色调相同或相似的底色漆来提高遮盖力，然后喷涂珍珠漆和罩光清漆，所以珍珠漆也称为三工序面漆。

（4）清漆

清漆也称透明涂料，如图3—1—4所示，是由树脂和溶剂组成的涂料，漆中不含颜料，不需要经过调色就可以直接使用。清漆涂膜的附着力强、光泽度高、硬度高、耐磨性好，具有耐干湿和耐腐蚀等多种优异性能。现在轿车修补常用的清漆有聚氨酯清漆和丙烯酸清漆等。

图 3—1—3　珍珠漆的光泽效果

图 3—1—4　清漆

二、车身原面漆类型的鉴别方法

新车修补可通过车身颜色代码确定车身涂膜类型；已修补过的车身涂层，可以用打磨法、溶剂处理法、加热处理法、测量硬度法和电脑检测仪法来鉴别车身原面漆的类型。

1. 打磨法

用细砂纸或粗蜡打磨涂膜表面，根据打磨具体情况判断原面漆类型，见表3—1—1。

表 3—1—1　用打磨法判断原涂层的涂料类型

序号	打磨后的现象	原涂层的类型
1	打磨后，砂纸或抛光布上没有原面漆的颜色	双工序涂料（色漆＋清漆）
2	打磨后，砂纸或抛光布上粘有原面漆的颜色	单工序涂料
3	打磨后出现一种聚丙烯尿烷特有的光泽	聚丙烯型涂料
4	涂膜粗糙，经粗蜡摩擦后产生一种类似抛光的效果	抛光型涂料（多为硝基树脂型涂料）
5	用砂纸打磨漆面，涂层有弹性且砂纸黏滞	未完全固化的烘烤型涂料

2. 溶剂处理法

用一块在面漆溶剂中浸泡过的白色抹布擦拭旧涂膜，如果涂膜被溶解并在抹布上留下涂料痕迹，表明上次喷涂所用的是挥发干燥型涂料；如果涂膜不溶解，则为烘烤型或双组份反应型涂料；如果涂层失去光泽，但未溶解，则为丙烯酸氨基甲酸乙酯涂料。

3. 加热处理法

用800~1000#砂纸对涂膜表面进行湿打磨，降低涂膜的光泽后用红外线烤灯进行加热，如果涂膜表面重新恢复光泽（见图3—1—5），表明所用涂料为树脂磁漆；反之，光线暗淡者为清漆。

图 3—1—5　加热后涂膜表面恢复光泽

4. 测量硬度法

不同涂料形成的涂膜具有不同的硬度，双组份反应型和烘干型涂料干燥后形成的涂膜硬度高，挥发型涂膜的硬度低。

5. 电脑检测仪法

利用电脑调色系统可直接获得原车面漆的有关资料，这是目前修补涂装行业中最为便捷的方法，只需要提供原车油箱盖，利用测色仪就能准确无误地判断面漆的类型。

三、面漆的选用

面漆性能的好坏，主要取决于本身特性的好坏，但与其相配套底漆的性能、配套性和施工工艺也有较大关系。因此，合理选择面漆是一项非常重要的工作，如果选择不当，会给施工带来困难，影响产品质量，也会造成材料浪费。

1. 面漆选用的一般原则

（1）选用的面漆应具有一定的装饰性和保护性，既要符合不同档次汽车的外观要求，又要与车辆的使用环境要求相适应。

（2）选用的面漆应与底漆有良好的配套性，保证良好的附着性能和无“咬底”现象。

（3）一般情况下，选用面漆的类型与原涂层面漆的类型尽可能保持一致。

（4）选用的面漆应适合施工场所的施工条件，方便施工。

（5）选用的面漆应尽可能无毒无公害，以利于工人的身体健康和环境保护。

2. 面漆选用的基本步骤

（1）考虑汽车修补用面漆与原车面漆相匹配。修补面漆应与原车面漆的性能相同，与原车表面的颜色最接近。

（2）考虑修补面漆的施工性能。修补面漆要能在60~80℃烘烤成膜，适应于手工涂装。

（3）考虑修补面漆的外观特性。修补面漆应色彩鲜艳、光泽醒目、色差小、丰满度好。

（4）考虑修补涂层的硬度和抗崩裂性。修补涂层应坚硬耐磨，具有足够的硬度，以保证汽车在使用过程中不因路面砂石的冲击和摩擦而被损坏。

（5）考虑修补涂层的耐化学药品性。在车辆使用过程中，表面涂层难免与蓄电池电解液、润滑油、汽油、制动液及各种清洗剂等接触，擦净后表面不应有变色、起泡或失光等现象。

（6）考虑修补涂层的耐候性和抗老化性。耐候性和抗老化性是选择面漆涂料的重要指标之一。

（7）考虑修补涂层的耐湿热和防腐蚀性。面漆涂层在湿热条件下不应起泡、变色、失光。

四、面漆的用量估计

涂装前，对所需的面漆用量进行估算，一是为成本核算提供依据，二是为涂装过程中所需的材料做好准备。

1. 影响面漆消耗量的因素

（1）涂料的特性。涂料的遮盖力不同，其消耗量也不相同，颜色越浅，遮盖力就越差，涂料的消耗量也就越大。涂料中固体分含量的高低，影响着喷涂的道数和涂层的厚度，固体分越高，形成的涂层就越厚，涂料的消耗量也就越低。

（2）涂装方法和设备。涂装方法和设备不同，涂料的涂着率、消耗量也就不同。如采用普通空气喷枪，涂料的涂着率只有20%~40%，涂料的消耗量相对较大；反之，采用环保型喷枪喷涂，涂料的消耗量就相对较小。

（3）被涂物面的材质、形状及大小。不同车身底材对涂料的吸收率不同，消耗量也就不同。如在木质、水泥表面喷漆比在金属表面喷漆消耗量大；板件表面越粗糙，形状越复杂，涂料消耗量也越大。

（4）操作熟练程度。汽车修补涂装以手工为主，涂料消耗量大小与操作者的熟练程度有很大关系。若操作不熟练，不仅使涂料的消耗量大，而且容易出现涂层缺陷，甚至返工，造成浪费。

（5）施工条件。施工条件是指施工时的环境温度、湿度、空气洁净度及风速、照明度等。如风速直接影响涂料的飞散程度，风速越大，涂料的消耗量也就越大。

2. 面漆用量估计的方法

面漆用量估计的方法有计算法、参考标准法等，实际生产中经常使用参考标准法。

涂料商为了提高服务水平，对自己生产的每一种涂料都要制定消耗定额标准，对车身某一板件所需的实际涂料用量也有具体规定，常见整板修补面漆的参考用量见表3—1—2。调漆人员在确定涂料用量时只需要将修补的板件（或面积）与定额标准相对照，就可以得出涂料的用量。涂料的用量在实际生产中经常采用体积单位，涂料的最小用量为0.1L（涂料太少会给调色带来麻烦）。

表 3—1—2　常见整板修补的面漆用量　单位：L

部件＼面漆	单工序素色漆	双工序素色漆		双工序普通金属漆		三工序珍珠漆		
		底色漆	清漆	底色漆	清漆	底色漆	珍珠漆	清漆
翼子板	0.1~0.3	0.1~0.2	0.1~0.2	0.1~0.3	0.2~0.3	0.1~0.2	0.1~0.2	0.2~0.3
车门	0.2~0.4	0.1~0.3	0.2~0.3	0.2~0.3	0.2~0.3	0.2~0.3	0.2~0.3	0.2~0.3
发动机盖	0.5~0.8	0.4~0.6	0.4~0.6	0.4~0.6	0.4~0.6	0.4~0.6	0.4~0.6	0.4~0.6
行李箱盖	0.4~0.6	0.2~0.4	0.2~0.4	0.2~0.5	0.3~0.5	0.2~0.3	0.2~0.3	0.3~0.5
车顶	0.3~0.5	0.2~0.4	0.2~0.4	0.2~0.4	0.2~0.4	0.2~0.4	0.2~0.4	0.2~0.4
保险杠	0.2~0.5	0.2~0.3	0.2~0.3	0.2~0.4	0.2~0.3	0.2~0.3	0.2~0.3	0.2~0.3

为了充分估计施工中的不确定因素对涂料消耗量的影响，确定涂料消耗量还必须留有一定的余量，一般在估计的基础上再增加10%~20%。

技能训练

训练1　车身原面漆类型的鉴定

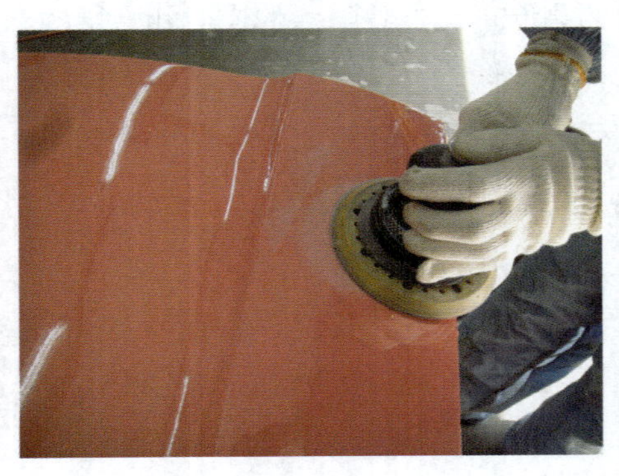

1. 用打磨法鉴别车身原面漆的类型

方法：

（1）用偏心距为 3mm 的双动作打磨机和 600# 干磨砂纸，或选用打磨粗蜡。

（2）在涂膜待修补区轻轻打磨。

（3）打磨后，观察砂纸表面和打磨表面的情况。

提示：

涂膜表面和砂纸表面均无色漆的颜色，只有白色粉末，砂纸没有黏滞，涂膜表面无光泽，由此可判定该车使用双工序涂料。

续表

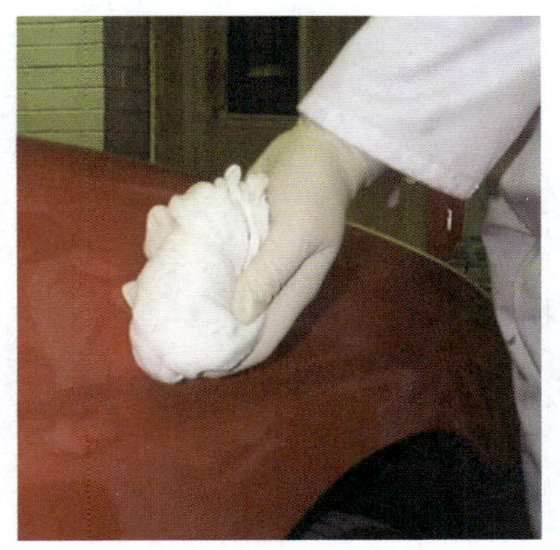	2. 用溶剂法鉴别车身原面漆类型 方法： （1）将面漆溶剂倒在一块白色抹布上，在旧涂膜破损区域反复擦拭。 （2）擦拭后，观察抹布的颜色。 提示： 图中白色抹布上没有该车身面漆的颜色，说明该涂层使用的不是溶剂挥发型涂料。
	3. 用加热法鉴别车身原面漆的类型 方法： （1）在修补区域用 800# 砂纸湿打磨。 （2）打磨后，用红外线烤灯烘烤打磨部位。 （3）烘烤后，观察涂膜是否自动恢复光泽。 提示： 图中加热部位的涂膜自动恢复了光泽，因此，可以判断该车身面漆为树脂漆。
	4. 用铅笔硬度法鉴别车身原面漆类型 方法： （1）选取 1H 硬度的中华牌绘图铅笔，将铅笔笔芯削成长约 3mm 的扁平状。 （2）将扁平面置于修补区的涂层表面，倾斜约 45°，用大约 1kg 的力匀速向前推动铅笔。 （3）观察涂膜是否被划穿。 提示： 图中涂膜未被划穿，则可以判定原涂层为烘烤型或双组份反应型涂料。

训练2 面漆的选用与用量估计

1. 汽车后盖涂膜损伤

分析：

（1）车身面漆为单工序、双组份素色漆。

（2）该车为上海大众系列的两厢车，涂膜损伤位于车后盖的左半面的中部，损伤面积为后盖总面积的1/4。

（3）根据汽车修补涂装工艺，可喷涂左半面进行补漆。

结论：

（1）选用单工序素色面漆。

（2）参照涂料消耗定额标准，喷涂车身左半面后盖的油漆用量为0.3L。

2. 桑塔纳轿车车头严重损毁

分析：

（1）普通桑塔纳轿车使用魔力黑面漆，底色漆由单组份黑色底色漆和少量银粉、珍珠漆组成，外层喷涂罩光清漆。

（2）车头的保险杠、翼子板、发动机罩需要整板更换，其中左右翼子板、发动机罩需要整板喷漆。

结论：

（1）选用单组份魔力黑底色漆和双组份罩光清漆。

（2）参照标准，板块油漆用量累加，总量约为魔力黑底色漆1.2L，罩光清漆为1.2L。

3. 车身左边角涂膜擦伤

分析：

（1）车身整体使用白色银粉漆，外层喷涂罩光清漆。

（2）涂膜擦伤部位为左翼子板尾部和保险杠的左下角，按照汽车修补涂装工艺，翼子板的尾部和保险杠的左半面需要补漆。

结论：

（1）选用白色银粉漆和双组份罩光清漆。

（2）参照标准，修补面积的油漆用量累加，银粉漆用量约为0.4L，罩光清漆约为0.4L。

续表

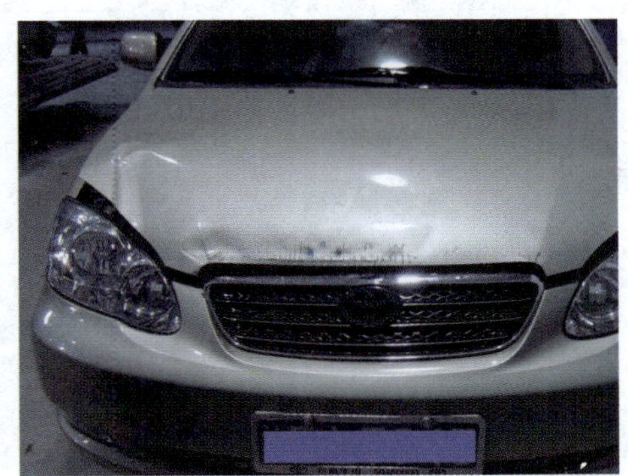	4. 丰田轿车发动机罩变形 分析： （1）车身整体使用银粉漆，外层喷涂罩光清漆。 （2）该车发动机罩整体变形，钣金修复后需要整体重涂。 结论： （1）选用白色银粉漆和双组份罩光清漆。 （2）参照标准，发动机罩整体重涂需要 0.6L 银粉漆和 0.6L 罩光清漆。
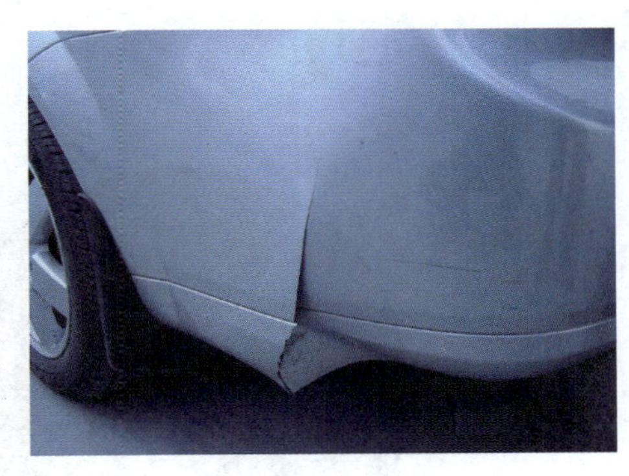	5. 保险杠左侧破损 分析： （1）车身整体喷涂珍珠漆，外层喷涂罩光清漆。 （2）车身保险杠左侧破损，若保险杠采用钣金焊补修复，则可以进行左半面补漆；若更换保险杠，则需要整体喷涂。 结论： （1）选用珍珠漆和双组份罩光清漆。 （2）参照标准，半面保险杠补漆，油漆消耗量为底色漆、珍珠漆、罩光清漆各 0.2L；整体喷涂时，底色漆、珍珠漆、罩光清漆各 0.3L。

训练评价

考核要求

1. 在规定的时间内，完成车身原面漆类型的鉴别和面漆的选用，使之符合技术标准。
2. 应及时指正在操作过程中出现的违规操作。
3. 符合安全文明生产的要求。

考核标准

考评标准表——车身修补面漆的选用

考核时间	考核项目	分值	评分标准与指导	评价结果
30 min	车身原面漆类型的鉴别	30	按要求酌情扣分，并指正	
	车身面漆的选用	30	按要求酌情扣分，并指正	
	车身面漆的用量估计	30	按要求酌情扣分，并指正	

续表

考核时间	考核项目	分值	评分标准与指导	评价结果
30 min	“6S”操作规范	10	每项扣2分，扣完为止	
	遵守相关安全操作规范		因违规操作发生人身和设备事故，终止考核，成绩按0分计；超时，每分钟扣2分，超时5 min终止考核	
	分数合计	100		

思考题

1. 车身原面漆类型的鉴别方法有哪些？怎样进行鉴别？
2. 怎样进行车身面漆的选用？怎样估计车身修补面漆的用量？

课题二　颜色的分析与定位

学习目标

1. 了解颜色的形成和分类。
2. 掌握颜色的三个基本属性。
3. 掌握孟塞尔颜色系统的表示方法。
4. 掌握孟塞尔颜色系统的标定方法。
5. 能用颜色的三属性分析颜色的特征。
6. 能定量分析和标定颜色。

知识准备

一、物体颜色的产生

1. 物体颜色的形成

颜色是光作用于人的视觉系统后所产生的一系列复杂生理和心理反应的综合效果。物体颜色的产生是光线照射于物体上，经过物体对光的吸收、反射或透射之后作用于人的眼睛，再由眼中的视觉神经将信息传给大脑，大脑判断得出物体的颜色。物体颜色的产生必须具备光线、物体、视觉器官这三个物理要素。物体颜色产生三大要素的关系如图3—2—1所示。

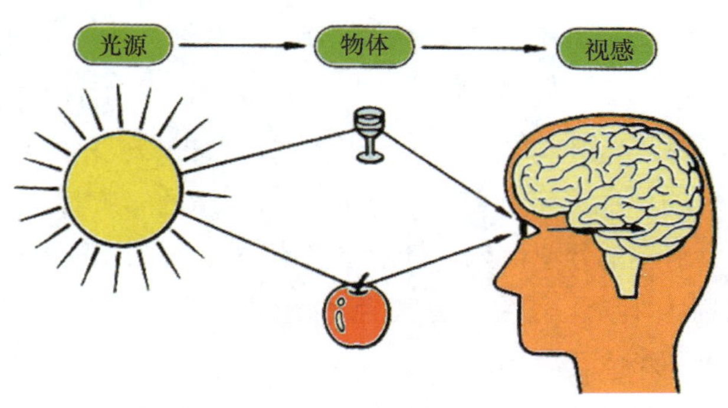

图 3—2—1　物体颜色的产生

（1）光线。光线是指能够在人的视觉系统上引起颜色感觉的电磁辐射，人们能借助光线看到物体的颜色。我们把发光的物体称为光源，像太阳、白炽灯、荧光灯等。光源有自然光源与人造光源之分，太阳是自然光源中最佳的光源，太阳光也是人们日常生活中最基本的自然光。太阳光由红、橙、黄、绿、青、蓝、紫七种单色光组成，每一种单色光对应一定波长的光谱（见图3—2—2），人眼所能感受到的光谱波长范围在380~780nm之间。

图 3—2—2　太阳光的组成

（2）物体。物体对光线有吸收、反射和折射作用，物体只反射（或折射）属于本身颜色特性的光，其他颜色的光均被物体吸收了，如图3—2—3所示。因此，在汽车修补漆调色过程中，汽车表面应洁净，避免漆面老化、变色和污染对调色的影响。比色背景应以淡色色调为主，避免鲜艳、反色的调色环境。

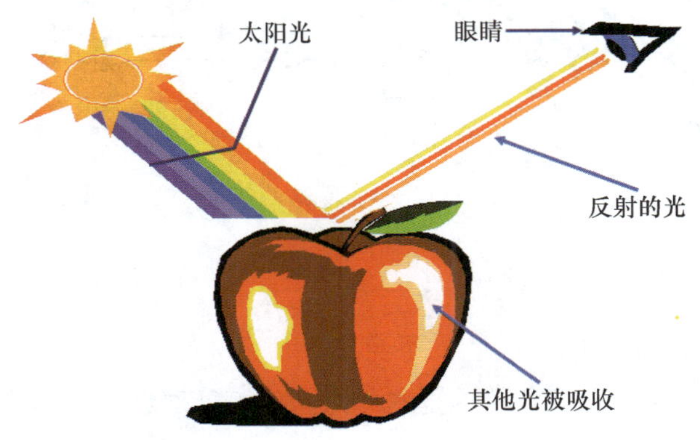

图 3—2—3　物体对太阳光进行有选择性的反射

一种物体如果反射了太阳光中全部单色光的75%以上时，就呈现白色，如古代皇宫里的铜镜，铜本身的颜色是紫红色，但经工匠打磨抛光处理后，表面非常光滑，能反射太阳光中全部单色光75%以上，铜镜反射白色光，可照出人影；一种物体如果只反射太阳光中全部单色光的10%以下，其余的单色光被吸收了，物体就呈现黑色；物体表面反射率在10%~75%之间时，即有选择地反射一部分单色光，其余单色光被吸收，则物体呈现反射光的颜色。

物体若能全部透射太阳光，那它就是无色透明体，如汽车挡风玻璃；物体能透射一种或几种单色光，那它就是彩色透明体，如彩色镜片；反射（或折射）的各种单色光在物体表面产生干涉，物体就呈现斑斓色彩，如贝壳上的花纹、羽毛等。

物体的颜色可分为无彩色和有彩色两大类。无彩色是指白色、黑色和各种深浅不同的灰色。它们可以排成一个系列，由白色渐渐到浅灰到中灰，再到深灰，直到黑色，叫作白黑系列。有彩色是指除黑白系列以外的各种颜色。

（3）视觉器官。人体的视觉器官包括眼睛和大脑，眼睛对反射光的刺激产生视神经兴奋，大脑接受神经兴奋产生颜色知觉。人眼是产生颜色感觉的生理基础，人眼（见图3—2—4）的视网膜上有三种视神经纤维，即感红、感绿及感蓝的视觉细胞，每种视觉细胞的兴奋都会引起相应原色的感觉。不同强弱的视觉细胞兴奋混合，大脑就产生了可见光谱上的不同颜色，也就形成了人体视觉器官所感知的颜色。

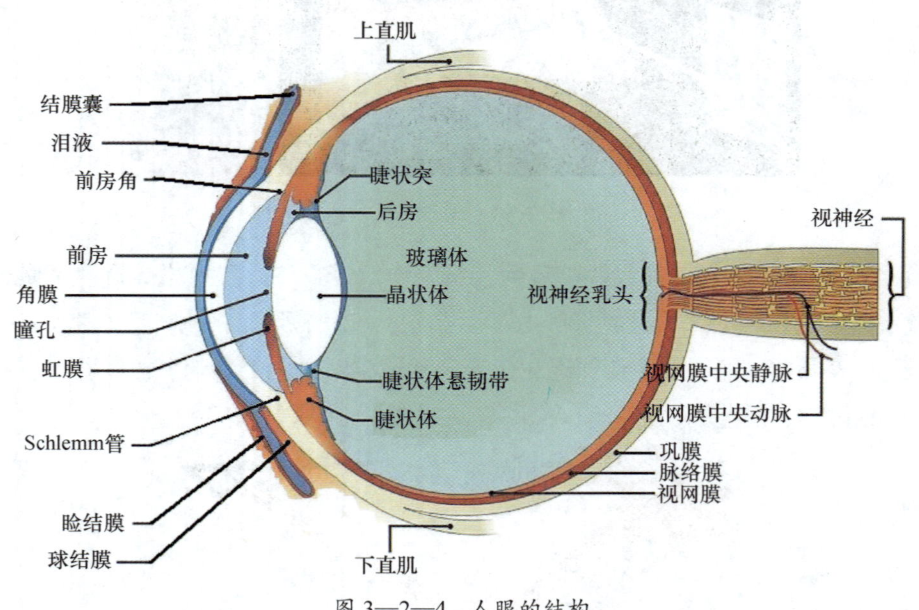

图 3—2—4 人眼的结构

2. 色盲与幻觉

（1）色盲与色弱。缺乏色觉或色觉不全称为色盲，色盲可分为全色盲与部分色盲。只对明暗度有感觉而对色调、鲜艳度没感觉的称为全色盲；对红色、绿色、蓝色中部分颜色分辨困难者称为部分色盲。部分色盲多为红绿色盲或蓝色盲，红绿色盲表现为只有红色觉或绿色觉，不能辨别红色与绿色，往往是由于缺乏感红视觉细胞或感绿视觉细胞所致。蓝色盲不多见，表现为无法识别蓝色，对绿、黄、红的感觉占优势，蓝色盲与感蓝视觉细胞缺乏或稀少有关。色盲有先天性的，也有后天性的。

有的人的视觉虽能用三原色配出光谱的各种颜色，但对某些颜色的辨别能力较差，这种情况被称为色弱。色弱除先天性者外，多发生于后天，是由于健康状况不佳而造成的色觉感受机能缺陷所致。经常表现为辨别红、绿和蓝色的能力低下。年龄的增长、眼睛的倦怠与病痛会影响人的色感，有色觉缺陷的人不能正确分辨颜色，不宜从事调色与测色工作。

（2）幻觉。幻觉又称为视错觉（见图3—2—5），是当人观察物体时，基于经验或不当的参照形成的错误判断和感知。视错觉一般被分为图像本身的构造导致的几何学视错、感觉器官引起的生理视错、心理原因导致的认知错觉三种。

图 3—2—5　视错觉

二、颜色的基本属性

尽管颜色种类很多，但都有三个共同点，颜色的这三个共同点叫颜色的三属性。颜色的三属性分别是色调、明度和彩度。无论什么颜色，都可以用这三种属性来定性、定量地描述。颜色的三属性可以用仪器来测定，或用目测来比较评定，它是颜色分类和说明颜色变化规律最简练、最易接受的一种方法。

1. 色调

色调（hue，简写为H）又称为颜色的色调或色别，即色彩的相貌，是色彩最基本的特征，也是颜色彼此相互区分最明显的特征。太阳光光谱分解的七种单色光在视觉上就表现为七种不同的视觉感受，我们把这七种不同的视觉感受分别命名为红、橙、黄、绿、青、蓝、紫，即七种不同的色调，每一种色调表示一个特定波长的色光，给人以特定的色彩感受。

在修补涂料的调色系统里，用来描述颜色色调差异的用语一般有四个：红（R）、黄（Y）、绿（G）、蓝（B），有时还会用到紫（V）、橙（O）。黄绿（YG）和青（C）这两个色调本身难以分辨，而且与黄、蓝有重复，因此，在实际描述时很少用到。

为了表示颜色的色调，人们将红、橙、黄、绿、蓝、紫六种色调均匀分布在一个水平放置的圆环上，每一个色调区域分布的不是单一的基本色调，而是从左边相邻区域的色调逐渐过渡到该区域纯正的色调，再从该区域纯正色调逐渐过渡到右边相邻区域的色调，整个区域是一个渐变的色调区域。六种渐变色调分布在水平圆环上形成的图形称为色环图，如图3—2—6所示。以红色为例，红色色调区域的色调是从紫色到紫红到纯正红色，再从纯正红色过渡到橙红到橙色。在排除明度和彩度的情况下，可以认为每个颜色都能在色环图中找到相应色调的位置。在色环图上，颜色色调的变化只能有两种偏向，即偏向沿着色环与其相邻的两个主要的色调，例如：蓝色可以偏绿和偏紫，红色可以偏紫和偏橙，黄色可以偏橙和偏绿。

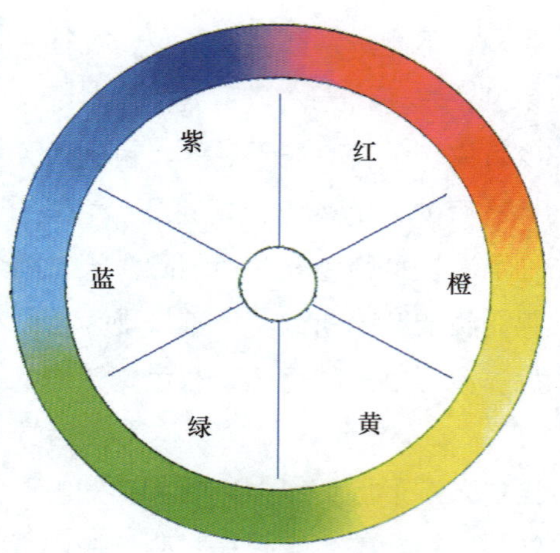

图 3—2—6 色环图

2. 明度

明度（value，简写为V）也称为亮度，色彩的明度是人眼所感受到色彩的明暗程度。人眼对明暗的改变很敏感。反射光很小的变化，甚至小于1%的变化，人眼也能感觉出来。

各种色彩明度的高低取决于人眼所感受的辐射能的量。由于物体反射（透射）光量的不同，就会产生明暗强弱的差异，明度的大小可用反射率（透射率）来表示。相同色彩物体表面的反射率越高，它的明度就越高，或者说各个色彩物体在明亮程度上，越接近白色则明度越高，越接近黑色则明度越低。明度不单纯是一个物理学的量度，还是个心理的量度。不同色调的光谱色，即使反射率相同，明度也各不相同。其中黄色、橙黄、黄绿等色调的明度最高，橙色比红色的明度高，蓝色与青色要暗些，人对不同色调的明度感觉排序见表3—2—1。

表 3—2—1 人对不同色调明度的感觉排序

白	黄	黄橙	黄绿	绿	红橙	青绿	红	蓝	暗红	蓝紫	紫	黑
	淡灰			浅灰			中灰		暗灰			

人们经常将明度标定在一条垂直的坐标轴上，坐标轴底部为黑色，顶部为白色，明度的图形表示是一条从白到灰再到黑的过渡带（见图3—2—7），物体颜色越接近白色，明度越高，越接近黑色，明度越低。任何一种颜色如果加入白色，可以提高混合颜色的明度，反之混入黑色，可以降低混合颜色的明度。

由于明度的差别，同一种色调具有不同色彩，如同一种绿色可以分为明绿、淡绿、暗绿、墨绿等，如图3—2—8所示。这种色彩明暗差异，使得画面有立体感。

图 3—2—7　明度

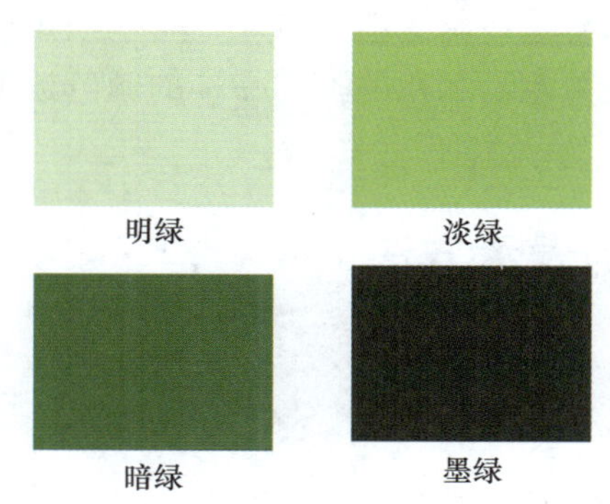

图 3—2—8　不同明度的绿色

3. 彩度

彩度（chroma或saturation，简写为C或S）也称为纯度、鲜艳度，指反射或透射光线接近光谱色（光谱中的单色光是最鲜艳的彩色光）的程度，或者表示离开相同明度中性灰色的程度。

物体颜色的彩度取决于该物体表面反射光谱色光的选择性。物体对光谱某一较窄波段的光反射率越高，对其他波长的反射率很低或没有反射，其彩度就高。如果物体能反射某一色光的同时也能反射其他一些色光，则该颜色的彩度低。

色彩的彩度与物体的表面结构有关。如果物体表面粗糙，光线的漫反射作用将使颜色的彩度降低。如果物体表面光滑，颜色的彩度就较高。同样，色漆湿的时候颜料颗粒之间的空隙被溶剂填满，表面变得光滑，减少了漫反射的白光掺和，所以颜色的彩度高；色漆干后溶剂被蒸发，颜料因颗粒被显露而表面变粗糙，色漆就变得灰暗，颜色的彩度就降低了。

同一种色调彩度不同，其颜色也不一样。人们为了表示某一色调的鲜艳程度，通常将彩度放在色调环的圆心向圆周辐射的半径上，圆心处的色调为无彩色（黑、白、灰），彩度最低，被定为零，圆周处的彩度最高，圆心到圆周同一色调的彩度从低到高逐渐过渡，如图3—2—9所示。光谱色中，不同单色光的彩度也不相同，其中红色的彩度最高，青绿色的彩度最低，其他色调的彩度居中。主要色调的明度和彩度见表3—2—2。

图 3—2—9　彩度

表 3—2—2　主要色调的明度和彩度

色调	红	橙	黄	黄绿	绿	青绿	青	青紫	紫	紫红
明度	4	6	8	7	5	5	4	3	4	4
彩度	14	12	12	10	8	6	8	12	12	12

说明：在彩度一栏中，数值大的彩度高。

对合成的颜色来说，由于加入了其他品种的颜色，使得颜色的彩度降低，也就是说合成色的彩度都低于单色。加入的不同品种的颜色越多，混合颜色的彩度就越低，也就越浑浊。

三、颜色的表示方法

为了规范颜色的使用和管理，目前国际上广泛采用孟塞尔颜色系统作为分类和标定颜色的方法。它用一个三维空间的类似球体模型（见图3—2—10）把各种颜色的三种基本属性（色调、明度、彩度）全部表示出来。在立体模型中的每一点都代表一个特定的颜色，并给予一定的标号。

孟塞尔颜色立体模型如图3—2—11所示，自下到上的变化为明度，水平径向的变化为彩度，围绕着明度轴的周向变化为色调。由径向彩度和周向色调所组成的平面圆形图形称为色轮图，如图3—2—12所示。

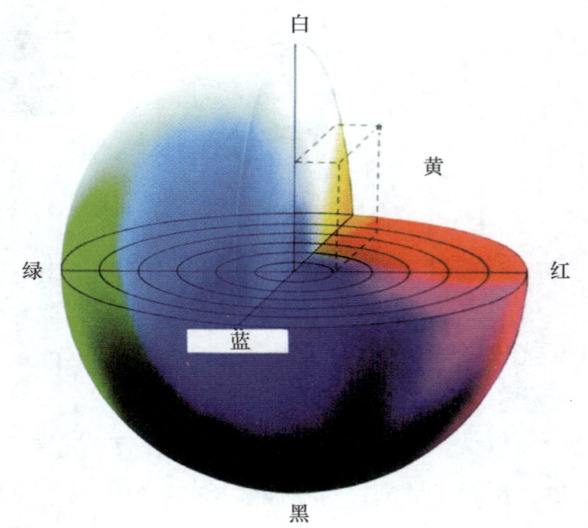

图 3—2—10　三维空间球体模型

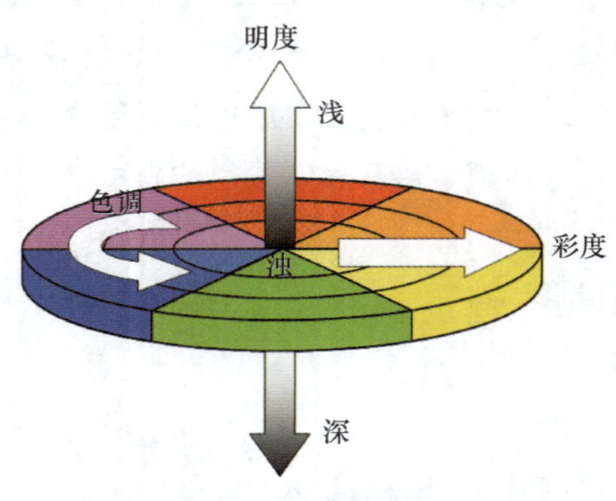

图 3—2—11　孟塞尔颜色立体模型

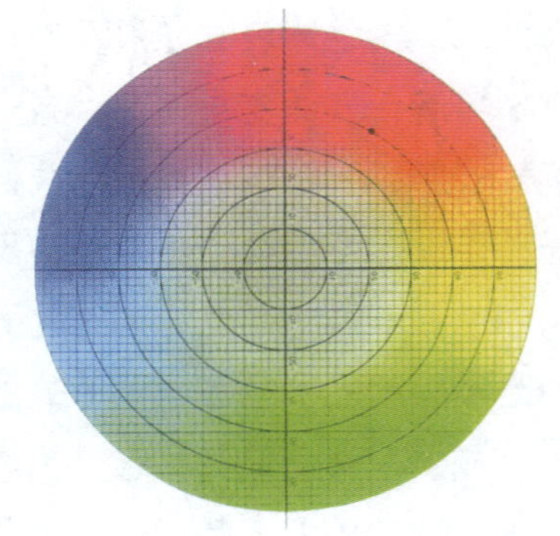

图 3—2—12　色轮图

为了进一步了解颜色变化的规律，很多资料上把颜色的空间立体想象成一棵树，我们经常称之为“颜色树”，如图3—2—13所示。在颜色树模型中，树躯干从下至上表示黑白渐变的明度，径向伸展的树枝方向代表颜色彩度，树周向的圆环上分布着不同色调。

1. 孟塞尔颜色的表示法

（1）孟塞尔色调（*H*）的表示法

孟塞尔颜色系统中把颜色立体水平剖面上的各个方向代表10种色调，即5个主色调和5个中间色调，组成了孟塞尔颜色系统的色调环。5个主色调是红色、黄色、绿色、蓝色、紫色。5个中间色调是黄红色、绿黄色、蓝绿色、紫蓝色、红紫色。

图 3—2—13　颜色树模型

为了把该颜色系统中的色调做更细的划分，孟塞尔把每一种色调又分成10个等级，用数值1~10表示，其中5为纯正的颜色，小于5的颜色偏向于1相邻的色调，大于5的颜色偏向于10相邻的色调，数值偏离5越大，含有这相邻颜色的量就越多。例如，5R为纯正的红色，1R为偏紫的红色，8R为偏黄的红色，10R为偏黄很多的红色。这样，孟塞尔色调环共有100种色调，如图3—2—14所示。

（2）孟塞尔明度值（*V*）的表示法

孟塞尔颜色系统的中央轴代表无彩色白黑系列中性色的明度等级。黑色在底部，理想黑色定为0，白色在顶部，理想白色定为10，孟塞尔明度值有0~10，共11个在视觉上等距离的等级。由于理想的白色和黑色是不存在的，所以在实际应用中只用明度值1~9，如图3—2—15所示。

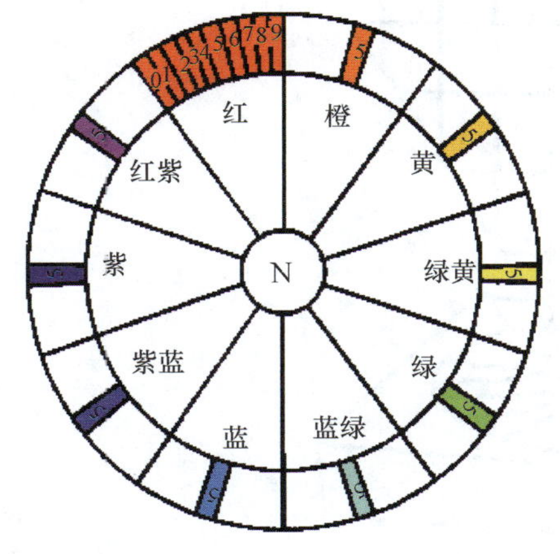

图 3—2—14　孟塞尔色调的表示法

图 3—2—15　孟塞尔明度值的表示法

（3）孟塞尔彩度值（*C*）的表示法

在孟塞尔系统中，颜色离开中央轴的水平距离代表彩度的变化，表示具有相同明度值的颜色离开中性灰色的程度。孟塞尔颜色系统将彩度分为0~14个等级，中央轴上的中性色彩度为0，离开中央轴越远，彩度的数值越大，现实生活中彩度为14的颜色很少，颜色彩度通常只有12个等级。颜色彩度的表示方法如图3—2—16所示。

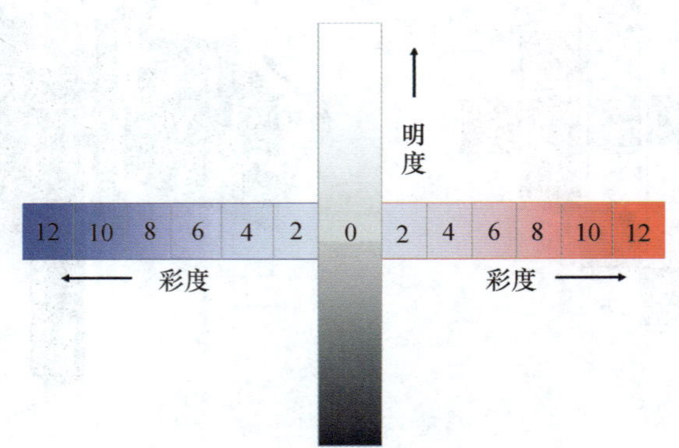

图 3—2—16 孟塞尔彩度的表示法

利用颜色的表示方法，大自然中任一颜色都能在孟塞尔球体模型中找到对应的位置。例如一个色调值为5，明度值为5，彩度值为12的正蓝色，刚好对应于孟塞尔三维球体模型球面上所标出蓝色的位置，如图3—2—17所示。

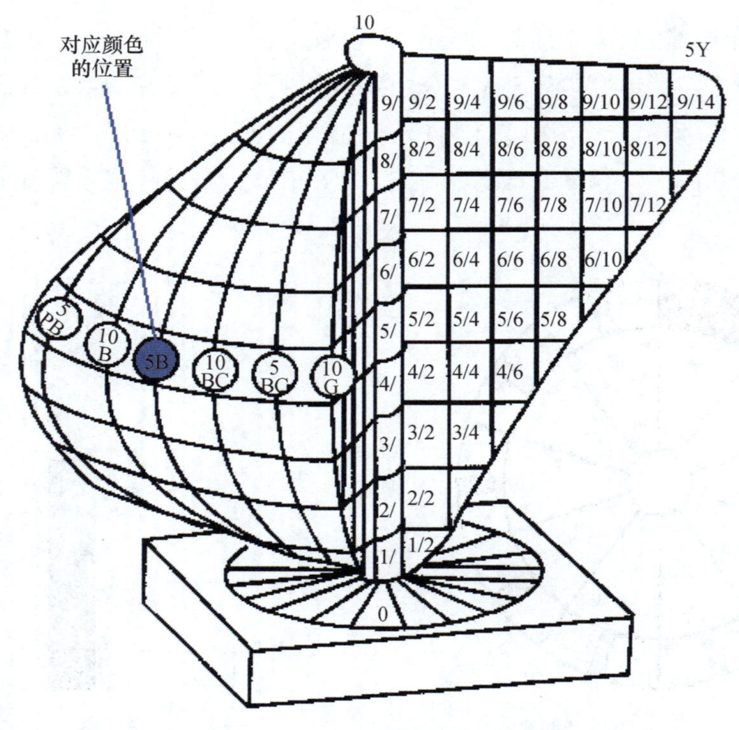

图 3—2—17 孟塞尔三维球体模型

2. 孟塞尔颜色的标定方法

任何颜色都可用孟塞尔颜色球体上的色调、明度和彩度这三项坐标进行标定，并给予一定的标号，其表示方法的组成如下：

$$HV/C = \text{色调 明度/彩度}$$

例如，一个8R5/12标号的颜色，它的色调是红偏橙较多，明度为5，彩度为12的橙红色。同时从这个标号可知，该颜色是中等亮度、彩度很高的一个颜色。

中性颜色由于其彩度为0，所以颜色标号可写成：

$$NV/ = \text{中性色/明度}$$

*N*表示中性的意思。例如，明度值等于9的中性明灰色可写作N9/。对于彩度低于0.3的黑、灰、白色通常标定为中性色。对彩度低于0.3的中性色做精确标定的表示方式为：

$$NV/(H,C) = \text{中性色　明度/（色调，彩度）}$$

式中的色调"*H*"为5种主要色调和5种中间色调中的一种。如一个略带黄色的浅灰色，可以表示为N8/（Y，0.2）。

技能训练

训练1　色盲测试

将图中的数字、字母或动物名称写在图下的横线上。

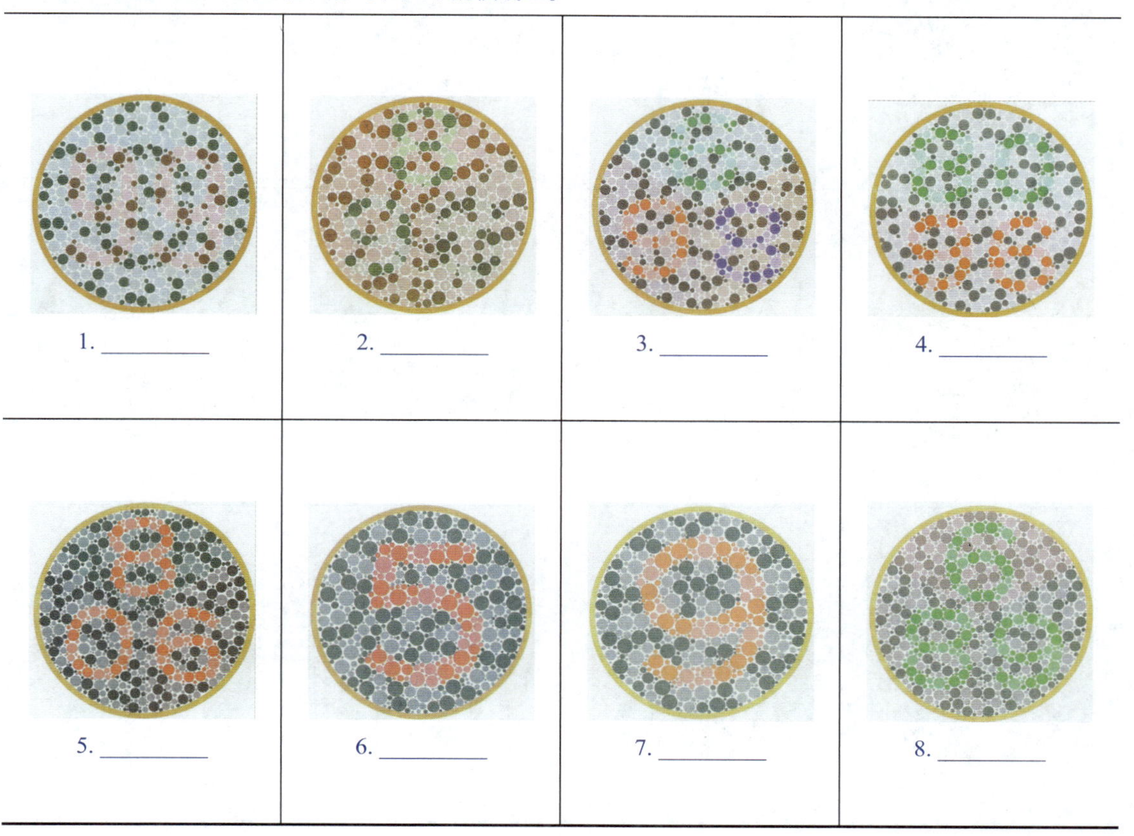

续表

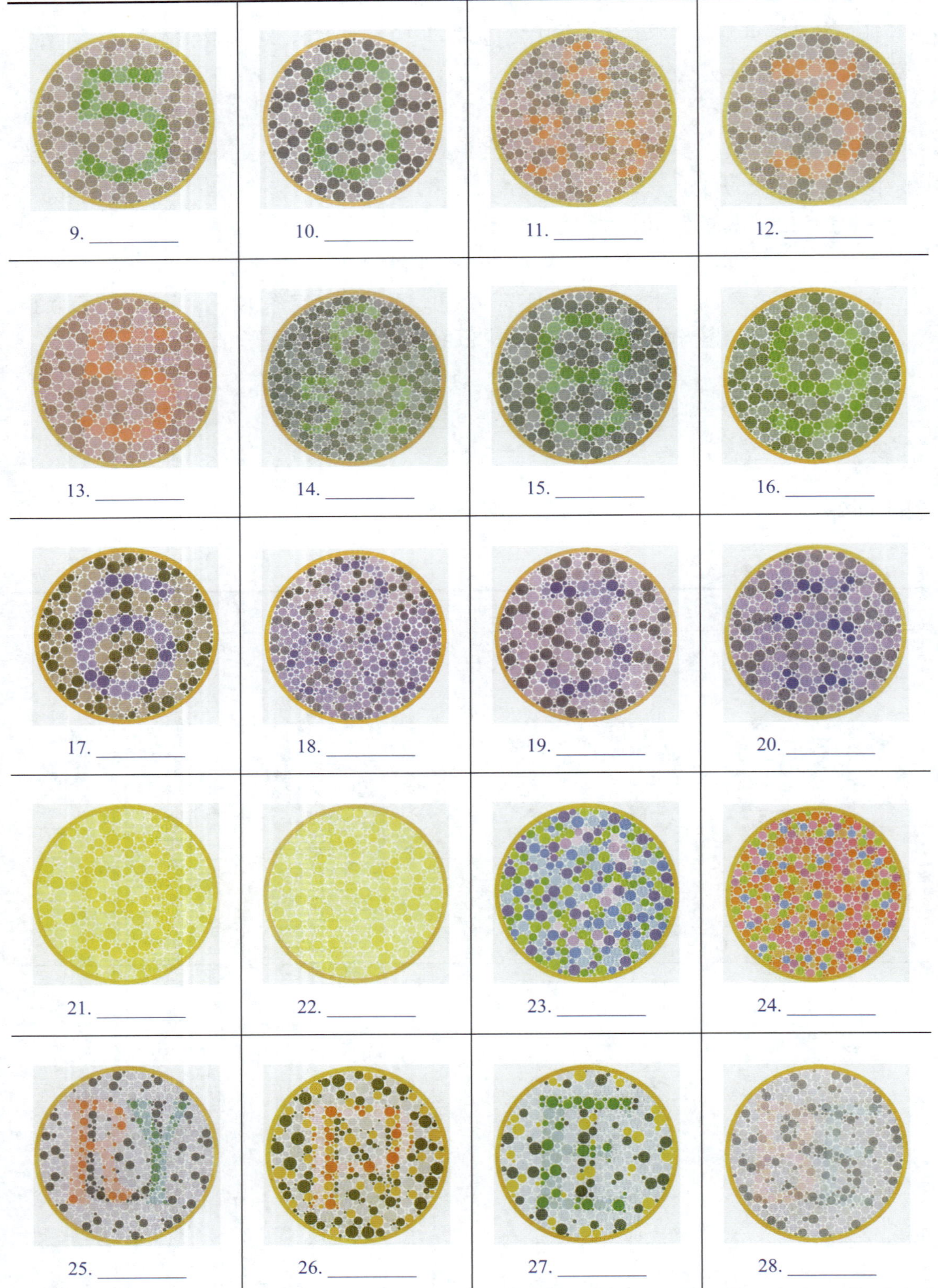

续表

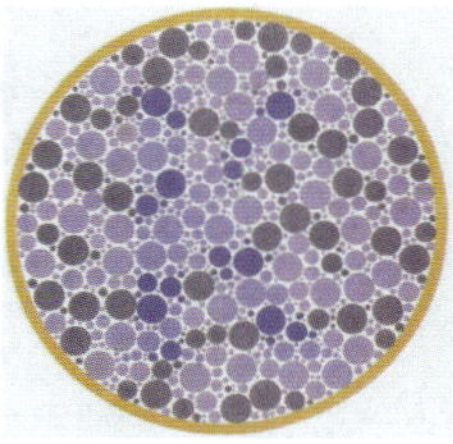 29. ________	 30. ________	 31. ________	 32. ________
 33. ________	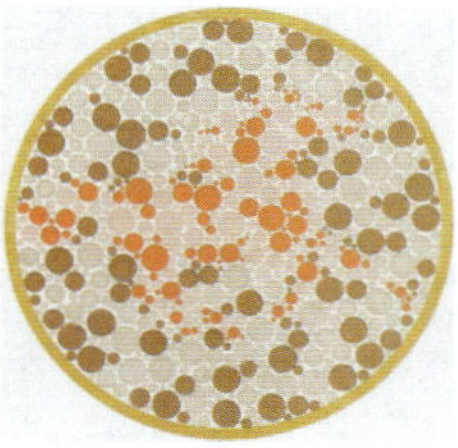 34. ________	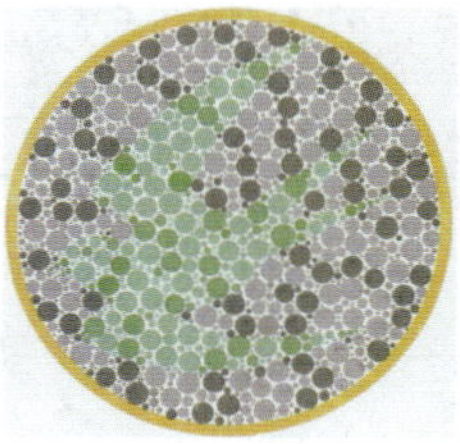 35. ________	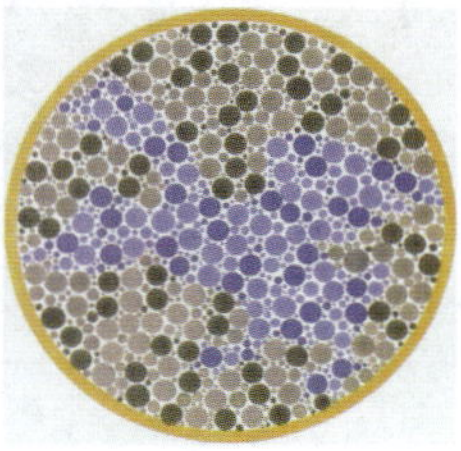 36. ________
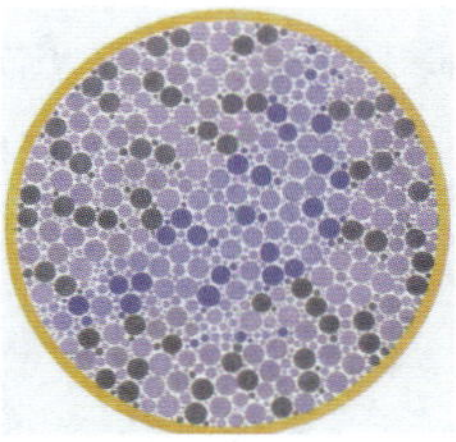 37. ________	 38. ________	 39. ________	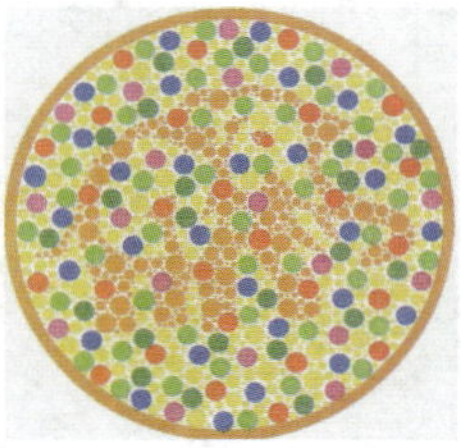 40. ________

训练2　颜色的分析与定位

对照下面的色轮图和简易颜色立体模型，对各种颜色进行定量分析，并写出颜色标定的表达式。

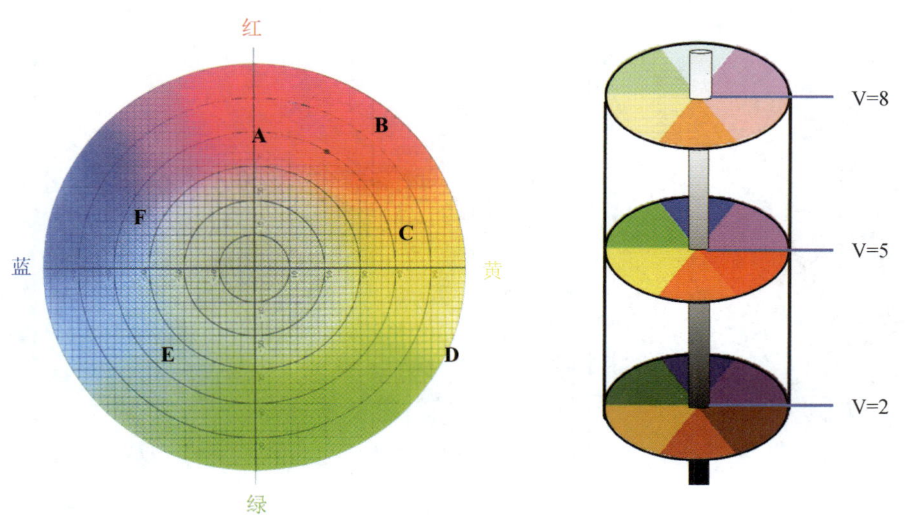

续表

	1. 紫红色 分析： （1）将此颜色与色轮图中相应颜色区域对照，发现 A 点的色调和彩度与此颜色接近。 （2）分析 A 点：色调为红色略偏紫，色调等级为 3R；颜色比较鲜艳，彩度等级为 9。 （3）将此颜色与简易颜色立体模型对照，明度等级明显大于 2，小于 5，应该处于明度为 4 的位置。 颜色标定： 根据上面的分析，该颜色标定为：3R4/9。
	2. 橙红色 分析： （1）将该颜色与色轮图中相应颜色区域对照，发现 B 点的色调和彩度与该颜色接近。 （2）分析 B 点：色调为红色偏橙，色调等级为 8R；颜色鲜艳，彩度等级为 10。 （3）将此颜色与简易颜色立体模型对照，明度等级刚好处于 5 的位置。 颜色标定： 根据上面的分析，该颜色标定为：8R5/10。
	3. 橙黄色 分析： （1）将此颜色与色轮图中颜色对照，发现 C 点的色调和彩度与此颜色接近。 （2）分析 C 点：色调为黄色略偏橙，色调等级为 4Y；颜色不够鲜艳，彩度等级为 7。 （3）将此颜色与简易颜色立体模型对照，明度等级明显大于 5，小于 8，应该处于明度为 7 的位置。 颜色标定： 根据上面的分析，该颜色标定为：4Y7/7。

续表

	4. 绿黄色 分析： （1）将此颜色与色轮图中颜色对照，发现 D 点的色调和彩度与此颜色接近。 （2）分析 D 点：色调为黄色偏绿较多，色调等级为 9Y；颜色鲜艳，彩度等级为 6。 （3）将此颜色与简易颜色立体模型对照，明度等级明显大于 5，小于 8，应该处于明度为 6 的位置。 颜色标定： 根据上面的分析，该颜色标定为：9Y6/6。
	5. 天蓝色 分析： （1）将此颜色与色轮图中颜色对照，发现 E 点的色调和彩度与此颜色接近。 （2）分析 E 点：色调为蓝色偏绿，色调等级为 3B；颜色不够鲜艳，彩度等级为 8。 （3）将此颜色与简易颜色立体模型对照，明度等级明显大于 5，小于 8，应该处于明度为 7 的位置。 颜色标定： 根据上面的分析，该颜色标定为：3B7/8。
	6. 紫蓝色 分析： （1）将此颜色与色轮图中相应颜色区域对照，发现 F 点的色调和彩度与此颜色接近。 （2）分析 F 点：色调为蓝色偏紫，色调等级为 8B；颜色鲜艳，彩度等级为 10。 （3）将此颜色与简易颜色立体模型对照，明度等级明显大于 2，小于 5，应该处于明度为 3 的位置。 颜色标定： 根据上面的分析，该颜色标定为：8B3/10。

色盲测试答案

<table>
<tr><th rowspan="2">图号</th><th rowspan="2">色觉正常者
辨认结果</th><th colspan="2">色觉异常者</th><th rowspan="2">附　注</th></tr>
<tr><th>异常类型</th><th>辨认结果</th></tr>
<tr><td>1</td><td>99</td><td>红绿色觉异常</td><td>0</td><td>正常者也可读 0
异常者只能读 0</td></tr>
<tr><td rowspan="3">2</td><td rowspan="3">8
9 6</td><td>红绿色盲、重度色弱</td><td>不能读</td><td rowspan="3">大概区分红绿色盲
和红绿色弱</td></tr>
<tr><td>红绿中度色弱</td><td>8</td></tr>
<tr><td>红绿轻度色弱</td><td>8
9</td></tr>
<tr><td rowspan="4">3</td><td rowspan="4">6
9 8</td><td>红绿色觉异常</td><td>8</td><td rowspan="4">初步区分红、绿
蓝（紫）色觉异常</td></tr>
<tr><td>红色觉异常</td><td>6
8</td></tr>
<tr><td>绿色觉异常</td><td>9 8</td></tr>
<tr><td>蓝（紫）色觉异常</td><td>6
9</td></tr>
<tr><td rowspan="3">4</td><td rowspan="3">80
96</td><td>红绿色觉异常</td><td>不能读</td><td rowspan="3">区分红、绿
色觉异常</td></tr>
<tr><td>红色觉异常</td><td>80</td></tr>
<tr><td>绿色觉异常</td><td>96</td></tr>
<tr><td>5</td><td>8
0 6</td><td>红色盲</td><td>不能读</td><td>红色盲检出总图</td></tr>
<tr><td>6</td><td>5</td><td>红色盲</td><td>不能读</td><td rowspan="2">两图不能读者为红色盲
两图能读者继续向下查色弱</td></tr>
<tr><td>7</td><td>9</td><td>红色盲</td><td>不能读</td></tr>
<tr><td>8</td><td>6
8 9</td><td>绿色盲</td><td>不能读</td><td>绿色盲检出总图</td></tr>
<tr><td>9</td><td>5</td><td>绿色盲</td><td>不能读</td><td rowspan="2">两图不能读者为绿色盲
两图能读者继续向下查色弱</td></tr>
<tr><td>10</td><td>8</td><td>绿色盲</td><td>不能读</td></tr>
<tr><td>11</td><td>8
3 5</td><td>红色弱</td><td>全部不能读
或部分能读</td><td>红色弱分类总图</td></tr>
<tr><td>12</td><td>3</td><td>红色重度色弱</td><td>不能读</td><td rowspan="2">此两图分别检出红色
重度和中度色弱</td></tr>
<tr><td>13</td><td>5</td><td>红色中度色弱</td><td>不能读</td></tr>
<tr><td>14</td><td>6
5 2</td><td>绿色弱</td><td>全部不能读
或部分能读</td><td>绿色弱分类总图</td></tr>
<tr><td>15</td><td>8</td><td>绿色重度色弱</td><td>不能读</td><td rowspan="2">此两图分别检出绿色
重度和中度色弱</td></tr>
<tr><td>16</td><td>9</td><td>绿色中度色弱</td><td>不能读</td></tr>
<tr><td>17</td><td>6</td><td>蓝（紫）色盲</td><td>不能读</td><td>蓝（紫）色盲检出图</td></tr>
<tr><td>18</td><td>9
6 8</td><td>蓝（紫）色弱</td><td>全部不能读
或部分能读</td><td>蓝（紫）色弱分类总图</td></tr>
</table>

续表

图号	色觉正常者辨认结果	色觉异常者		附　注
		异常类型	辨认结果	
19	3	蓝（紫）重度色弱	不能读	此两图分别检出蓝（紫）重度和中度色弱
20	5	蓝（紫）中度色弱	不能读	
21	9	黄色盲	不能读	检出黄色盲
22	2	黄色弱	不能读	检出黄色弱
23	2	色觉疲劳 隐色盲	开始能读，后又否定 开始不能读，后能读	色觉疲劳 隐色盲
24	3	色觉疲劳 隐色盲	开始能读，后又否定 开始不能读，后能读	色觉疲劳 隐色盲
25	RY	红绿色觉异常	U	检出红、绿色盲和部分红绿色弱
		红色觉异常	Y	
		绿色觉异常	R	
26	P	红色觉异常	N	检出红色盲、部分红色弱
27	E	绿色觉异常	T	检出绿色盲、部分绿色弱
28	BE	红绿色觉异常	S	检出红、绿色盲和部分红、绿色弱
		红色觉异常	E	
		绿色觉异常	B	
29	K	蓝（紫）色觉异常	不能读	检出蓝（紫）色弱
30	D	黄色觉异常	不能读	检出黄色弱
31	兔、鸭	红、绿色觉异常	鸭	检出红绿色盲、部分色弱
32	公鸡	红、绿色觉异常	不能读	检出红绿色盲
33	金鱼	红、绿色觉异常	不能读	检出红绿色盲
34	奔马	红色觉异常	不能读	检出红色盲、部分红色弱
35	燕子	绿色觉异常	不能读	检出绿色盲
36	飞鸭	蓝（紫）色觉异常	不能读	检出蓝（紫）色盲
37	鸽子	蓝（紫）色觉异常	不能读	检出蓝（紫）色盲、部分蓝（紫）色弱
38	牛	黄色觉异常	不能读	检出黄色盲
39	蝴蝶	黄色觉异常	不能读	检出黄色盲、部分黄色弱
40	大象	色觉疲劳 隐色盲	开始能读，后否定 开始不能读，后能读	色觉疲劳 隐色盲

训练评价

考核要求

1. 在规定的时间内，完成颜色的分析与标定，使之符合技术标准。
2. 应及时指正在操作过程中出现的错误操作。
3. 符合安全文明生产的要求。

考核标准

考评标准表——颜色的分析与标定

考核时间	考 核 项 目	分值	评 分 标 准 与 指 导	评价结果
30 min	色轮图的使用	20	工具使用不当酌情扣分，并指正	
	颜色立体图形的使用	10	按要求酌情扣分，并指正	
	紫红颜色分析与标定	10	按要求酌情扣分，并指正	
	橙红颜色分析与标定	10	按要求酌情扣分，并指正	
	橙黄颜色分析与标定	10	按要求酌情扣分，并指正	
	绿黄颜色分析与标定	10	按要求酌情扣分，并指正	
	天蓝颜色分析与标定	10	按要求酌情扣分，并指正	
	紫蓝颜色分析与标定	10	按要求酌情扣分，并指正	
	“6S”操作规范	10	每项扣 2 分，扣完为止	
	遵守相关安全操作规范		因违规操作发生人身和设备事故，终止考核，成绩按 0 分计；超时，每分钟扣 2 分，超时 5 min 终止考核	
	分数合计	100		

思考题

1. 怎样进行颜色分析？操作的步骤和方法是怎样的？
2. 举例说明孟塞尔颜色系统对色调的表示方法。

课题三　配 方 调 色

学习目标

1. 了解调色概念和现行使用的色母系统。
2. 掌握颜色调配的基本规律。

3. 掌握配方调色的基本流程。
4. 能熟练地查找车身颜色代码。
5. 能熟练地查询车身颜色配方。
6. 能熟练进行配方调色。

知识准备

汽车的颜色五彩缤纷，颜色的种类已达数万种。汽车油漆供应商不可能制造这么多不同颜色的涂料并储存起来，供修补涂装使用。要使所喷面漆的颜色与待修补车的颜色一致，这就需要进行面漆调色。所谓调色是指根据颜色的三个基本属性，将两种或两种以上的不同的基本颜色按一定比例混合在一起，以产生所需要的理想颜色的过程。用于调色中基本颜色的涂料称为色母，一套色母系统有几十种色母。

目前汽车修补涂料主要采取两种方法设计色母系统。一种是把色母分为两套，即单工序面漆（双组份面漆）的色母和双工序面漆（单组份面漆）的色母，大多数国产漆采用这个系统，两套色母不能混用；另一种是只使用一套色母，调色后在色母中加入树脂，由加入的树脂类型决定面漆的性质是单组份或双组份，单组份一般采用双工序施工方式，而双组份一般采用单工序施工方式。

一、颜色调配的基本规律

1. 三原色、间色和复色

（1）三原色。色彩的名目繁多，千变万化，但有三种颜色是最基本的，用它们可以调配出各种色彩，但用任何颜色却调配不出这三种颜色，这三种颜色称为三原色。通常把红、黄、蓝称为物体的三原色，也称为第一色。涂料调色经常用到的是物体的三原色，如图3—3—1所示。

（2）间色。每两种原色可调出一种间色，如红色+黄色=橙色，蓝色+黄色=绿色，红色+蓝色=紫色，如图3—3—2所示。在调配时，如果某种色漆的含量多，则混合成的颜色就带有含量多的原色。如红与黄色相拼配时，红多黄少得到橙红色，红少黄多得到橙黄色；蓝与红相拼配时，蓝多红少得到青莲色，红多蓝少得到紫红色；蓝与黄相拼配，蓝多黄少得到湖蓝（蓝绿），黄多蓝少得到湖绿（黄绿）。

（3）复色。间色与间色或间色与原色混合所得的颜色叫复色。一个间色含有两个基本色调，也可以这样说，复色是由红、黄、蓝三种基本色调相互拼配而得到的各种颜色。黑色可以看成是复色的一个特例，是红、黄、蓝色三原色“等量”相加得到的颜色，如图3—3—3所示。

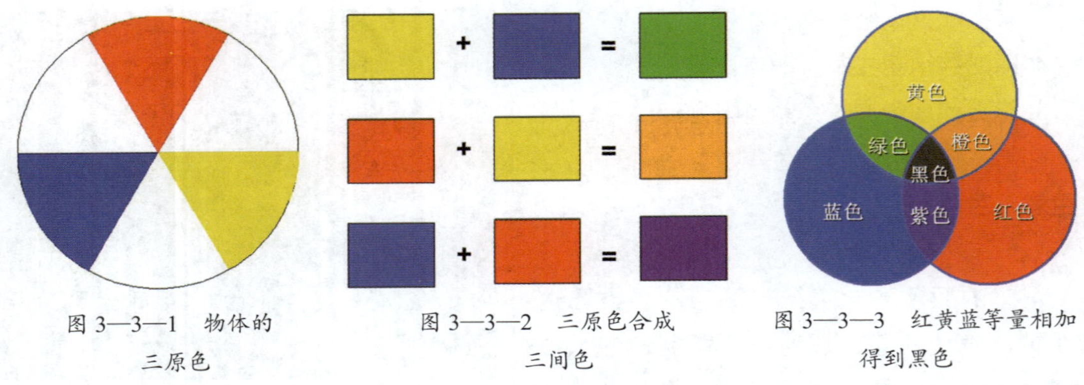

图 3—3—1 物体的三原色

图 3—3—2 三原色合成三间色

图 3—3—3 红黄蓝等量相加得到黑色

2. 消色

黑色与白色属于无彩色，调色时加入白色或黑色可明显地降低颜色的彩度，使原颜色的色调减弱、改变，甚至消失，如向紫色中加入等量的黑色，则紫色的色调就会完全消失而变为黑色。因此，将白色和黑色称为消色。

在三原色和复色中加入一定量的白色，可调配出粉红、浅红、浅蓝、浅天蓝、淡蓝、浅黄、奶黄、芽黄等深浅不一的多种浅淡颜色；加入黑色，则可调配出棕色、灰色、褐色、墨绿等明度和色调不同的多种颜色。黑色和白色以不同的比例混合可得出不同程度的灰色。

在颜色调配过程中，合理地使用消色，可以对颜色的色调、明度起到矫正与调节作用，通常在颜色转向调整时使用。

用于颜色调配的色母有红、橙、黄、绿、蓝、紫、白、黑八类基本颜色，将这些颜色按照调色的基本规律拼配，就可以得到我们所需要的颜色。基本颜色拼配的颜色变化见表 3—3—1。

表 3—3—1 基本颜色的拼配

混合色 / 各色（列） / 各色（行）	红色	橙色	黄色	绿色	蓝色	紫色	白色	黑色
红色	-	橙 / 红	橙	棕色	紫色	浅棕	樱桃红	棕色
橙色	红 / 橙	-	黄 / 橙	棕	棕	棕	樱桃红	棕色
黄色	橙	橙 / 黄	-	绿 / 黄	绿色	绿色	浅黄	绿色
绿色	棕色	棕色	黄 / 绿	-	蓝绿	棕色	浅绿	深绿
蓝色	红紫色	棕色	绿色	蓝绿	-	紫 / 蓝	浅蓝	深蓝
紫色	浅棕	棕色	绿色	棕色	蓝 / 紫	-	浅紫	深紫

3. 互补色

在色环图上位置相对的颜色（见图3—3—4）互相补充，这两种颜色称为互补色，如红色补充蓝绿，黄色补充蓝紫等。当两种互补色调混合时，这两种颜色便相互抵消，从而形成灰色。在调色时应尽量避免使用互补色，但有时为了抵消某个太强的颜色，降低其颜色的鲜艳度，可以加入该颜色的互补色。加入互补色可以快速地降低颜色的彩度，但不能添加过量，以防混合色过于浑浊而导致调色失败。

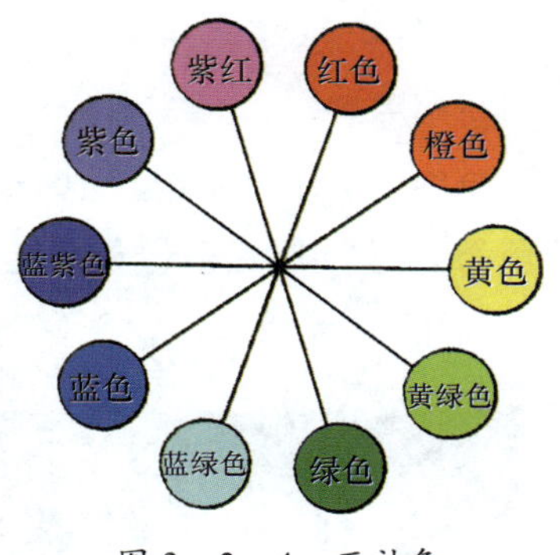

图 3—3—4　互补色

二、配方调色

1. 常规配方调色

汽车制造厂或涂料商为了汽车涂装修补调色的方便，对每一新车颜色及其差异色提供了颜色配方。汽车涂装修补人员按照车身颜色配方，将修补面漆色母混合成与车身颜色一致或相近的过程叫作配方调色。常规配方调色的基本流程如图3—3—5所示。

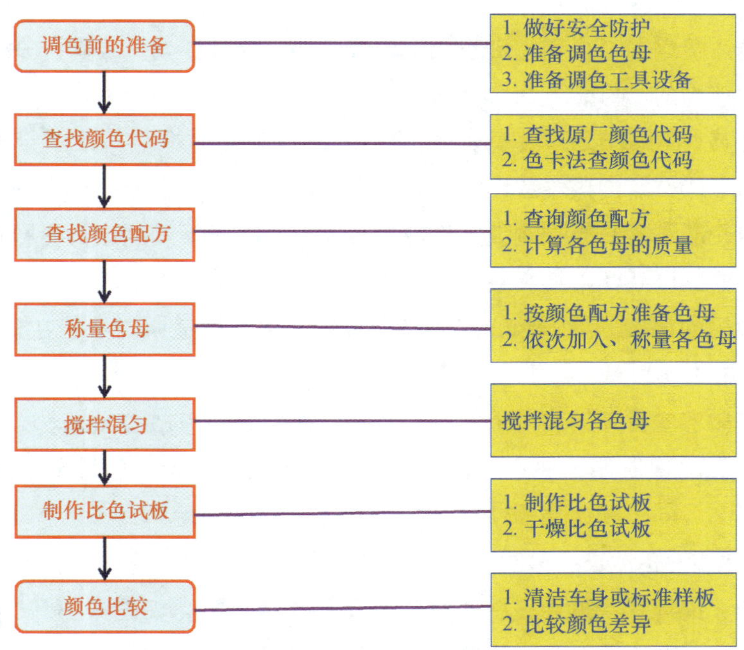

图 3—3—5　常规配方调色基本流程

（1）调色前准备

1）安全防护。进入调漆间前要穿戴好防护用具，以确保身体不受有机溶剂侵蚀伤害。进行调色作业应穿戴的防护用具有工作帽、护目镜、滤筒式防毒面具、防静电工作服、乳胶手套、工作鞋。调色作业的安全防护如图3—3—6所示。

打开供排风系统，保证调漆间在调色过程中空气流通，在调色完毕10 min以后才能关闭供排风系统，以便充分排出有机溶剂蒸气。

2）色母的准备。根据车身原涂层面漆的类型选用色母，并根据涂膜的损伤面积确定色母用量；检查色母的质量，以确保色母无结皮、变质等情况；打开调漆机（见图3—3—7），让调漆机运转，确保色母搅拌均匀。色母的使用与管理应注意：

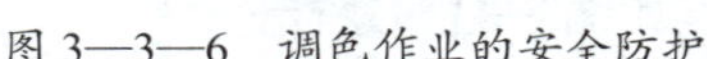

图 3—3—6 调色作业的安全防护

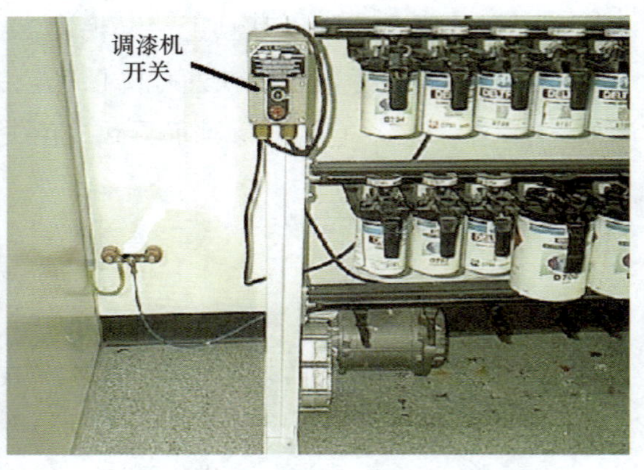

图 3—3—7 调漆机

①色母上调漆机之前，先用振动机摇动5~10 min，将其摇匀，或者打开涂料罐，用调漆尺把涂料完全搅拌均匀后再装上涂料桨盖。

②搅拌桨盖应保持清洁无尘，及时清除桨盖出漆口处的涂料，否则会导致桨盖的出漆口或通气孔关闭不严，溶剂蒸气放出，造成安全隐患。同时，由于涂料中的溶剂挥发，使色母在使用过程中逐渐浓缩，影响调色准确性。桨盖出口附着干涸的涂料会影响色母倾倒和滴加的可控制性，掉进调漆杯内会影响色母称量的精确性。

③放置调漆机的调漆间要通风，避免阳光直射，温度要适中，一般在10~30℃之间，最好能保持在20℃左右。

④每天上午和下午各开动调漆机一次，每次搅拌的时间为15~20min。

⑤色母上架后的保质期一般不超过一年，时间太长，不但色母质量下降，还会影响调色精确度。

3）调色工具和设备的准备。面漆调色需要准备的工具和设备有调色电脑、色卡、电子秤、调漆杯、调漆搅拌尺、施涂试杆、样板烘箱和比色箱等，如图3—3—8所示。调色工具和设备准备好之后，需要用干净的除尘布对其表面进行清洁，校准电子秤。

（2）查找车身颜色代码

1）查找汽车原厂颜色代码。修补原厂涂膜破损的区域，通过查找原厂颜色代码和颜色配方调色的方法比较准确。大部分汽车车身铭牌上都印有颜色代码（见图3—3—9），而铭牌所在位置按不同车厂及型号有所差异。国外部分汽车颜色代码铭牌的位置如图3—3—10所示，其位置对照见表3—3—2。

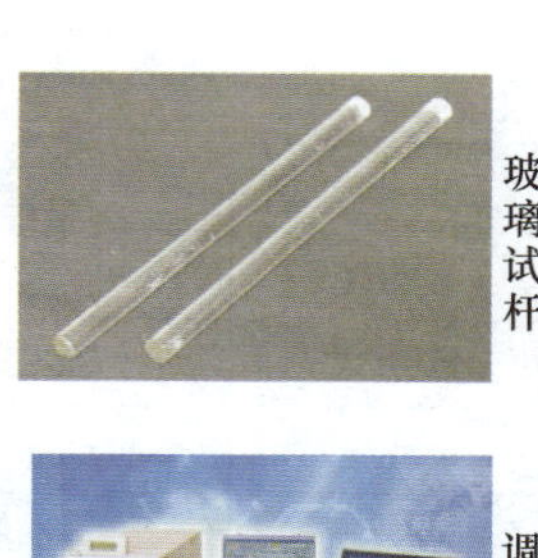
玻璃试杆

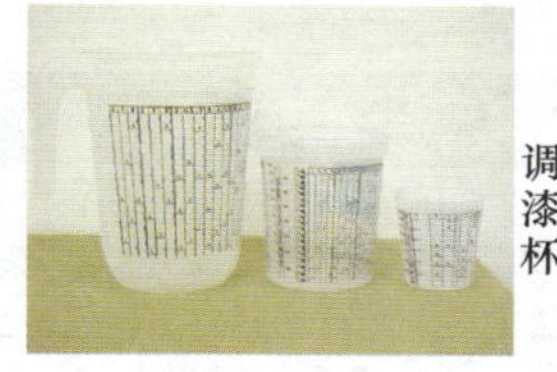
调漆杯

电子秤

调色电脑

样板烘箱

比色箱

调漆尺

色卡

图 3—3—8　面漆调色需要准备的工具和设备

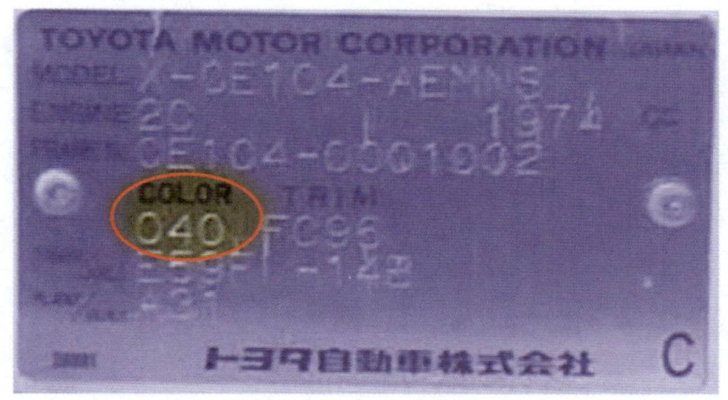

图 3—3—9　颜色代码

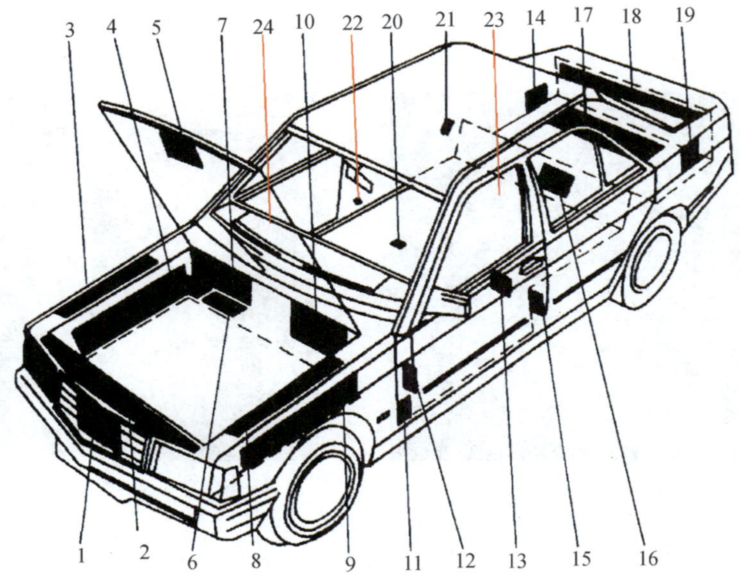

图 3—3—10　颜色代码铭牌在车身上的位置

表 3—3—2　　国外部分汽车颜色代码铭牌在车身上的位置

车牌名称	颜色代码位置	车牌名称	颜色代码位置	车牌名称	颜色代码位置
奥迪	14 17 18	马自达	7 10 15	依维柯	5
宝马	2 3 4 7 8	奔驰	2 3 8 10 12 15 24	美洲豹	2 4 5 15
克莱斯勒	2 4 5 8 9 10	三菱	2 3 4 5 7 8 10 15	起亚	15
雪铁龙	2 3 4 7 8 10	莫斯科人	14	拉达	4 5 8 17 18 19
大宇	2	日产	2 4 7 10	迷你	22
大发	2 7 10 20 22	欧宝	2 3 4 7 8 10	凌志	3 7 10 15
法拉利	5 18	标致	2 3 8	莲花	3 8
菲亚特	4 5 14 18	雷诺	3 7 8 10 15	白鱼	2 3 4 7 8 9
福特	15	劳斯莱斯	3　5	丰田	3 4 7 8 10 11 12 15 17 23
伏尔加	18	罗浮	2 3 5 7 10	大众	1 2 3 7 8 14 17 18 19
通用	2 7 10 15	萨伯	3 8 10 15 17	伏尔伏	2 3 7 8 10 11 12 15
本田	15 22	土星	19	伏克斯豪尔	2 8 9 10
现代	2 7 10 12	西特	3 8 17 18	波尔舍	2 7 8 10 12 15
五十铃	2 7 10 16 15	铃木	7 10 11 18 20 13 14	玛莎拉蒂	5

在车身上查找不到颜色信息时，可以通过查找汽车使用说明书或汽车涂料商提供的颜色资料查找颜色代码。

2）利用涂料商提供的色卡查找颜色代码。有些待修补车的颜色信息不全，如车身改过色，或铭牌上没有颜色编号，可以利用涂料商提供的色卡与待修补部位周围的涂膜颜色进行比较（见图3—3—11），挑选出最接近的颜色，找到对应颜色代码。比色之前，应对待修补的目标板进行清洁处理（见图3—3—12），以免目标板上的污物遮盖其本来颜色面目，影响比色效果，造成颜色差异。

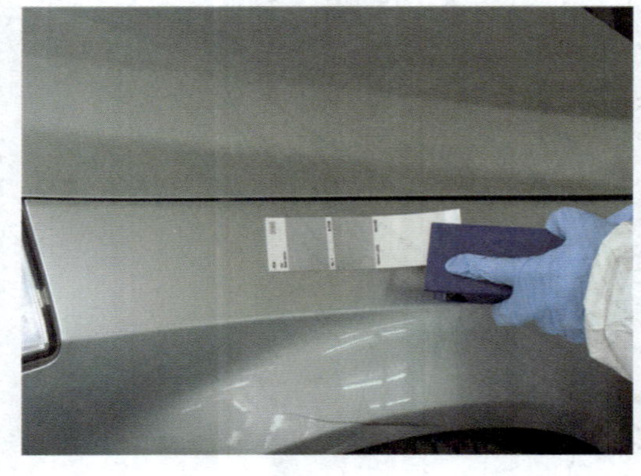

图 3—3—11　将色卡与待修补部位比较

图 3—3—12　目标板的清洁处理

所有知名品牌的涂料供应商除了定期为其客户提供国际市场上最新推出的汽车颜色配方外，还会给客户提供这些汽车颜色的色卡。色卡是很重要的调色工具，一套完整、齐全的色卡会起到事半功倍的效果。

（3）查询颜色配方

把装有调色软件的光盘放入电脑光驱，安装调色软件，在电脑桌面上用快捷方式打开调色软件，输入原厂颜色代码或色卡上的颜色代码，找到颜色配方。输入所调面漆的总量，颜色配方中就显示涂料总量、各色母的型号及添加的绝对量和累加量等信息，如图3—3—13所示。

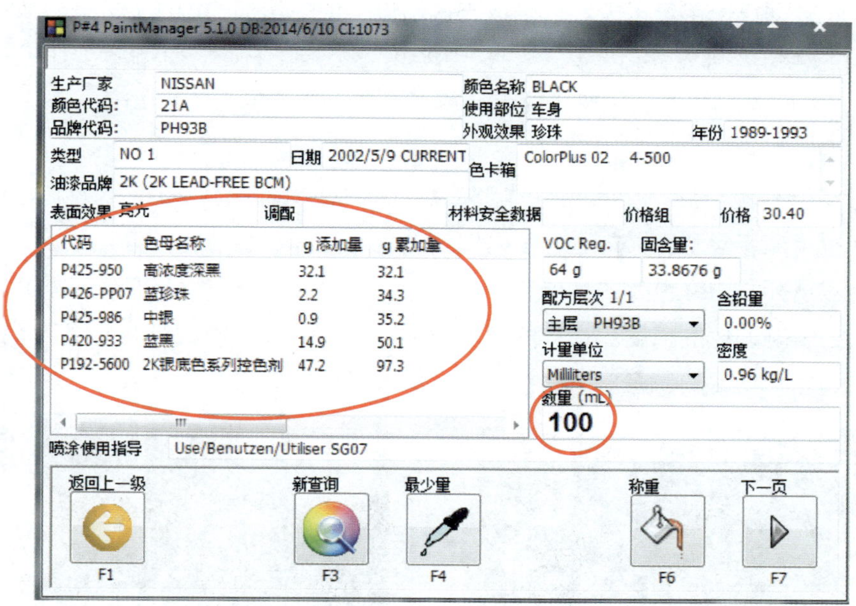

图 3—3—13　*颜色配方的信息*

由于因特网日益普及，许多国际知名涂料公司纷纷推出“网上配方系统”，把准确、详细的配方在最短时间内让客户知道，第一时间内了解客户的困难，并给予指导、帮助。

（4）称量色母

1）准备调色所需要的色母。找到颜色配方后，记下各色母的编号和所需要添加的量，按照色母编号在调漆机上选取色母。注意选取时要认真确认色母编号和颜色，确保与配方中所列的色母一致，如果选错色母，会直接导致调色的失败。

2）添加和称量色母。添加色母前，将电子秤清零，电子秤的显示应为“0.0g”。放上调漆杯，清零去皮，然后根据各色母的绝对量，按照质量从大到小依次添加和称量色母，每个色母添加前必须清零。

色母的称量须注意：

①电子秤作为称量色母的工具，其称量精度为0.1g，是精密设备，要按照说明书的指示，定期校正。电子秤应放置在调漆机附近，以方便称量，同时避免振动和气流影响精度。

②色母的称量一般使用色母的绝对量，而不使用累积量，这样能保证各色母加入的精确度，保证调色的质量。

③在称重色母过程中，涂料罐要轻拿轻放，避免因振动引起读数不稳定。

④在称量色母时，应先倾倒漆罐，然后逐渐拉操纵杆，让色母慢慢流出，如图3—1—14所示。如果先拉操纵杆，漆罐倾倒时就可能有大量色母流出，难以控制色母的添加量。

⑤色母应从调漆杯的中央加入，要防止将色母滴加在调漆杯的杯壁上，从而影响调色的准确性。

⑥添加色母时，眼睛应盯住电子秤液晶显示屏，关注读数的变化，并兼顾漆罐出口油漆流量大小。根据色母用量多少，可采取先快后慢、最后滴加的添加方式，以便提高效率。对用量较大的色母，可先让流量大一些，当读数还差3g左右时，让流量变小；当读数还差0.5g左右时，采取滴加方式。一般情况下，每三滴色母的质量大约为0.1g。

（5）搅拌混匀

在称量完所有色母后，要用搅杆或调漆尺把容器内混合的色母搅拌均匀，在搅拌过程中，要不断地用调漆尺刮容器内壁，使内壁上的色母与其他色母也能够充分混合。搅拌用的调漆尺开始应从杯子边缘量大的色母中插入进行搅拌（见图3—3—15），以防止量少的色母粘在调漆尺上影响调色的精度。搅拌的速度不能过快，否则会使涂料混入空气而产生大量的气泡，影响调色和喷涂的质量。涂料搅匀后，整体颜色应均匀，无杂色。

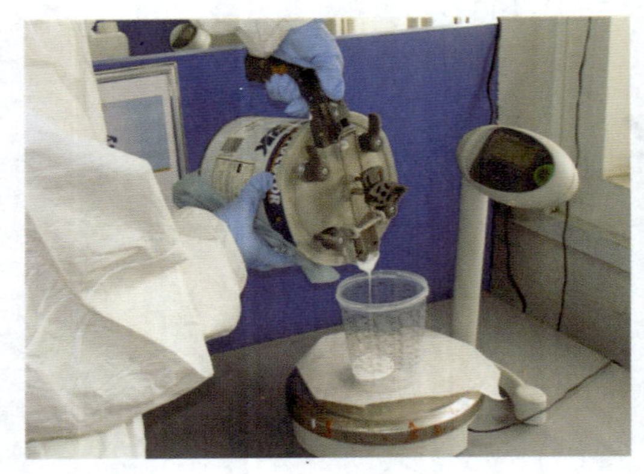

图 3—3—14 色母的添加

图 3—3—15 色母的搅拌

（6）制作比色样板

1）比色样板的制作。素色漆调色可以用刮涂法和喷涂法制作比色样板；金属漆和水性漆比色样板的制作只能采用喷涂法，不能使用刮涂法，因为刮涂出来的金属漆或水性漆样板不能反映涂膜真实的颜色。

刮涂法是用试杆（如玻璃棒）或调漆尺把混合均匀的涂料刮涂在实验样板上。刮涂时要均匀用力，使涂层平整。底板的颜色露出或在样板上刮涂的面积太小，都会使颜色的对比不准确，造成颜色差异。对于遮盖力较差的涂料，应先刮涂一薄层，让其干燥，然后再涂第二层，直到完全遮盖住底板颜色。试板刮涂一般刮涂成等边三角形，三角形的边长至少应为30mm，如图3—3—16所示。

对于金属漆和水性漆，其比色样板的制作则需要采用与实际喷涂一致的条件喷涂，以提高调色的准确度。

2）比色样板的干燥。刮涂或喷涂好比色样板后，应静置5~10min，待涂料中的溶剂蒸发后放入烤箱烘烤，如图3—3—17所示。湿涂在板件上的均匀涂层，在干燥过程中比重较大的颜料会下沉，较小的颜料会上浮，所以涂料在湿涂膜时颜色相同，干燥后颜色就发生了变化。如蓝和白两种基本颜色混合在一起，在干燥过程中较轻的蓝颜料向上移动，结果干涂层比湿涂层要蓝一些。因此，必须将样板烘干后才能比色。

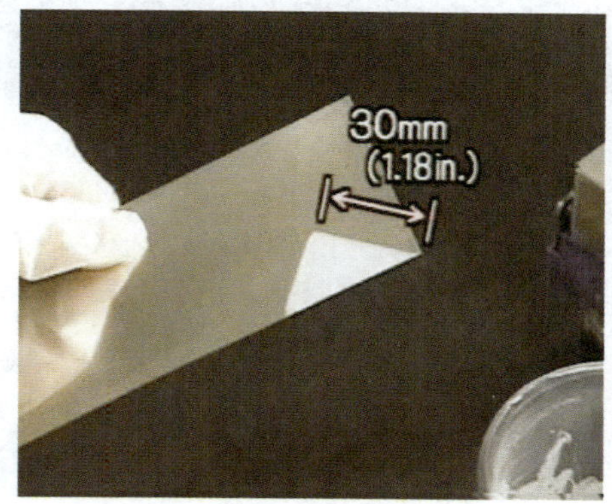

图 3—3—16 试板刮涂的形状和大小

图 3—3—17 烘烤试板

（7）颜色比较

把烘干的样板拿出烘箱，与待修补的目标板从色调、明度、彩度三方面进行对比，如图3—3—18所示。当比色样板上涂膜的颜色与待修补目标板的颜色基本一致，对喷涂样板进一步比较，确认颜色差异很小或无差异时，则调色完成；当比色样板上涂膜的颜色与待修补目标板的颜色差异很大时，则需要进行手工微调。

图 3—3—18 颜色比较

2. 快速配方调色

（1）快速配方调色的基本原理

快速配方调色是利用测色仪在车身上读取颜色数据，经电脑调色系统查询找到最接近的颜色配方，然后按照最为接近的颜色配方进行配色的调色方法。快速配方调色能缩短查找配方的时间和弥补汽车颜色资料储存的不足，充分发挥计算机配色的长处；但是配出的颜色不够准确，特别是金属、珍珠漆表现比较明显，往往用于调色要求不高的场合。

（2）快速配色系统的组成

快速配色系统由测色仪、调色电脑、调色软件和颜色品质控制软件组成。PPG公司使用的测色仪如图3—3—19所示。测色仪用于直接测量车身颜色，读取颜色数据；调色电脑用于储存大量的电子颜色资料，为调色的各种软件提供平台；调色软件用于根据颜色信息查找颜色配方；颜色品质控制软件用于比较测色仪读取的颜色数据，找出颜色最为接近的配方。

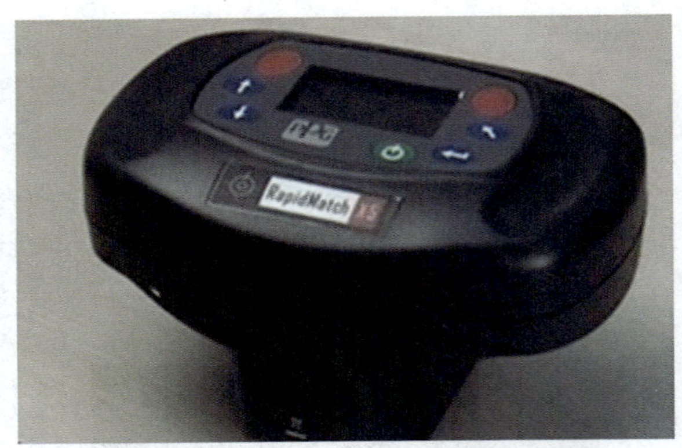

图 3—3—19　PPG 公司使用的测色仪

（3）快速配方调色的操作程序

1）车身表面的清洁。在车身修补区域周围比较平整的表面上进行清洁、抛光，除去表面的灰尘和污渍，使车身表面露出本来的颜色。

2）校准测色仪。将测色仪放置在系统自带的标准板上，按下开关，测色仪开始自动校正。当听到鸣叫提示时，测色仪自动校正完毕。测色仪联机或离线操作均可，离线时一定要让测色仪适应新环境的温度5min左右。

3）查询配方。将测色仪与调色电脑联机，查找车身颜色的配方。对于金属漆、银粉漆和珍珠漆中颜料颗粒大小的选用很重要，查询前要反复辨别和比对车身的颜色，以确定与银粉或珍珠颗粒最接近的配方。

4）颜色修正。在车身颜色的测量处，进行45°/75°测量视角的调整，使调色电脑修正车身的颜色配方，以得到与车身颜色最为接近的颜色配方。

5）配方调色。确定颜色配方后，按照配方进行配色和比色。

6）颜色微调。根据实际情况和具体要求确定是否进行颜色的微调。

颜色微调几乎是调色的必经之路，同时也是调色的最高境界。如果参考配方很准确，可以完全按照规定的操作和配方称取所需色母，搅拌均匀即可使用。但是在多数情况下不可能很准确，必须进行颜色的微调。也有很多情况下没有参考配方，用户只提供标准色板，由调漆员研究样板颜色并确定调色方案。

技能训练

训练1　配方调色流程训练

<table>
<tr>
<td>
</td>
<td>1. 调色前准备
方法：
（1）穿戴好工作帽、护目镜、滤筒式防毒面具、防静电工作服、乳胶手套等防护用品。
（2）检查色母的质量，打开调漆机开关，搅拌色母 15min 以上。
（3）准备并清洁调色工具和设备。
提示：
有排风设备的调漆间应打开排风系统，以确保涂料挥发的有机溶剂蒸气能及时排出。</td>
</tr>
</table>

续表

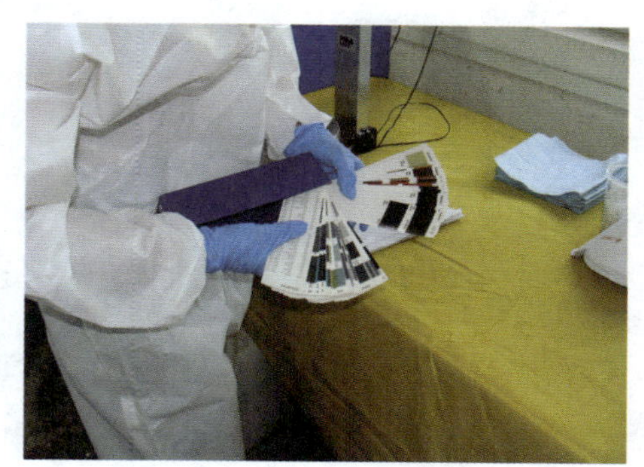	2. 查找颜色代码 （1）在车身上查找颜色代码 方法： 1）根据车身颜色代码铭牌位置对照表，在车身上查找标有颜色代码的铭牌。 2）在铭牌上找到颜色代码，并记录颜色代码及相关信息。 提示： 车身上找不到颜色信息，则查找汽车使用说明书或涂料供应商提供的颜色资料。
	（2）用色卡比对确定车身颜色代码 方法： 1）打磨并清洁待修补区域周围，使涂膜露出本来的颜色。 2）根据待修补车辆的品牌从颜色资料箱中选择色卡组。 3）从色卡组选取色卡，与修补区域周围涂膜的颜色比较，找出颜色最为接近的色卡，记下色卡下方的颜色代码。 提示： 对于不能确定车辆品牌的车身板件，则不必考虑车辆品牌，直接从颜色资料箱中找出油漆类型相同、颜色最为接近的色卡即可。
	3. 查询颜色配方 （1）输入颜色代码 方法： 1）打开电脑上的调色软件，单击“代码”按钮，进入“按原厂色号进行查询”界面。 2）输入查找到的颜色代码，点击“确认”按钮，则界面显示该颜色代码不同地区、不同生产商等方面的信息。 3）选择地区和生产商，确认后界面显示该颜色的配方。 提示： 如果要显示差异色，点击“差异色或其他油漆系统”按钮，即可出现更多的差异色。

续表

	（2）输入涂料总量，打印配方 方法： 1）在涂料总量的选择框中输入所要调配涂料的体积，即可显示各色母添加的累积量。 2）点击“打印”按钮，则可以直接打印配方。 提示： 输入所需调配涂料的体积后，颜色配方可以选择显示体积和重量配方，现实中经常选用重量配方。
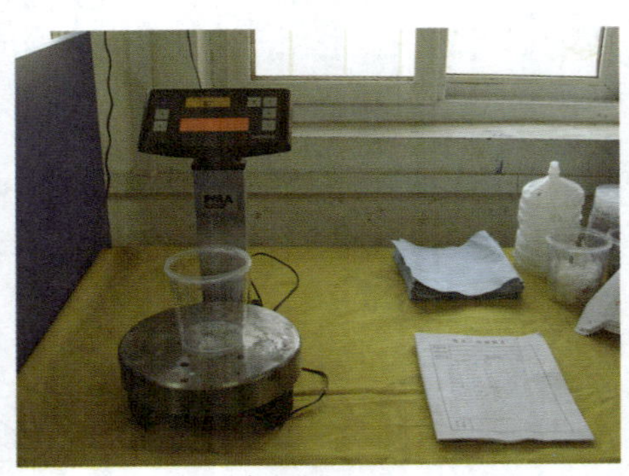	4. 称量色母 （1）准备调色所需色母，校准电子秤 方法： 1）根据颜色配方的色母编号，从调漆机上选取色母。 2）打开电子秤开关，观察液晶屏，清零后电子秤应显示 0.0g。 3）放上调漆杯，清零去皮。 提示： 选取色母时，一定要核对色母的编号和色母的颜色是否正确，选择色母错误会导致调色失败。
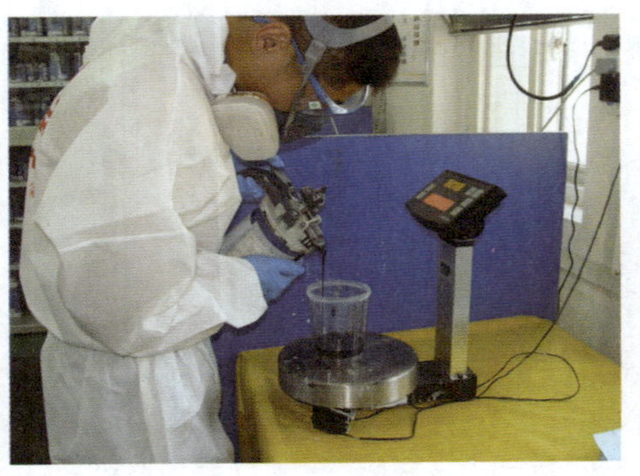	（2）添加、称量色母 方法： 1）按照色母的绝对量，从大到小依次加入色母。 2）每加完一个色母必须清零。 提示： 电子秤应置于无振动、气流稳定的环境中，以确保称量准确；色母应从杯子中央加入，不要粘在杯壁上。

续表

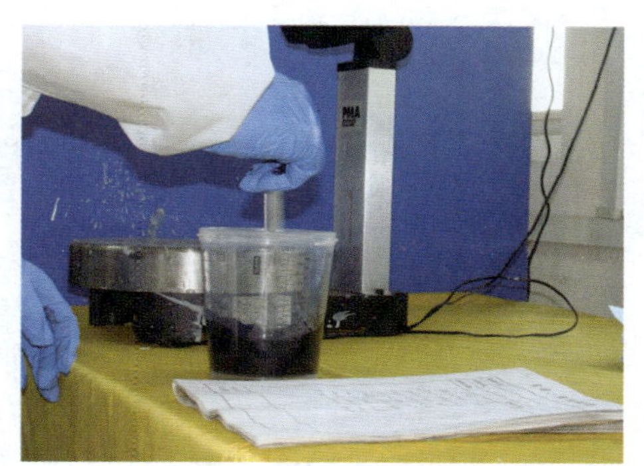	5. 搅拌混匀涂料 方法： （1）用调漆尺从杯壁旁边伸入涂料，从四周向中间轻轻搅拌，直到涂料的颜色均匀。 （2）用调漆尺刮下杯壁上黏附的涂料，继续搅拌至涂料整体颜色均衡一致。 提示： 绝对量小的色母一定不能黏附在调漆尺和杯壁上，否则会影响调色的准确性。
	6. 制作比色样板 （1）刮涂比色样板 方法： 1）用玻璃试杆蘸上涂料，在比色样板上刮涂。 2）刮涂出一个边长不小于 30mm 的等边三角形。 提示： 刮涂的涂膜要整体厚薄均匀，表面光滑，涂膜厚度要能完全盖住底板。
	（2）干燥比色样板 方法： 1）将试板静置 5~10min，使涂料中的溶剂挥发完全。 2）将试板放入烘箱中烘烤，使刮涂的涂膜干燥。 提示： 如果刮涂好的试板不经过静置就直接放入烘箱中烘烤，涂膜表面会产生针孔，影响比色效果。
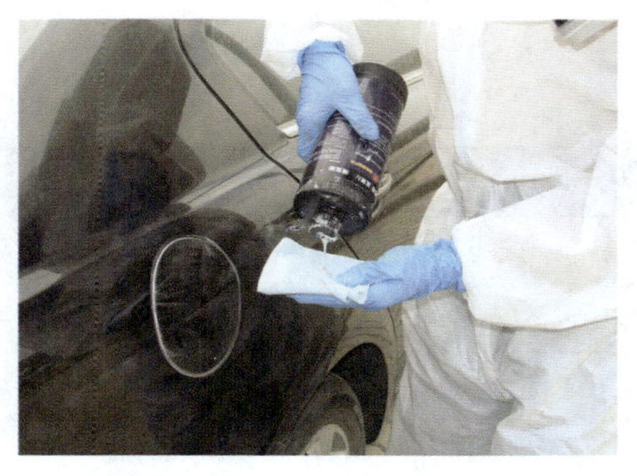	7. 颜色比较 （1）清洁调色目标板 方法： 1）用法兰绒布蘸上细抛光蜡，在待修补区域周围打磨。 2）用干净的毛巾擦除抛光蜡和打磨碎屑，使车身涂膜露出本来的颜色。 提示： 不能用砂纸或粗蜡打磨原涂膜，否则会产生划痕，影响比色效果。

续表

	（2）比较颜色差异 方法： 1）将试板放在调色的目标板上，从色调、明度、彩度三个方面进行颜色的比较。 2）分析颜色差异。当看不出颜色差异或颜色差异很小时，可以喷涂样板，再次比较，颜色基本一致时完成调色；当颜色差异较大，则需要进入颜色的手工微调工序。 提示： 颜色比较要在适当的比色环境下进行，要从试板的正面和侧面反复观察。
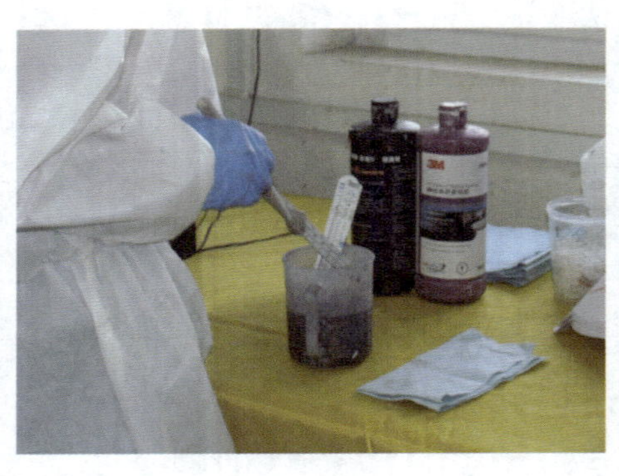	8. "6S" 作业 方法： （1）清洗调漆尺、玻璃试杆，清洁电子秤、色母浆盖。 （2）整理调色工具和设备，妥善归置到位。 （3）清理现场废物，清扫作业场地。 提示： 严格按照"6S"规范进行现场的清理整顿。

训练评价

考核要求

1. 在规定的时间内，完成配方调色，使之符合技术标准。
2. 应及时指正在操作过程中出现的违规操作。
3. 符合安全文明生产的要求。

考核标准

考评标准表——配方调色

考核时间	考核项目	分值	评分标准与指导	评价结果
30 min	调色工具和设备的使用	10	工具使用不当酌情扣分，并指正	
	配方调色前准备	10	按要求酌情扣分，并指正	
	查找车身颜色代码	15	按要求酌情扣分，并指正	
	查找颜色配方	10	按要求酌情扣分，并指正	

续表

考核时间	考核项目	分值	评分标准与指导	评价结果
30 min	称量色母	15	按要求酌情扣分，并指正	
	搅拌混匀涂料	10	按要求酌情扣分，并指正	
	制作比色样板	10	按要求酌情扣分，并指正	
	颜色比较	10	按要求酌情扣分，并指正	
	“6S”操作规范	10	每项扣2分，扣完为止	
	遵守相关安全操作规范		因违规操作发生人身和设备事故，终止考核，成绩按0分计；超时，每分钟扣2分，超时5 min终止考核	
	分数合计	100		

思考题

1. 怎样查找车身涂膜的颜色配方?
2. 称量色母和搅拌色母的注意事项分别有哪些?

课题四　视觉比色

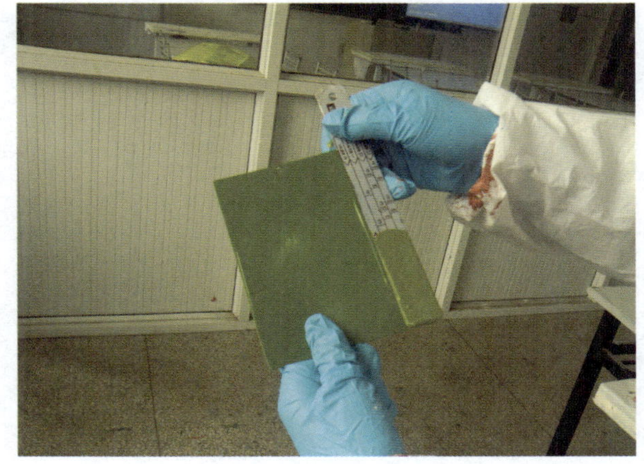

学习目标

1. 了解影响颜色的基本因素。
2. 了解视觉比色的环境要求。
3. 掌握视觉比色的方法。
4. 掌握颜色色差分析的方法。
5. 能熟练地进行视觉比色。
6. 能正确分析颜色差异。

知识准备

一、影响颜色的因素

物体在太阳光的照射下呈现出的颜色叫作物体的固有色，物体的固有色是不变的。但是照明条件与观察环境发生了变化，物体所呈现的颜色也就不同了，所以必须在一定照明条件和一定的比色环境中确定物体的颜色。物体的颜色会因光源、物体、周围环境等不同而变化。

1. 光源的影响

当光源中光谱成分发生变化，而这种单色光恰好又是被照射物体吸收的颜色，此时就不能显示出被照物体的固有颜色。如同一部红色汽车，在钠光灯下显示的颜色与在日光灯下的颜色差别很大，如图3—4—1所示。

钠光灯下　　日光灯下

图 3—4—1　不同灯光下车身的颜色比较

2. 物体大小、距离和本身表面状态的影响

观察时距离物体过远或过近都不能准确地得出物体的固有颜色，过远显得发灰。一大一小的两物体放在一起时，大物体反光面大，会影响小物体的颜色。表面结构致密、光滑的物体，对光的反射能力就强，颜色就鲜艳，同时也容易产生镜面反射，失去固有色。粗糙的表面固有色表现较强，而且不易受环境色干扰。

3. 环境色的影响

物体在不同颜色的环境中，会因周边环境的颜色反射到物体表面而使物体颜色发生变化，特别是表面光滑的物体和颜色较淡的物体，其颜色变化尤为显著。如在无彩色的环境下，看到物体的颜色是真实的，在彩色环境下，物体的颜色就发生了变化，如图3—4—2所示。

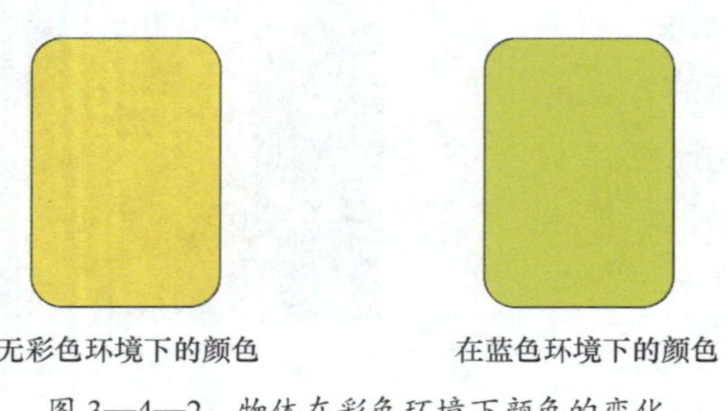

无彩色环境下的颜色　　在蓝色环境下的颜色

图 3—4—2　物体在彩色环境下颜色的变化

二、视觉比色

视觉比色就是把试样的颜色和目标样板的颜色放在一起，用肉眼观察它们颜色是否相同的方法。在进行视觉比色时，受不同的观察者、观察方法、光源种类、周围环境、试样大小等影响会产生不同的结果。

1. 试样颜色比对的方法

配方调色完成后，需要将混合涂料试样的颜色与目标板件的颜色进行比对。试样颜色比对的方法有比较法、点漆法、涂抹法和制作色漆样板法。

（1）比较法。比较法是把调漆尺上涂料的颜色与车身颜色直接进行比对，如图3—4—3所示。比较法操作简便，但准确度不高。由于调漆尺上的色漆未干，在比对时要考虑干、湿涂层有色差，即湿膜的颜色较浅，待溶剂蒸发干燥后，颜色会变深。

（2）点漆法。点漆法是把试调的色漆滴在车身隐蔽的地方（见图3—4—4），干燥后再进行颜色比对。点漆法存在涂层厚度不同带来的色差。

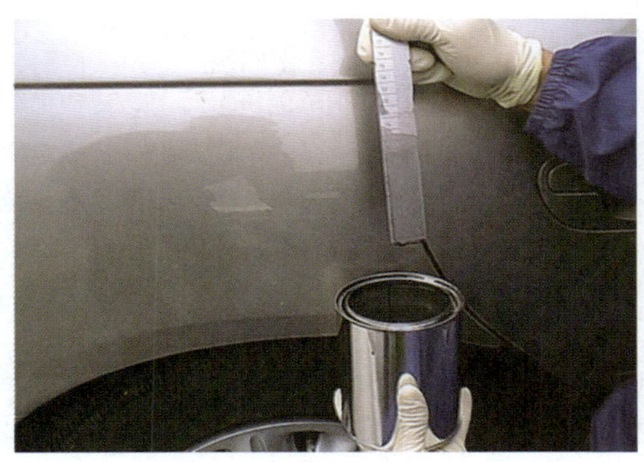

图 3—4—3　比较法

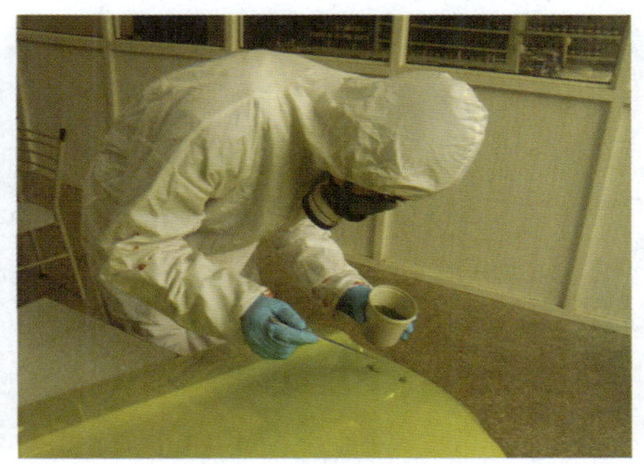

图 3—4—4　点漆法

（3）刮涂法。刮涂法是把试调色漆均匀地刮涂在试板上，待涂膜干燥后再进行颜色比对，如图3—4—5所示。刮涂法较前面两种方法准确，但也存在涂层厚度不同带来的色差。

（4）喷涂样板法。将试调色漆喷涂在试板上，待干燥后与原车颜色进行比对，如图3—4—6所示。因试喷的涂层厚度接近于原车涂层，所以颜色比对的精度高，但速度较慢。在视觉比色时，所喷涂的比色样板应尽可能大一些，常用比色样板的大小一般为120mm×120mm或100mm×150mm，这样可以减少客观条件引起的色差。

图 3—4—5　刮涂法

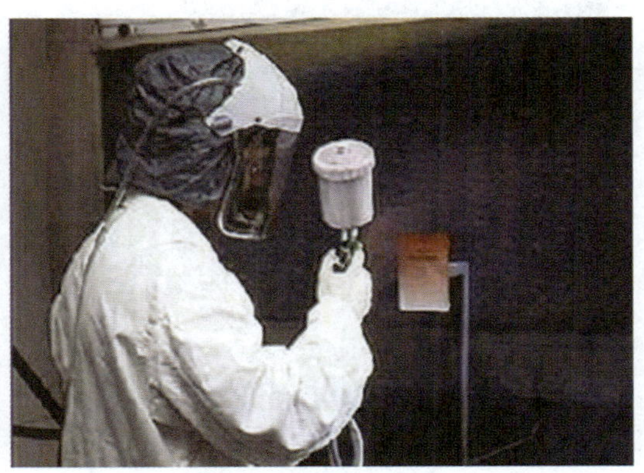

图 3—4—6　喷涂样板法

2. 视觉比色环境的要求

视觉比色的环境应具备下列要求：

（1）视觉比色的标准光线是太阳光，通常采用北边窗进入的自然光线。

（2）用于视觉比色的光照强度一般控制在1 500~3 000 1x之间。白天最佳视觉比色的光线是日出后3h到日落前3h之间的自然光。颜色不应该在暗光下比较，也不应在直射的阳光下进行比较，因为直射阳光太强。

（3）如果没有阳光，则必须使用专用配色灯进行比色。国际照明委员会（CIE）推荐用D65光源（见图3—4—7）代表典型的日光。D65光源为荧光灯管，色温为6 500±300 K，显色指数Ra≥95。它与太阳光具有相近似的光谱分布，并且具有极高的显色性能。因此，在模拟日光条件下观察颜色，以D65光源为佳。

（4）比色样板与目标板在任何光源下观察都完全等色，称为同色同谱。如果两个样板在某一光源下观察是等色的，而在另一种光源下观察是不等色的，这种现象称之为同色异谱。为了避免出现同色异谱现象，用D65光源观察后，再用国际照明委员会（CIE）推荐的A光源（A光源为溴铝灯，色温为2 856±10 K，显色指数Ra＞98）对试样进行观察比色。

（5）用于视觉比色的环境颜色应为无反光、无彩色，反光和色彩鲜艳的环境都会影响视觉比色的效果。车辆、绿树、墙壁、窗帘等的颜色光线有时会反射到要比较的目标板和试板上，使颜色看起来与其真正的颜色不同。因此，颜色比较要在不受其他颜色影响的地方进行，调色间的墙壁应涂成白色或灰色。

（6）调色人员不能穿颜色鲜艳的衣服进行调色，不能戴有色眼镜调色。

3. 视觉比色的方法

视觉比色时，试板与目标板应彼此放得尽可能近，两者之间不能留有间隙，如图3—4—8所示。

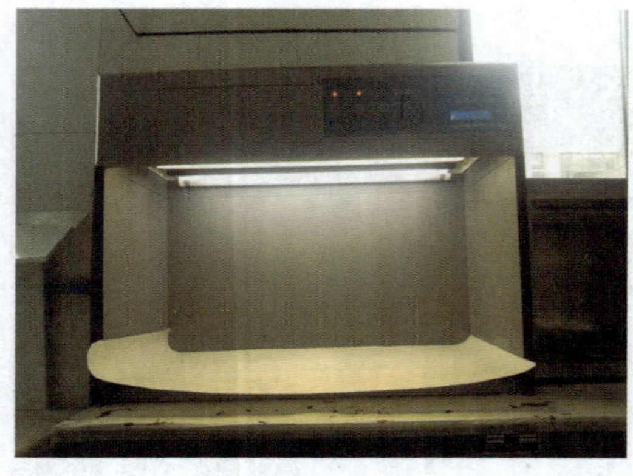

图3—4—7 D65光源

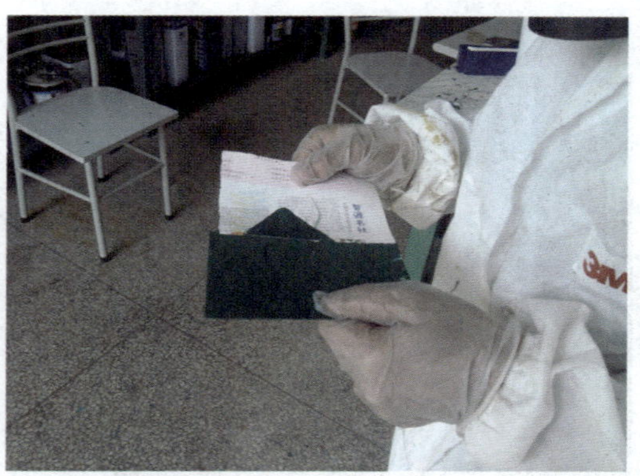

图3—4—8 试板与目标板的比色位置

观察色板需要采用正面观察和侧面观察。正面观察是指目光以90°正视色板，用于观察面色调；侧面观察是指目光斜视色板，以与色板呈45°或110°的侧角来观察（见图3—4—9），主要用于观察底色调。视觉比色必须确保从正面和侧面两个角度观察目标板与试板，以便从色调、明度、彩度三个方面分辨，找出差异。

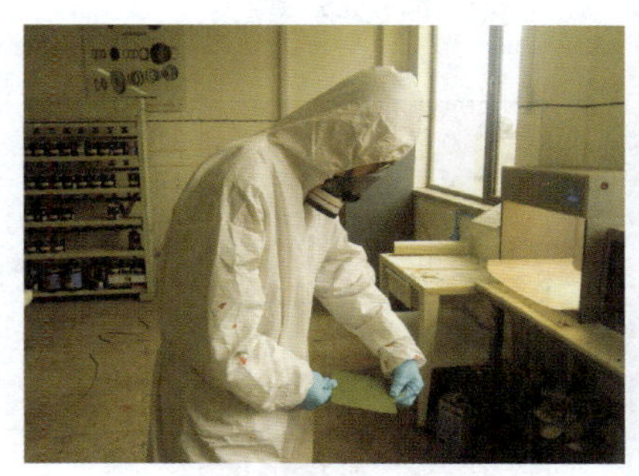

正面观察

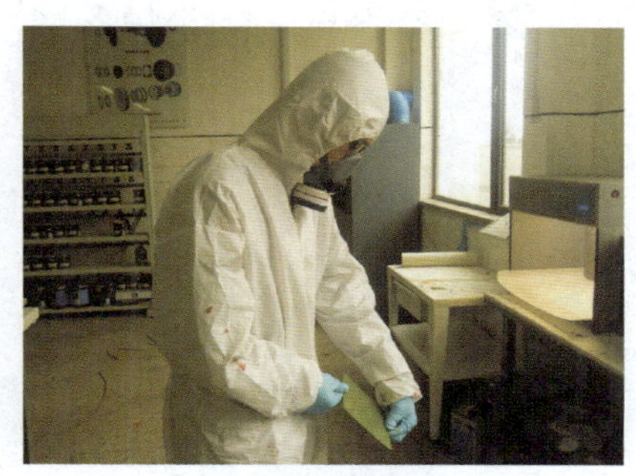

侧面观察

图 3—4—9　色板的观察方法

观察色板的距离要根据被观察物体的大小而定，较小的物体一般保持1m左右的距离（见图3—4—10），较大物体一般保持3~5m的距离。

颜色比较过程中应交替观察比较样板和标准板，不要长时间的凝视，否则容易产生错觉。观察完鲜艳色后，不能立即观察较为暗淡的颜色。

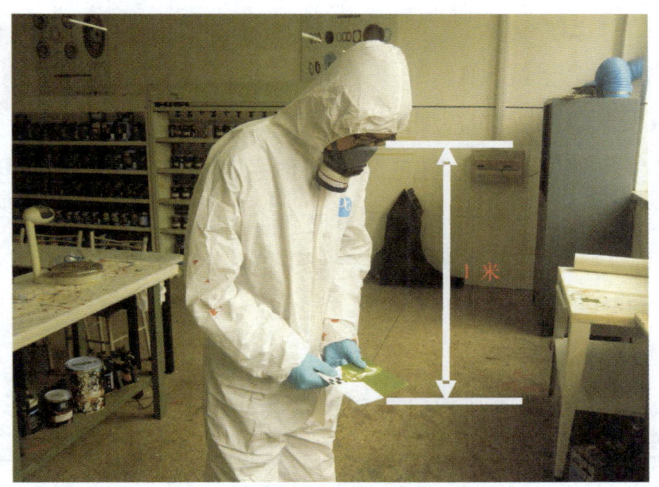

图 3—4—10　视觉比色的观察距离

4. 色差分析

在分析试板与目标板颜色的色差时，素色漆通常从色调、明度和彩度三个方面进行。金属漆除了分析颜色的三属性外，还要察看涂膜正、侧面的亮暗程度，以及金属颗粒的种类和大小。

（1）色调差异分析。在色轮图上，某一具体色调只可能向其左右相邻区域的色调发生偏向。色差分析时，首先确定试板和目标板的主色调及在色轮图上的相对位置，然后确定试板相对目标板色调偏离的方向，从而确定试板所缺的色调。如图3—4—11所示，红色试板B与目标板A，两个颜色都同属于红色色调，但试板和目标板在色轮图上的位置不同，目标板A比试板B的色调更加接近橙色，因此，可以确定试板缺少橙色或黄色。

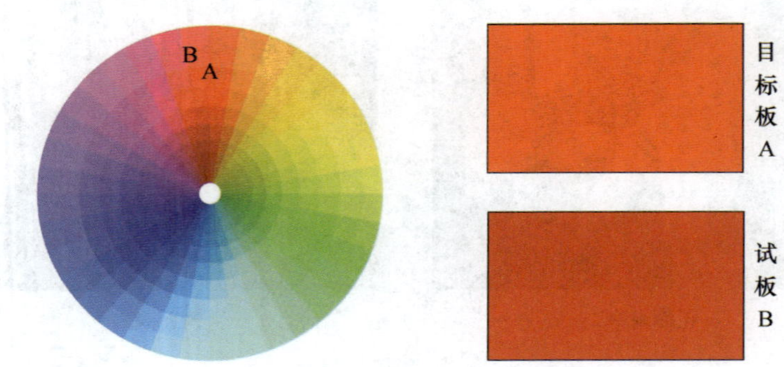

图 3—4—11 目标板 A 与试板 B 的色调比较

（2）明度差异的分析。明度是人眼对颜色所感受到的亮暗程度，比较明度时，将目标板和试板与纵向黑白渐变图比较，按照眼睛的感觉，区分两块色板明度值的大小。如上所述的目标板A和试板B，其明度分别处于黑白渐变图上的A点和B点（见图3—4—12），显而易见，目标板A的明度要高于试板B。

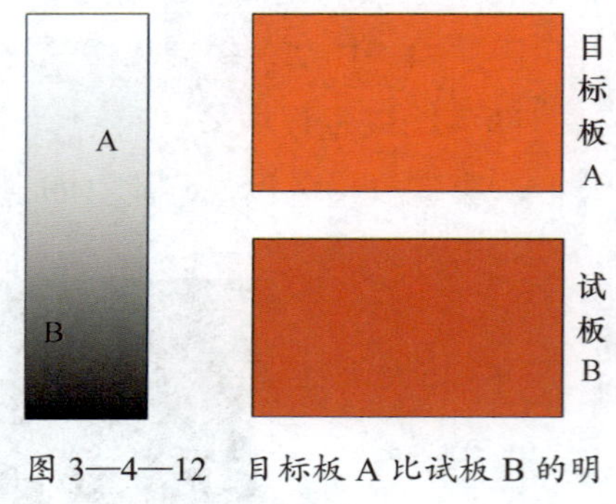

图 3—4—12 目标板 A 比试板 B 的明度比较

（3）彩度差异分析。颜色的彩度又称纯度，混合涂料中加入色母的数量越少，则涂料越纯净，颜色的彩度越高。在颜色的三属性中，彩度比较难于分辨。彩度差异分析时，同样可以先将目标板和试板的颜色在色轮图中定位，然后区分两板的彩度。通过颜色定位（见图3—4—11）可知，上述试板A颜色的彩度明显要低于试板B颜色的彩度。

当然，具有丰富经验的调漆师和色觉敏感者往往不需要借助色轮图等辅助工具来进行辨色，而是直接将试板与目标板对比，从色调、明度和彩度三个方面找出差异。在现实的调色作业中，往往使用汽车修补涂料供应商提供的色母指南资料。常见的色母指南资料有色卡和色轮图。

色母指南的色卡虽然各有不同，但设计原理都大同小异。一般会先列出纯色母的颜色，再列出该色母和白色母按一定比例混合后的颜色，供调配涂料时参考，最后列出该色母和银粉、珍珠色母按一定比例混合后的颜色，供调配金属漆和珍珠漆参考。这样，每种色母在素色漆和金属漆中的特性基本都能表现出来。另外，由厂家提供的这些色母指南中还会提供色母的遮盖力、色母在银粉漆或珍珠漆里的侧色调、银粉或珍珠的颗粒大小等信息。

涂料供应商提供的色轮图上分布红、橙、黄、绿、蓝、紫等色调，如图3—4—13所示。除了银粉漆、珍珠漆和白色外，其他色母都会在色轮上占据一个位置。从各个色母在色轮上的位置就可以看到，越靠近色轮的中心，色母颜色就越浑浊、越灰黑，反之就越鲜艳、越亮。

图 3—4—13　涂料商提供的色轮

技能训练

训练1　色感练习

将样板与涂料商提供的比色卡相比较，在比色卡上找出与样板最为接近的一个颜色。

比色卡说明：用于练习的比色卡每一个颜色都是由油漆喷涂而成，颜色中间有一个镂空的圆孔。比色时将色卡压在样板上，观察样板颜色与色卡上哪个颜色最为接近。色卡上每一个颜色的定位由表示横向的字母和表示纵向的数字组成，如下图中右上角的颜色用“A1”表示。

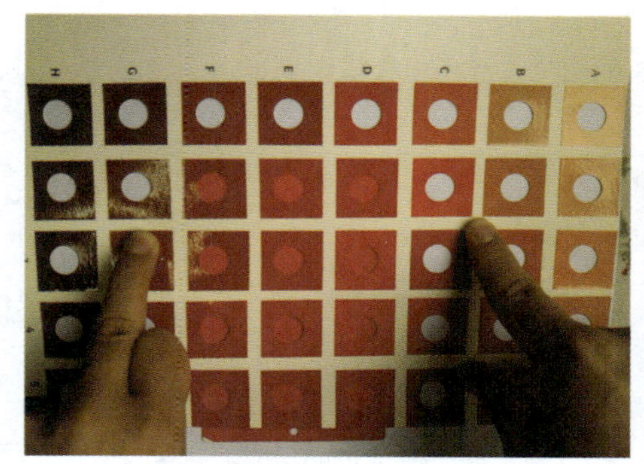

1. 红色样板

方法：

（1）在比色卡资料册中找出一页与样板最为接近的红色。

（2）将红色比色卡平压在样板上，比较颜色。

（3）图中 E 行和 F 行与样板的色差较大，D 行的颜色与样板接近；在 D 行的颜色中，第 2、3、5 列颜色能看出色差。

结论：

比色卡中 D4 的颜色与红色样板最为接近。

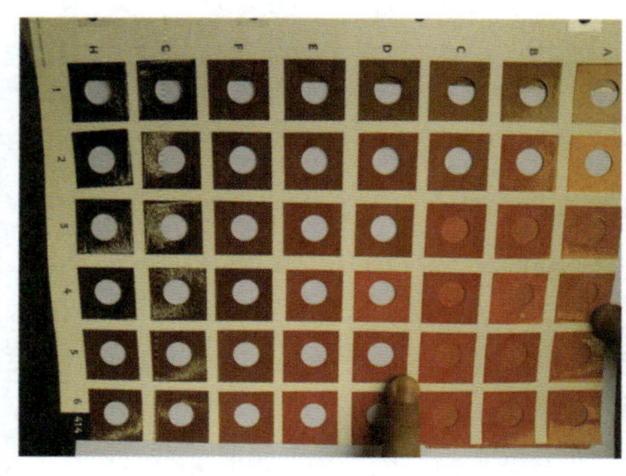

2. 橙色样板

方法：

（1）在比色卡资料册中找出一页与样板最为接近的橙色。

（2）将橙色比色卡平压在样板上，比较颜色。

（3）图中 C 行与样板的色差较大，第 3、5、6 列颜色色差比较大，剩下 A4、B4 颜色接近，其中 A4 最为接近。

结论：

比色卡中 A4 的颜色与橙色样板最为接近。

续表

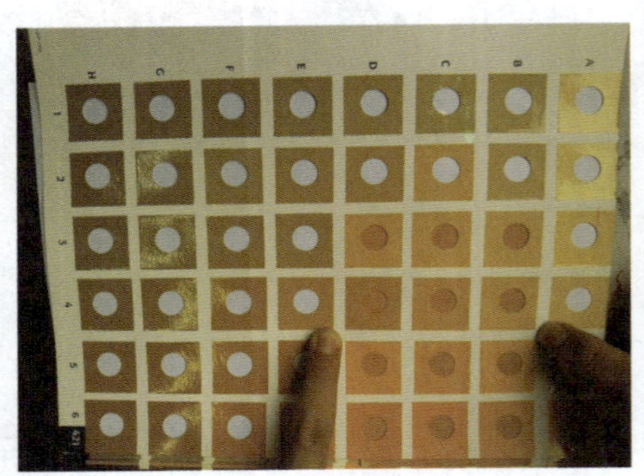	3. 黄色样板 方法： （1）在比色卡资料册中找出一页与样板最为接近的黄色。 （2）将黄色比色卡平压在样板上，比较颜色。 （3）图中 B 行和 C 行的色差较大，D 行的颜色与标准样本接近；在 D 行的颜色中，第 3、5、6 列颜色能看出色差。 结论： 比色卡中 D4 的颜色与黄色样板最为接近。
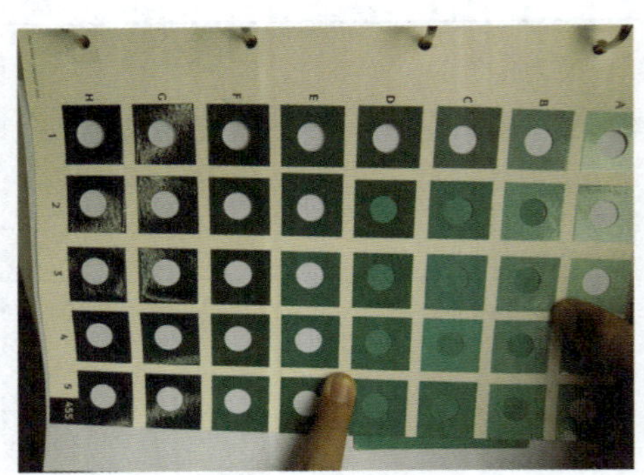	4. 绿色样板 方法： （1）在比色卡资料册中找出一页与样板最为接近的绿色。 （2）将绿色比色卡平压在样板上，比较颜色。 （3）图中 B 行和 D 行的色差较大，C 行的颜色与标准样本接近；在 C 行的颜色中，第 2、4、5 列颜色能看出色差。 结论： 比色卡中 C3 的颜色与绿色样板最为接近。
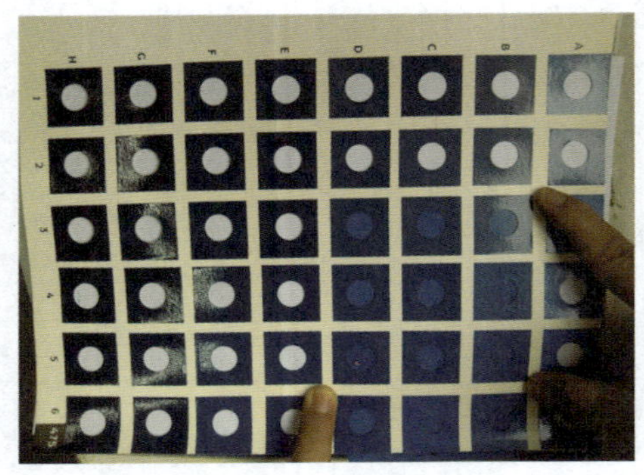	5. 蓝色样板 方法： （1）在比色卡资料册中找出一页与样板最为接近的蓝色。 （2）将蓝色比色卡平压在样板上，比较颜色。 （3）图中 C 行和 D 行的色差较大，B 行的颜色与标准样本接近；在 B 行的颜色中，第 3、4、6 列颜色能看出色差。 结论： 比色卡中 B5 的颜色与蓝色样板最为接近。
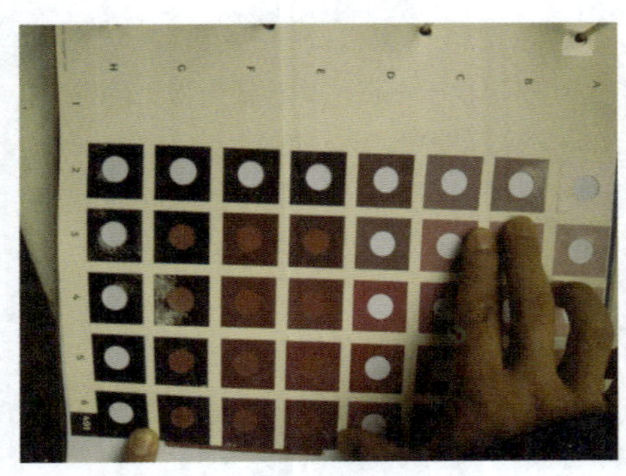	6. 紫色样板 方法： （1）在比色卡资料册中找出一页与样板最为接近的紫色。 （2）将紫色比色卡平压在样板上，比较颜色。 （3）图中 F 行和 G 行的色差较大，E 行的颜色与标准样本的色差较小；在 E 行的颜色中，第 3、5、6 列颜色色差较大。 结论： 比色卡中 E4 的颜色与紫色样板最为接近。

训练2　视觉比色

将试板 B 与目标板 A 的颜色进行比较，指出颜色差异。	
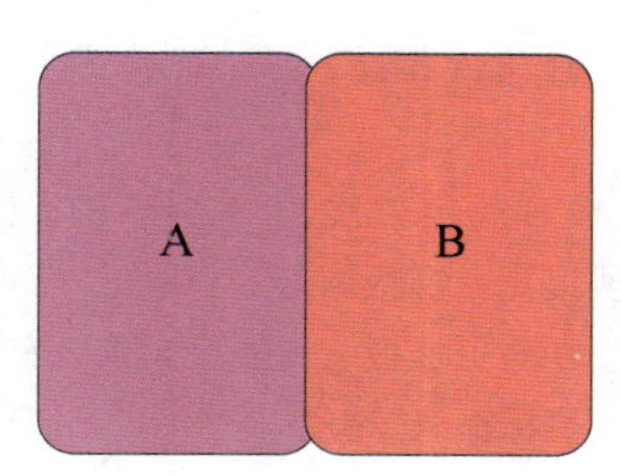	1. 紫红颜色 方法： （1）色调差异分析：试板 B 色调为红色略偏紫，目标板 A 红色偏紫的量很多，接近紫色。B 与 A 相比，缺少紫色或少量蓝色。 （2）明度差异分析：试板 B 颜色较亮，但 A 与 B 相比颜色更亮，因此，试板 B 比目标板 A 明度低。 （3）彩度差异分析：试板 B 与目标板 A 相比，颜色看起来比较纯，较鲜艳。因此，试板 B 颜色的彩度比较高。
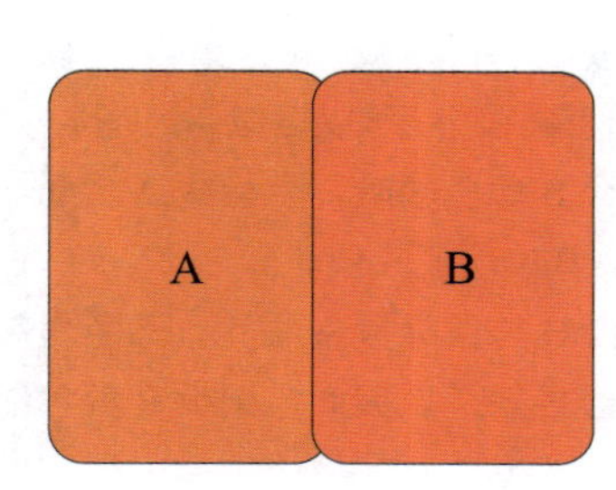	2. 橙红颜色 方法： （1）色调差异分析：试板 B 色调为红色略偏橙，目标板 A 红色偏橙的量很多，接近橙色。B 与 A 相比，缺少橙色或少量黄色。 （2）明度差异分析：试板 B 颜色较亮，A 与 B 相比颜色较暗，但整体差别不大，试板 B 比目标板 A 明度稍高。 （3）彩度差异分析：试板 B 与目标板 A 相比，颜色看起来比较鲜艳，因此，试板 B 颜色的彩度比目标板 A 高。
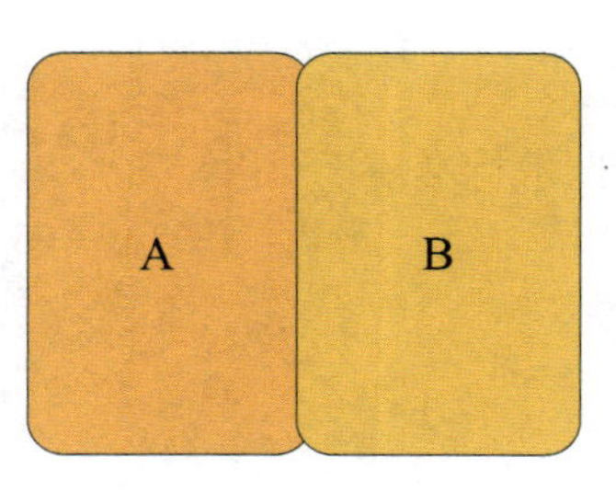	3. 橙黄颜色 方法： （1）色调差异分析：试板 B 色调为黄色略偏橙，目标板 A 黄色偏橙的量较多，接近橙色。B 与 A 相比，缺少橙色或少量红色。 （2）明度差异分析：试板 B 与目标板 A 的亮暗程度差不多，很难分辨，因此，可以认为两个颜色的明度基本相同。 （3）彩度差异分析：试板 B 与目标板 A 相比，颜色看起来比较纯，较鲜艳，彩度较高。
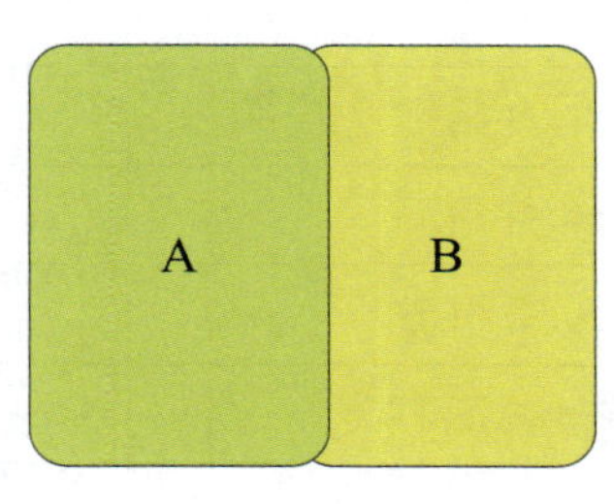	4. 绿黄颜色 方法： （1）色调差异分析：试板 B 色调为黄色略偏绿，目标板 A 黄色偏绿的成分多。B 与 A 相比，缺少绿色或少量的蓝色。 （2）明度差异分析：试板 B 颜色比较亮，A 与 B 相比颜色稍微暗一点，差别不大，因此，试板 B 比目标板 A 明度稍高。 （3）彩度差异分析：试板 B 与目标板 A 相比，颜色比较纯，比较鲜艳，因此，试板 B 颜色的彩度较高。

续表

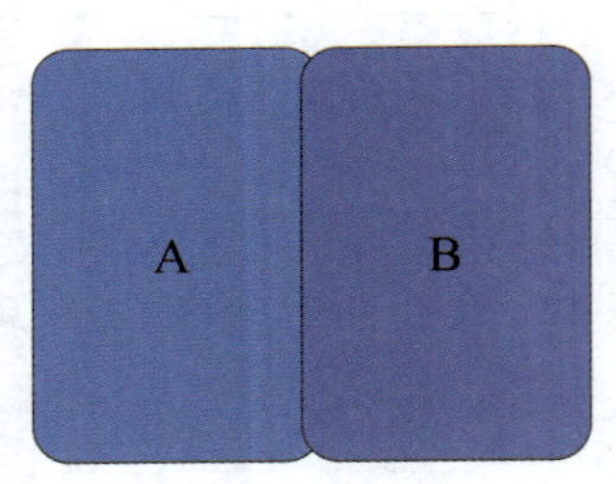 	5. 绿蓝颜色 方法： （1）色调差异分析：试板 B 色调为较浅的蓝色，目标板 A 的色调为蓝略偏绿的青色。B 与 A 相比，缺少绿色或少量的黄色。 （2）明度差异分析：试板 B 颜色较浅，但 A 与 B 相比颜色更浅，因此，试板 B 的明度比目标板 A 低。 （3）彩度差异分析：试板 B 与目标板 A 相比，颜色比较纯，因此，试板 B 颜色的彩度比目标板 A 高。
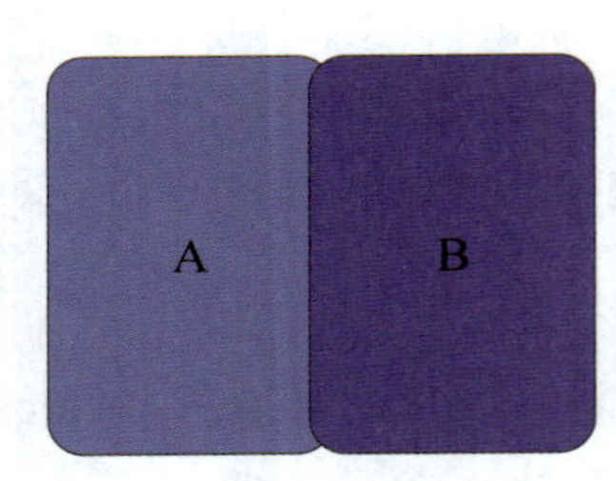 	6. 紫蓝颜色 方法： （1）色调差异分析：试板 B 与目标板 A 的色调都为蓝色略偏紫，在色调上两者之间的差异很小，可以近似认为基本一致。 （2）明度差异分析：试板 B 颜色较暗，目标板 A 比试板 B 颜色明显较亮，因此，试板 B 的明度较低。 （3）彩度差异分析：试板 B 与目标板 A 相比，颜色看起来明显比较纯，目标板 A 的颜色较浑，因此，试板 B 颜色的彩度高。

训练评价

考核要求

1. 在规定的时间内完成色感练习与视觉比色，使之符合技术标准。
2. 应及时指正在操作过程中出现的违规操作。
3. 符合安全文明生产的要求。

考核标准

考评标准表——色感练习与视觉比色

考核时间	考核项目	分值	评分标准与指导	评价结果
30 min	比色工具的使用	12	工具使用不当酌情扣分，并指正	
	紫红颜色分析	8	按要求酌情扣分，并指正	
	橙红颜色分析	8	按要求酌情扣分，并指正	
	橙黄颜色分析	8	按要求酌情扣分，并指正	
	绿黄颜色分析	8	按要求酌情扣分，并指正	
	绿蓝颜色分析	8	按要求酌情扣分，并指正	

续表

考核时间	考核项目	分值	评分标准与指导	评价结果
30 min	紫蓝颜色分析	8	按要求酌情扣分，并指正	
	红色样板近似色	5	按要求酌情扣分，并指正	
	橙色样板近似色	5	按要求酌情扣分，并指正	
	黄色样板近似色	5	按要求酌情扣分，并指正	
	绿色样板近似色	5	按要求酌情扣分，并指正	
	蓝色样板近似色	5	按要求酌情扣分，并指正	
	紫色样板近似色	5	按要求酌情扣分，并指正	
	“6S”操作规范	10	每项扣 2 分，扣完为止	
	遵守相关安全操作规范		因违规操作发生人身和设备事故，终止考核，成绩按 0 分计；超时，每分钟扣 2 分，超时 5 min 终止考核	
	分数合计	100		

思考题

1. 怎样找出试板与目标板颜色之间的差异？
2. 怎样从众多的比色卡中找出与实验样板最为接近的颜色？

课题五　手工微调

学习目标

1. 掌握颜色手工微调的基本流程。
2. 掌握颜色手工微调的基本技巧。
3. 掌握颜色手工微调的要点和注意事项。
4. 能熟练制作颜色的实验样板。
5. 能基本确定调色涂料中所缺的色母。
6. 能初步进行颜色的手工微调。

知识准备

汽车在使用过程中，由于受到太阳光的照射和周围环境的侵蚀，车身漆面的颜色经常会发生变化；涂膜经过修补，汽车涂料的品牌和批次不同，车身颜色与原厂颜色也会出现差异。为了使调配涂料的颜色与车身颜色一致，经过配方调色的涂料往往还需要进行颜色的微调。颜色微调是采用纯粹的手工进行颜色的精细调整，所以又称为手工微调或精细调色。

一、手工微调的基本流程

手工微调是通过视觉比色找出所调涂料颜色与目标板颜色之间的差异，根据调色原理、色母特性、颜色配方分析出涂料中所缺的色母，添加适量所缺色母，以获得与目标板颜色一致的调色工艺。手工微调必须一点儿一点儿地添加所缺色母，每添加一次色母都要进行颜色比较，这是一个比较和添加的循环，多次循环直至获得理想的涂料颜色。手工微调的基本流程如图3—5—1所示。

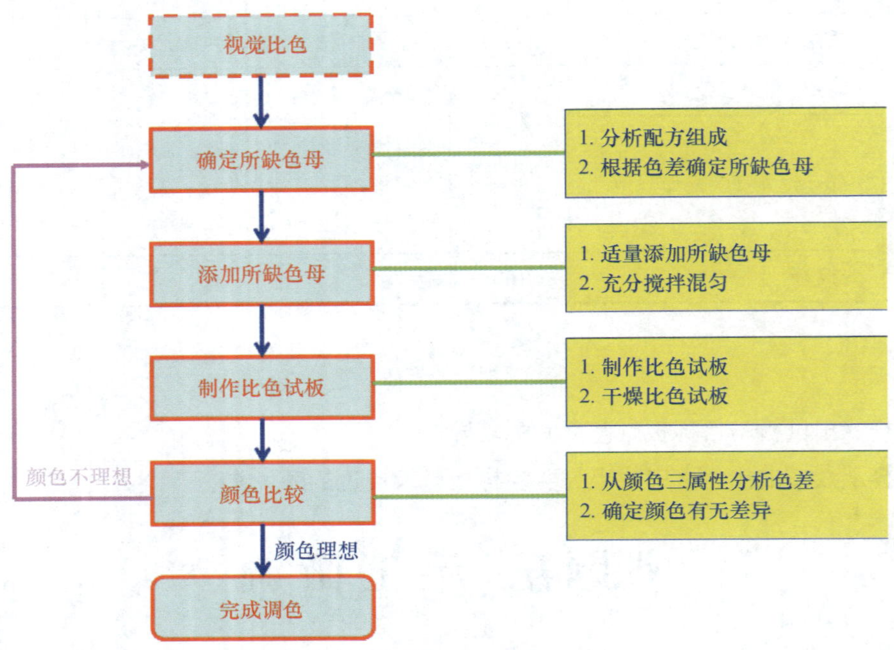

图 3—5—1 手工微调的基本流程

1. 确定涂料颜色所缺的色母

确定涂料颜色所缺的色母，首先是找出颜色之间的差异，即通过视觉比色确定实验样板相对目标板在色调、明度、彩度上的差别，如实验样板的色调偏红、偏黄或偏蓝，明度上偏亮或偏暗，彩度上偏鲜艳或偏浑浊等。然后分析颜色的配方，颜色配方分析包括配方中色母的组成，配方中的主色、副色和次色，哪些色母缺少会产生色调的差异，哪些色母缺少会产生明度和彩度的变化等。最后根据颜色差异、调色规律、色母特性的综合分析，找出涂料颜色所缺少的色母。

涂料颜色所缺的色母有可能是颜色配方中的色母，也有可能是颜色配方之外的色母。在进行颜色微调时，应尽可能使用颜色配方中的色母，当使用配方中色母无法达到理想的颜色时，可以考虑使用颜色配方之外的色母，但一定要与颜色配方中色母的漆基类型相同。

2. 添加所缺的色母

添加所缺色母时，要一点儿一点儿地添加。每次添加后都必须充分搅拌，然后采用比较法、点漆法、刮涂法等方法比较颜色差异，通过颜色差异的大小确定是否需要再次添加，以及估计再次添加色母量的大小。

色母的添加要谨防添加过量，每次比色必须认真判断，当色差很小或不能分辨色差时，停止添加色母。实际调色中，调漆人员经常先调小样，确定小样色母添加量后再进行整体微调。即先从配方调色后的混合涂料中倒出50g或100g涂料作为小样，对小样进行颜色微调，当小样的颜色与目标颜色基本一致后，记下色母的添加量，然后根据混合涂料与小样的质量比例计算混合涂料的色母添加量。

添加色母的顺序按照调色的原则，先加入调整明度的色母，再加入调整色调的色母，最后根据混合涂料的彩度，按需要加入调整彩度的色母。每一个色母的加入都会使混合涂料的色调、明度、彩度中的至少两个属性发生变化，因此，加入色母不止是对涂料某一个属性单方面的调整。

3. 制作比色样板

根据色母类型的不同，比色样板制作的方法也不同。素色漆比色采用刮涂法制作样板，颜色差异很小时，采用喷涂法制作样板，以便进行精确的比色；金属漆和水性漆用刮涂法制作的样板很难看出颜色的差异，只能用喷涂法制作样板，喷涂样板的参数要与喷涂实际情况保持一致。

图 3—5—2　样板的烘烤

刮涂或喷涂好的样板，需要静置5~10min，使溶剂充分挥发，然后在70℃的环境下烘烤（见图3—5—2）15~20min，以便形成均匀干燥的涂膜。

4. 颜色比较

颜色比较时，首先要对比色的目标板进行打磨、抛光和清洁，使目标板露出本来的颜色。然后将实验样板与目标板放在一起，中间不要留有间隙（见图3—5—3），将两个板件对准光源，眼睛从直接、正面和间接三个位置进行观察，如图3—5—4所示。颜色比较的第一感觉往往很准确，长时间盯看会使眼睛产生适应性，甚至产生错觉。

分析颜色的色调、明度和彩度三个方面观察的结果，确定颜色的差异，然后根据颜色的差异确定所缺的色母及色母添加的量。

图 3—5—3　实验样板与目标板比色的位置

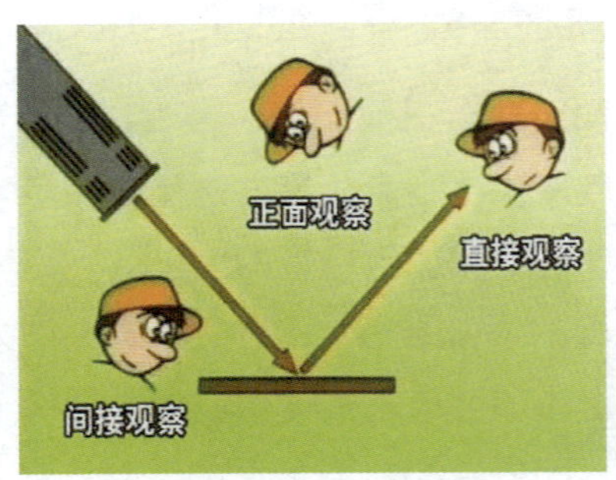

图 3—5—4　眼睛观察的方法

二、手工微调的基本方法和技巧

1. 涂料所缺色母的确定

（1）运用调色规律分析涂料所缺的颜色

对比两种颜色时，只有当其色调、明度、彩度三者都相同时，这两种颜色才相同。三原色按照不同比例多次混合可以得到不同色调的复色，改变色母的比例可以改变颜色的色调，混合涂料中某种色调色母所占的比例大，涂料就偏向于该种色调，如图3—5—5所示。

图 3—5—5　色调偏向的规律

在光线显色好的基础上，向涂料中加入白色或黑色将冲淡原来的颜色，就可以得到明度不同的各种颜色。如向大红中加入白色得到深浅不同的浅红和粉红（见图3—5—6），向铁红中加入黑色得到紫棕色，白色中加黑色得到不同的灰色；向混合涂料中加入原色可以提高颜色的彩度，如在浅红中加入不等量的红色得到大红、深红，在浅黄中加入不等量的黄色可得到中黄、大黄、深黄，如图3—5—7所示。

图 3—5—6　明度调整的变化

图 3—5—7　彩度调整的变化

颜色的三个属性相互独立但不能单独存在，它们之间的变化是相互联系、相互影响的，在颜色微调时要考虑这个因素。在涂料中加入白色色母可提高其明度，加入黑色色母会降低其明度，在颜色明度改变的同时，颜色的彩度和色调也会发生变化。加入白色或黑色的量越多，彩度越低，同时色调也相应变浅或变深。调银粉漆要利用粗细搭配和控色剂、白色、白珍珠来调整正侧面。调珍珠漆要分清种类，并熟悉正侧面显色，以及主色色母的搭配。

（2）掌握色母的特性，便于快速找出所缺色母

1）掌握色母的色调、正侧面明度，以及银粉与珍珠色母颗粒粗细，便于及时准确地找出涂料所缺的色母。如某一湖水蓝色母，正面带红色调，侧面显示绿色调（见图3—5—8），在分析所缺颜色时，要把这些因素考虑进去。

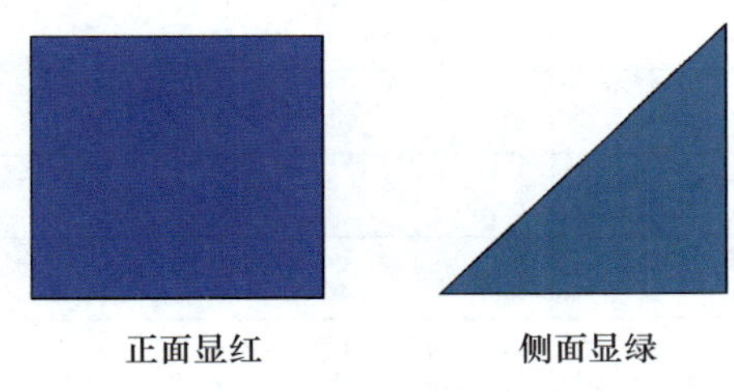

图 3—5—8　湖水蓝色母的正侧面颜色

2）每种色母的色光均可向两个方向发展。红色系列的色调可以表现为偏黄或偏蓝（紫），如大红与紫红；黄色系列的色调可以表现为偏绿或偏红的颜色，如青相黄与橙黄；蓝色系列的色调可以表现为偏绿（黄）或偏紫（红）的颜色，如青兰和红相蓝；绿色系列的色调可以表现为偏黄或偏蓝的颜色，如黄绿和蓝绿；紫色系列的色调可以表现为偏蓝或偏红，如紫蓝和紫红；金色、橙色、棕色的色调可以表现偏黄或偏红的颜色；白色、灰色、黑色是可以向任意颜色转变的颜色。在调色时要注意色光的配合，如用蓝色和黄色调一个绿色，应选用如绿相蓝与艳黄或柠檬黄，因为绿相蓝带绿光，艳黄或柠檬黄带黄光。如果选用中黄色母会使配出的颜色发暗，因为中黄带红光，相当于加入了微量的绿色互补色——红色。

3）色母的遮盖力也会对颜色的调配产生影响。根据遮盖力的不同，所有的色母可以分成三大类：遮盖力好的色母，如银粉、白色、黑色、中黄、柠檬黄、橙红、橙黄、红珍珠、古铜珍珠；遮盖力较差的色母，如珍珠系列、艳黄、鲜红、紫红、玫瑰红；透明色母，如透明红、发红蓝、标准蓝、霜雪蓝、绿色、紫色、透明黄、栗红、深红。涂料中加入遮盖力好的色母，颜色会很快发生变化，反之加入遮盖力差的色母，则颜色变化不明显。

（3）分析颜色配方，确定涂料所缺的色母

从汽车原厂颜色配方中，我们可以找到车身颜色由几个色母组成，主色母、副色母和次色母，色母之间的比例以及哪些色母是决定颜色的主要因素。根据调色原理、色母特性，针对试验样板和目标板颜色之间的差异，很容易就可以分析出调色涂料中缺少的色母。

下面以2K素色漆为例，分析蓝紫色试验样板（见图3—5—9）中所缺的色母。用于调配蓝紫色实验样板的颜色配方见表3—5—1。

目标板

试验样板

图 3—5—9 颜色样板

表 3—5—1 标准板的颜色配方

序号	色母	累积量（g）	绝对量（g）
1	紫色	249.6	249.6
2	黑色	278.3	28.7
3	蓝色	320.3	42.0
4	绿色	333.5	13.2
5	调和清漆	566.4	232.9

通过颜色比较，试验样板和目标板都属于蓝紫色，但试验样板在色调上与目标板相比不够蓝，在明度上比目标板亮，在彩度上显得比目标板纯，彩度高。

根据调色原理和色母特性，在试样涂料中加入主色母紫色，色调会偏红，明度不会大幅度降低；加入黑色会使颜色变深，但蓝色和紫色的成分削弱；加入标准蓝色，则色调变蓝，同时明度和彩度降低；加入绿色，使本来不够蓝的色调更加远离蓝色，明度升高，彩度降低；调和清漆没有颜色，不需要考虑。综合上述分析，可以确定试验样板中缺少标准蓝色色母。

对于初学者，也可以采用以下的方法鉴别涂料中所缺的颜色。

放好几个杯子，分别向几个杯子中加入5~10 mL的混合涂料，然后向每个杯子中加入少量不同色母（见图3—5—10），逐一彻底混合。利用试杆将杯子中的混合物分别施涂在不同的试验样板上，逐一与车身标准色板比对，如图3—5—11所示。然后确定哪一块实验样板上的颜色与车身标准板的颜色最为接近，由此可以鉴别出混合涂料中缺少的颜色。

2. 确定所缺色母添加的基本量

添加所缺色母的基本量过大，容易造成添加过量，导致调色失败；添加的基本量过小，往往使混合涂料变化很慢或基本无变化，增加颜色微调的循环次数，使工作效率低下。在长期的调色实践中，人们总结出了以100g混合涂料为基础的微调色母基本添加量公式：

配方中色母绝对质量 ÷ 配方总质量 × 50 = 微调色母的基本添加量

按照色母的基本添加量公式，表3—5—1中的100g混合涂料，蓝色色母的基本添加量

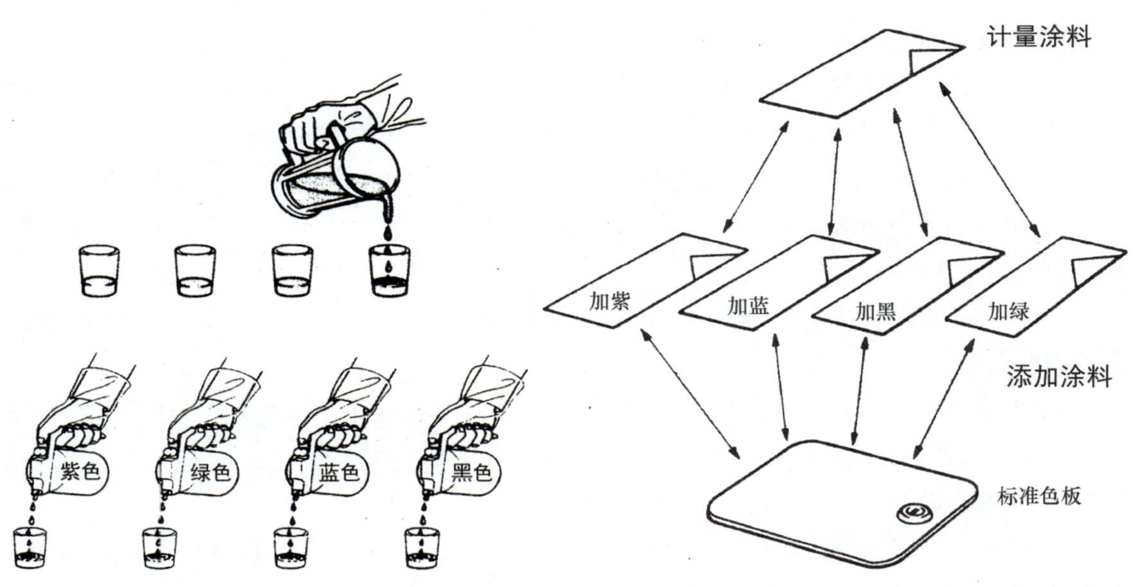

图 3—5—10　向每个杯子中加入不同色母　　图 3—5—11　将实验样板与目标板比较

为：

$$42 \div 566.4 \times 50=3.7\ (\mathrm{g})$$

色母基本添加量是将色母加入到混合涂料中的最小量，如果添加色母的量远远不够，可以按照两倍或三倍的色母基本量添加。在现实调色中，很多人经常取100mL配方中色母质量的10%作为色母的基本添加量，这样可以省去计算的麻烦，也能取得很好的效果。小样的颜色调配好后，按照剩余混合物与小样的质量比例，依次加入按照比例计算出来的色母，最终完成调色。

3. 手工微调的基本方法及注意事项

（1）手工微调的基本方法

手工微调的基本步骤是先调颜色的深浅（明度），再调颜色的色调，最后调颜色的彩度。

1）颜色明度的调整。当色漆比车身颜色深时，应加入浅色、白色或银粉来冲淡稀释；当色漆比车身颜色浅，如果车身颜色是又深又纯，则加入主色母，如果车身颜色又深又浊，可适当加入黑色母。

2）颜色色调的调整。调整颜色的色调时，每次只针对一个变量做调整，确保色调走向正确。如调黄色不够红时，可以加一点橙黄、橙红或大红色母；调蓝色不够绿时，可加一点艳黄或柠檬黄色母；调红色不够紫时，可加一点紫蓝、紫红、玫瑰红或深红色母。

3）颜色彩度的调整。当色漆比车身颜色显鲜艳时，加入少量黑色或白色母，因为加入黑色母可以使颜色变深，加入白色母使颜色变浅、变浑浊；当色漆比车身颜色浑浊时，可加浅色或银粉将原色冲淡，再加入主色母，或者放弃然后重新调色。

（2）手工微调的要点

1）手工微调要本着“先调深浅，后调色调”的原则，按照先加入主色母再加入副色母的方法细心调配，同时要搅拌均匀。每次添加应比估计量少些，特别是接近所要求的颜色时，更要仔细控制加入量，避免颜色添加过量。

2）调色时要尽量避免加入色母颜色的互补色，如红色色母中不能加入蓝绿色，绿色色母中不能加入紫色等。

3）在保证颜色符合要求的前提下，添加色母的品种应尽量少，加入的颜色品种越多，颜色的明度越低，彩度越浑浊。

4）在湿涂膜干燥的过程中，颜料的上浮和下沉对涂膜颜色的影响较大，比色工作最好在试验样板完全干燥后进行。

（3）手工微调的注意事项

1）任何手工微调都应尽可能选用配方上指定的或已加入的色母，色母加入越多，颜色越浑浊。

2）个别银粉漆、珍珠漆微调难度较大，建议使用驳口工序，以免浪费时间。

3）尽可能在白天光线充足之处调色，采用的不同角度下比色，但要避免阳光直射。

4）要熟悉色母特性，尽量选择与样板接近的色母来进行颜色的微调。

5）要按比例添加色母与调和树脂，不能随便添加，切记树脂过多会使涂料的遮盖力变差。

技能训练

训练1　比色样板的制作

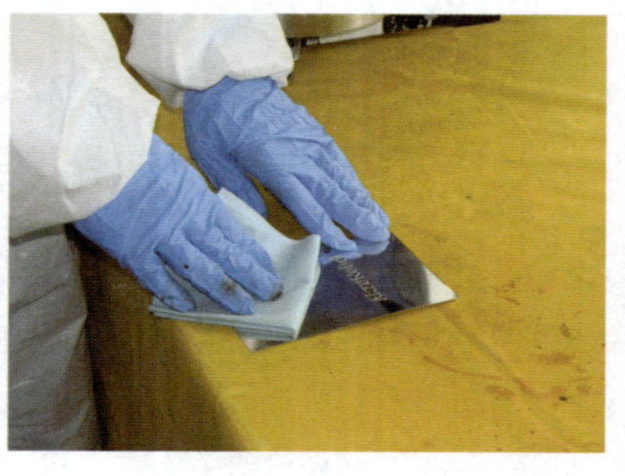

1. 刮涂实验样板

（1）清洁样板

方法：

1）用干净的除尘布在纸质样板上擦拭，以除去样板表面的灰尘。

2）用除油纸蘸上除油剂在样板表面除油，以清除样板表面的油渍。

提示：

用于刮涂的纸质样板表面一般印有黑白方格，板面平整，便于刮涂。

续表

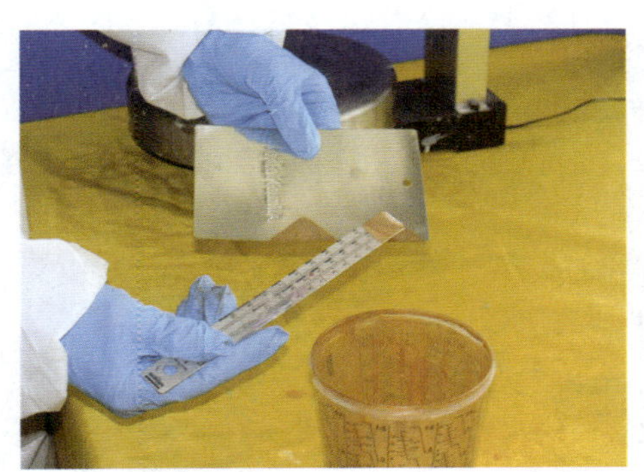	（2）刮涂样板 方法： 1）用调漆比例尺搅拌混匀涂料后，提起调漆比例尺，在调漆杯口抖落多余的涂料。 2）将蘸上涂料的调漆比例尺以 60° 的夹角放在样板上，均匀向前刮涂，形成一个等边三角形。 提示： 刮涂时调漆比例尺要与样板完全贴合，刮涂速度要均匀，以形成均匀一致的涂膜。
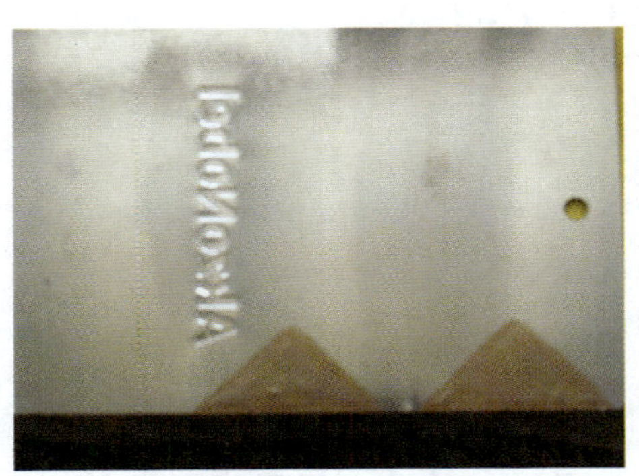	（3）检查刮涂质量 方法： 1）观察刮涂图形和涂膜质量，不符合要求的要补涂或重新刮涂。 2）刮涂质量要求是：刮涂的图形应为边长不小于 30 mm 的等边三角形，图形边口整齐，形状规则；涂膜厚度应与实际喷涂的涂膜厚度一致，表面均匀光滑。
	2. 喷涂实验样板 （1）喷涂涂料的准备 方法： 1）从混合涂料中倒出 20~30g 涂料，加入适量固化剂和稀释剂，充分搅拌。 2）选用合适的滤网过滤后倒入喷枪。 提示： 涂料的遮盖力不同，喷涂一块样板所需涂料的质量也不一样。
	（2）喷涂样板的准备 方法： 1）在样板喷漆柜中将样板固定好。 2）对样板的表面进行除尘和除油。 提示： 对于不锈钢样板或铝质样板，喷涂调色涂料前，最好喷涂一层环氧底漆。

续表

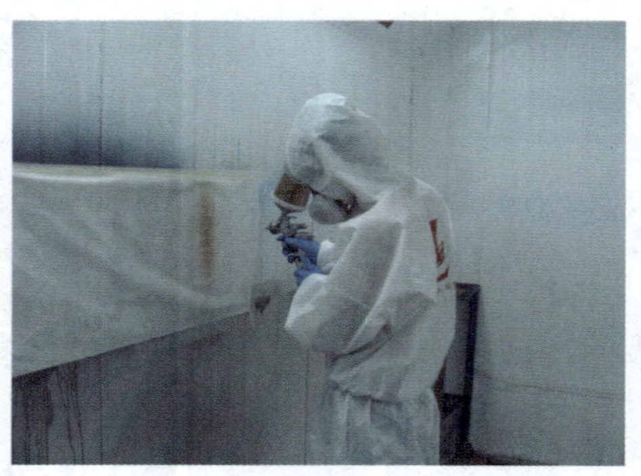	（3）样板喷涂设备的准备 方法： 1）打开喷漆柜开关，将喷漆柜调整到理想的工作状态。 2）调整好喷枪的各项喷涂参数。 提示： 空气喷枪的各项喷涂参数的设置应与实际喷涂环境一致。
	（4）样板的喷涂 方法： 1）先雾喷两遍，然后闪干 5min 或用压缩空气吹干。 2）采用较近的喷涂距离和较慢的喷涂速度，在样板上湿喷一层试样涂料。 提示： 如果试样是双工序涂料，则需要再在实验样板上喷涂罩光清漆。
	3. 样板的干燥 方法： （1）将试验样板静置 10min，使涂膜中的溶剂充分挥发。 （2）打开烘箱，将实验样板放到烘箱中烘烤 20min，使样板彻底干燥。 提示： 实验样板上的涂膜在 70℃的条件下烘烤 20min 左右就能完全干燥。

训练2　手工微调训练

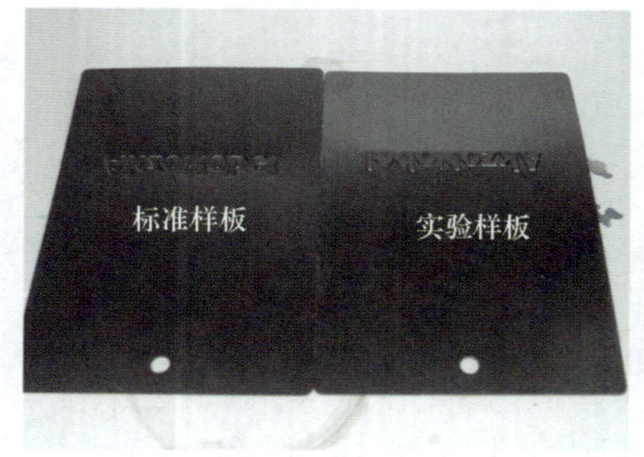	1. 分析实验样板颜色的差异 方法： （1）将实验样板压在标准板上进行颜色的比较。 （2）实验样板与标准板颜色的差异是：实验样板色调偏蓝，正面较亮，侧面较暗，彩度稍高。 提示： 要采用正确的比色方法，从颜色的色调、明度和彩度三个方面进行辨别和分析。

续表

颜色名称	颜色编号	颜色绝对量	备注
黄珍珠	P426-PP09	24.4g	正面金黄侧面蓝
绿色	P425-954	8.6g	蓝青，高浓度
黄色	P420-982	4.7g	铁黄，带浊红
白珍珠	P426-PP60	2.0g	最细白珍珠
蓝色	P425-922	4.6g	湖蓝，正红侧绿
控色剂	P420-938	8.5g	正浊侧浅粗
黑色	P425-950	14.6g	高浓度深黑
金属树脂	P192-5600	32.4g	控制颗粒排列
总	计	99.8g	0.1L

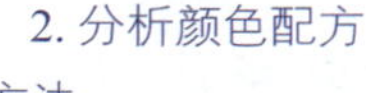

2. 分析颜色配方

方法：

（1）分析配方的组成。

（2）决定颜色的主次色母，此颜色为墨绿珍珠。素色中黑色为主色母，绿色为副色母，黄色和蓝色为调整用的次色母；珍珠色的主色母为黄珍珠。

提示：

配方中的树脂（或调和清漆）对颜色没有影响，分析时可以不考虑进去。

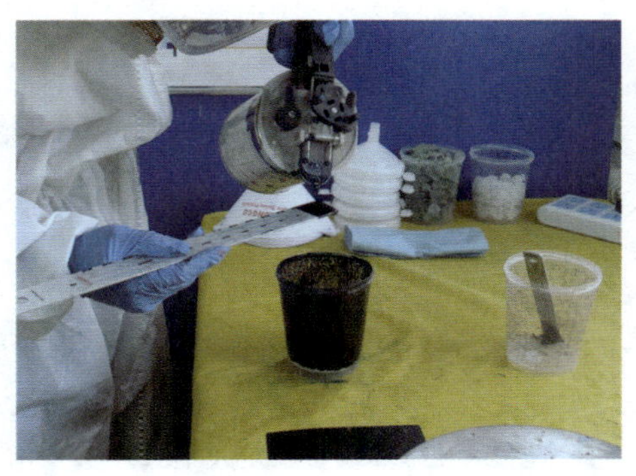

3. 确定混合涂料中所缺的色母

方法：

（1）分析配方中色母的特性。

（2）根据颜色差异分析所缺的色母：色调上偏蓝，应该是缺少黄色色母，但此黄色是铁黄，加入后彩度会明显降低，所以最好是加入绿色色母。明度上正面浅、侧面深，可以加入白珍珠和控色剂。

（3）在调漆尺滴一滴绿色色母，观察颜色的走向，从而确定涂料中缺少绿色色母。

提示：

滴加色母后，如果调漆尺上颜色的走向不正确，则需要重新分析确认。

颜色名称	颜色编号	颜色绝对量	备注
黄珍珠	P426-PP09	24.4g	
绿色	P425-954	8.6g	➡ 0.2g
黄色	P420-982	4.7g	
白珍珠	P426-PP60	2.0g	➡ 0.1g
蓝色	P425-922	4.6g	
控色剂	P420-938	8.5g	➡ 0.2g
黑色	P425-950	14.6g	
金属树脂	P192-5600	32.4g	
总	计	99.8g	

4. 确定加入色母的基本量

方法：

（1）从混合涂料中倒出 99.8g 涂料作为小样。

（2）明度调整先加入控色剂，在 99.8g 涂料中加入的基本量为 0.2g，配合加入白珍珠，基本量设定为 0.1g。

（3）色调上为了保持较高的彩度，加入绿色色母，P425-954 是高浓度色母，因此在 99.8g 涂料中加入的基本量设定为 0.2g。

提示：

如果所缺色母不止一个，要逐个确定其添加的基本量。

续表

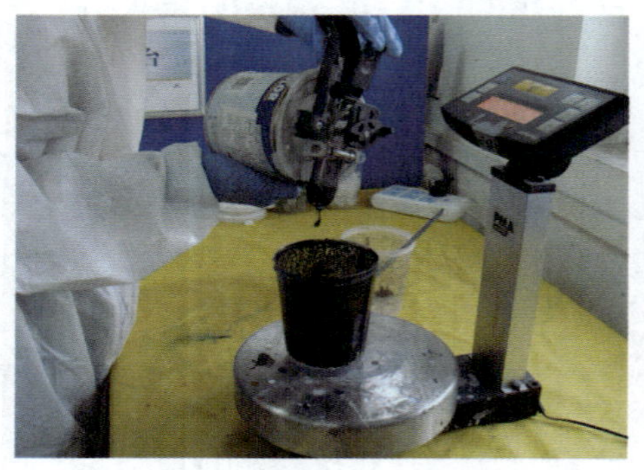	5. 向小样中添加所缺的色母 方法： （1）向小样中加入 0.2g 控色剂，调整试样的明度。 （2）向小样中加入 0.2g 高浓度绿色色母，以调整色调。 （3）配制涂料，制作实验样板。 提示： 每次添加色母后都要进行颜色的比较。
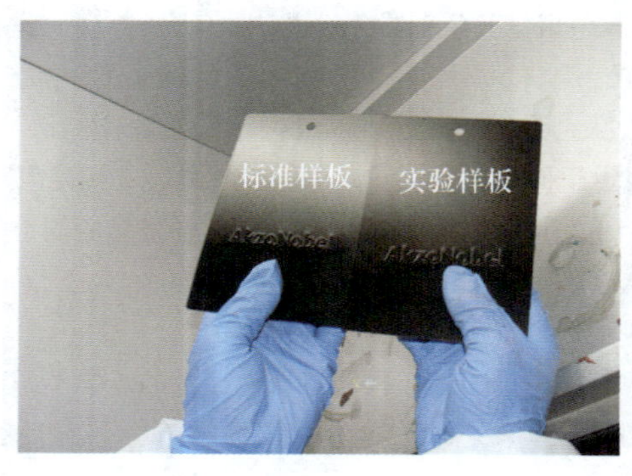	6. 颜色比较，确定色差的大小 方法： （1）明度上，实验样板的正面颜色变深，侧面颜色变浅，与标准板相比，正面颜色还不够深，但差别不是很明显。 （2）色调上，实验样板绿的成分多了一些，但与标准板相比整体还缺少绿色，差别不是很明显。 （3）正面观察实验样板，显得颗粒比较大，比较亮，应加入白珍珠调整颗粒大小。 提示： 加入超细白珍珠可以使颜色正面变暗，珍珠颗粒变小。
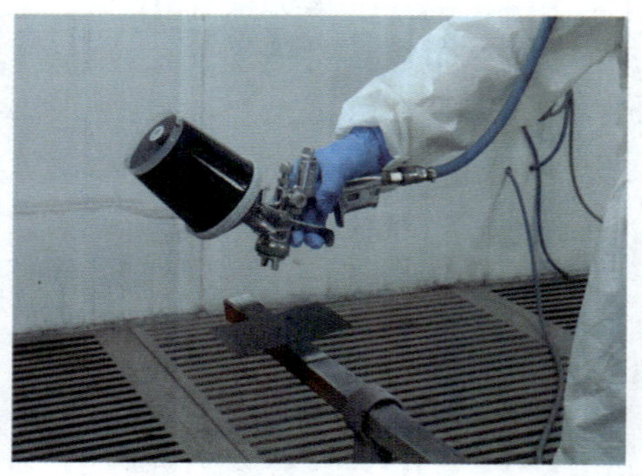	7. 喷涂实验样板，进行颜色的精确比较 方法： （1）充分搅拌调色涂料，然后按比例加入稀释剂。 （2）再次喷涂实验样板，干燥样板。 （3）精细比较样板颜色，找出颜色差异。 提示： 喷涂样板的环境、喷涂参数、喷涂手法要与实车喷涂保持一致。

续表

	8. 根据色差情况，视情调整 方法： （1）实验样板正面偏浅，涂膜中颗粒偏亮、偏粗；色调还略微偏向蓝色。 （2）再次加入 0.2g 控色剂，然后加入 0.2g 超细白珍珠；加入 0.2g 绿色高浓度色母。 （3）根据已有的调色经验，不需要再次喷涂样板进行比色，就能确定试样颜色与标准板颜色基本一致。 提示： 此时颜色的调整要根据实际情况，灵活变通所加入的色母，特别要防止添加过量。
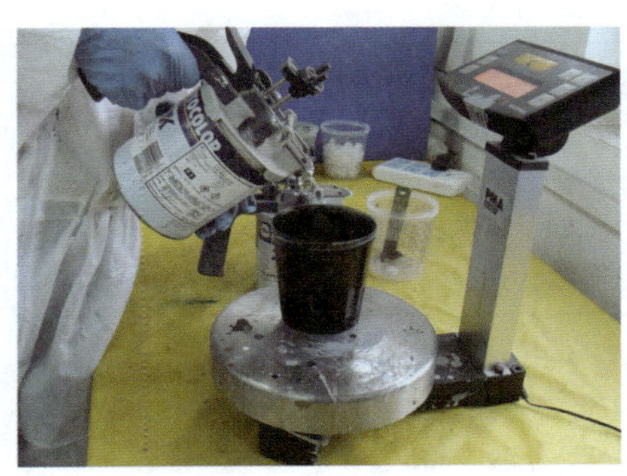	9. 对剩余涂料的颜色进行微调 方法： （1）根据前面调配的小样，在 99.8g 涂料中加入了 0.4g 控色剂、0.4g 高浓度绿色色母和 0.2g 超细白珍珠，总量为 100.8g。 （2）按照小样的调配比例、剩余涂料和小样的质量比例，计算剩余涂料中应加入各色母的量。 （3）按照计算结果调配剩余涂料。 提示： 调配比例一定要计算正确，否则会导致调色失败。
	10. 微调后的结束工作 方法： （1）颜色微调完成后，收集喷涂的实验样板，并在样板背面记录微调加入色母的名称和数量，存档以备今后使用。 （2）清洗喷枪，清洁作业场地。 （3）整理、维护调色工具和设备，并做好设备使用台账的登记工作。 提示： 每次调色后都要将调色用过的实验样板归类存档，这样能大大减少以后调色的工作量，提高调色的效率。

训练评价

考核要求

1. 在规定的时间内，完成颜色的手工微调，使之符合技术标准。
2. 应及时指正在操作过程中出现的违规操作。
3. 符合安全文明生产的要求。

考核标准

考评标准表——颜色的手工微调

考核时间	考核项目	分值	评分标准与指导	评价结果
30 min	调色工具的正确使用	10	工具使用不当酌情扣分，并指正	
	用刮涂法制作实验样板	10	按要求酌情扣分，并指正	
	用喷涂法制作实验样板	20	按要求酌情扣分，并指正	
	实验样板颜色色差的分析	5	按要求酌情扣分，并指正	
	混合涂料所缺色母的确定	10	按要求酌情扣分，并指正	
	色母基本添加量的确定	5	按要求酌情扣分，并指正	
	涂料小样颜色的微调	20	按要求酌情扣分，并指正	
	混合涂料颜色的微调	10	按要求酌情扣分，并指正	
	“6S”操作规范	10	每项扣 2 分，扣完为止	
	遵守相关安全操作规范		因违规操作发生人身和设备事故，终止考核，成绩按 0 分计；超时，每分钟扣 2 分，超时 5 min 终止考核	
	分数合计	100		

思考题

1. 简述喷涂制作实验样板的方法。
2. 颜色的手工微调具体的操作步骤是怎样的？有哪些注意事项？

单元四　面漆调色

课题一　素色漆调色

学习目标

1. 熟悉素色漆的基本知识。
2. 熟悉素色漆色母的特性。
3. 掌握素色漆调色的施工程序及要点。
4. 掌握素色漆调色的基本方法。
5. 掌握素色漆调色的基本技巧和注意事项。
6. 能熟练进行素色漆颜色的调整。

知识准备

一、素色漆的基础知识

根据面漆中颜料组成的不同，车身常用修补面漆分为素色漆、银粉漆、珍珠漆和珍珠银，如图4—1—1所示。只含有着色颜料，呈现单一颜色的漆叫素色漆，素色漆又称纯色漆、实色漆、本色漆或普通漆；由金属铝粉或大量铝粉与少量着色颜料调配而成的漆叫银粉漆；只含有钛膜云母颜料的漆叫珍珠漆；由着色颜料、铝粉颜料和钛膜云母颜料共同调配而成的漆叫珍珠银。银粉漆、珍珠漆和珍珠银统称为金属漆。

素色漆与金属漆不同，素色漆在正面、侧面和背光条件下基本上没有颜色差别。此外，施工条件、施工环境对素色漆颜色的影响也非常小。这些因素都使得素色漆比较容易调配，调配好素色漆是调配汽车面漆颜色的基础。

素色漆通常有单工序素色漆（双组份2K）和双工序素色漆（单组份1K）两种，如图4—1—2所示。汽车修补涂装经常使用单工序素色漆，只需要一次喷涂就能完成面漆的施工，而不需要再罩清漆，这样既方便快捷，又省时省工；双工序素色漆不需要加固化剂，素色漆喷完后还必须在其表面进行清漆罩光。双工序素色漆通常用于银粉漆颜色的调整和作为珍珠漆的底色漆。

素色漆有较高的彩度和较好的遮盖力，涂装后具备良好的光泽度和鲜映性，涂膜厚度在达到50μm后即可显现完全的色调。

图 4—1—1　车身常用修补面漆

单组份（1K）双工序素色漆　　双组份（2K）单工序素色漆

图 4—1—2　单工序素色漆和双工序素色漆

二、素色漆色母特性

目前汽车修补面漆主要采取两种方法设计色母系统。

一种色母系统是把色母分为两套，一套是单工序面漆的色母，另一套是双工序和三工序面漆的色母。大多数国产漆采用这个系统，两套色母不能混用。这种色母系统中的色母数量很多，调色人员掌握色母特性的难度较大。

另一种色母系统是只使用一套色母，调色后在色母中加入树脂，由加入树脂的类型决定面漆的性质是单组份或双组份，单组份一般采用双工序施工方式，而双组份一般采用单工序施工方式。油漆供应商PPG公司的NEXA AUTOCOLOR调色系统就采用这种设计方式。

用于汽车修补的色母因产地和生产厂家的不同，名称会有差异，色母颜色走向也会有些不同，在调配颜色时，应根据所使用色母厂家提供的色母特性资料进行调配。色母的颜色特性由色母中颜料的显色特点决定，因此，同种颜色不同品牌的色母，其颜色特性也具有相似性。汽车常用素色漆的色母特性见表4—1—1。

表 4—1—1　　PPG 公司 NEXA AUTOCOLOR 素色色母的颜色特性

色母	颜色名称	色相图	颜色特性
白色系列	白	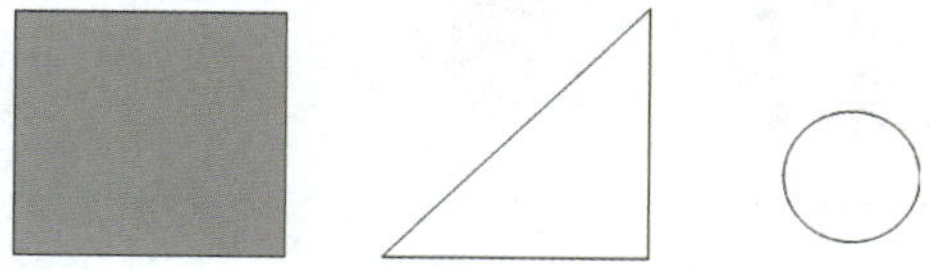	正面浊，侧面浅 分散性色母，通常少量使用在金属漆中
	通白	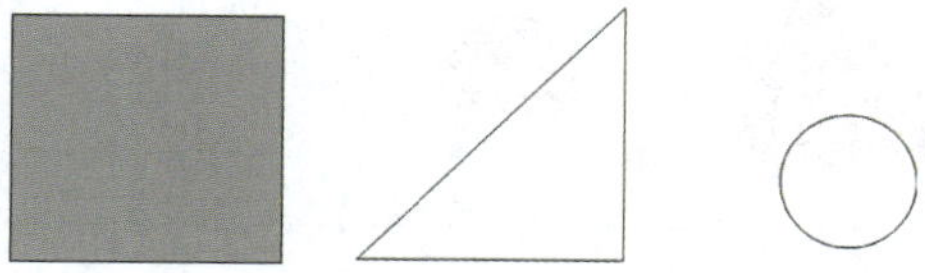	正面浊，侧面浅 用于微调的减浓度色母
	控色剂	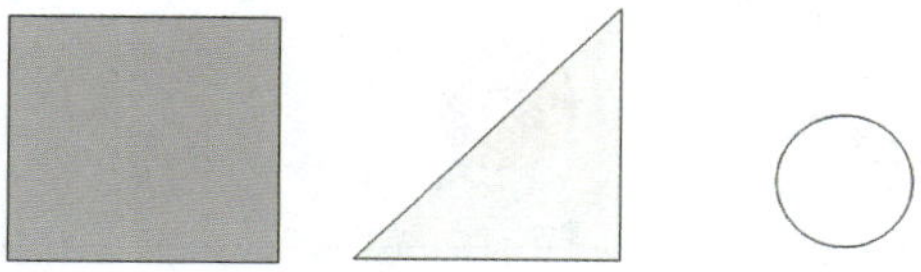	正面浊，侧面浅粗 分散性色母，最大用量 30%，仅用在金属漆中
黑色系列	黑	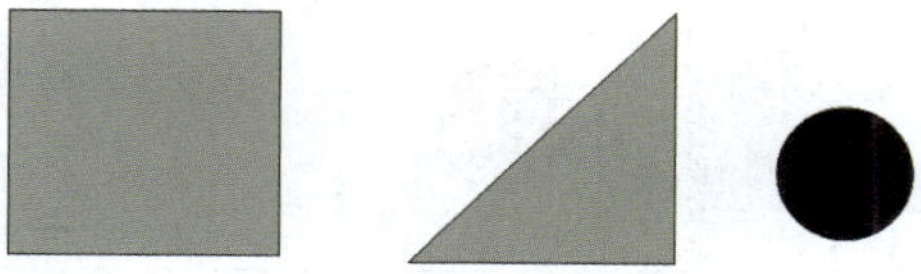	正面浊黄，侧面浊黄 黄相黑，调色用于主色母
	蓝黑	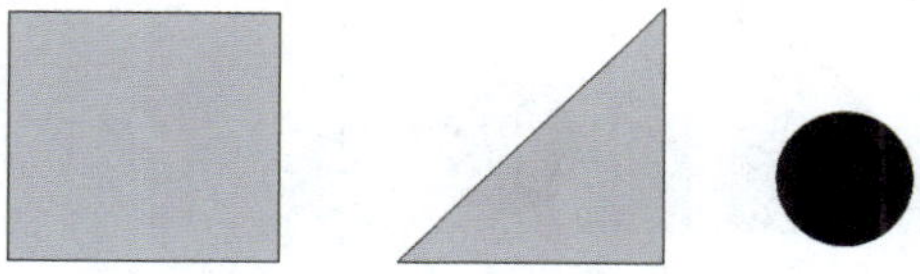	正面浊蓝，侧面浅蓝 蓝相黑，多用于调配素色
	深黑	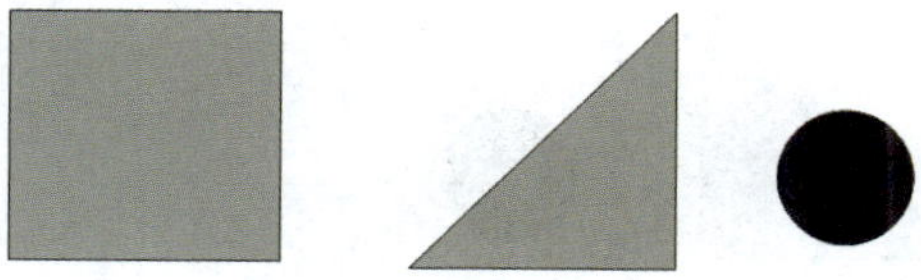	正面浊黄，侧面浊黄
	通黑	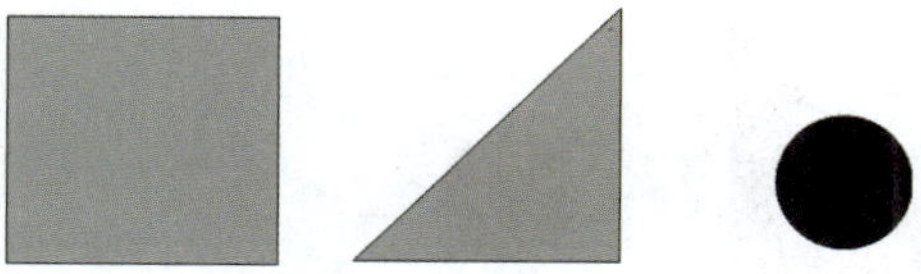	正面浊，侧面浊深 用于微调的减浓度色母
红色系列	铁锈红	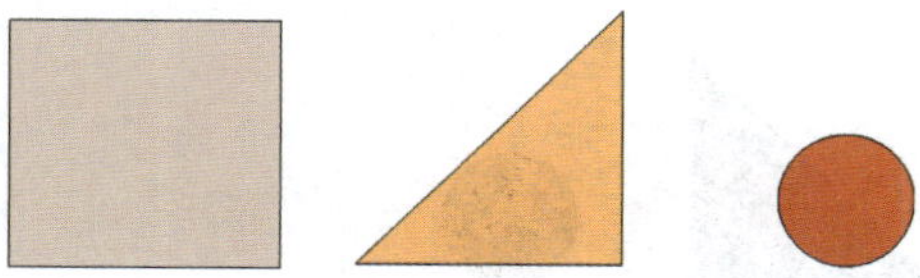	正面暗，侧面浅清橙 分散性色母，通常少量使用

续表

色母	颜色名称	色相图	颜色特性
红色系列	赤褐		正面暗，侧面浅清橙 用于微调的减浓度色母
	橙红		正面灰，侧面浅鲜橙 分散性色母，通常少量使用
	超级红		正面亮蓝，侧面蓝 鲜艳而浅，由于遮盖力低，不能大量使用
	通红		正面蓝，侧面亮蓝
	洋红		正面黄、干净、更亮，侧面暗
	紫红		正面蓝，侧面深蓝
	酒红		正面蓝，侧面黄
	啡色		正面棕蓝，侧面深棕 不用于素色漆

续表

色母	颜色名称	色相图	颜色特性
红色系列	光褐红	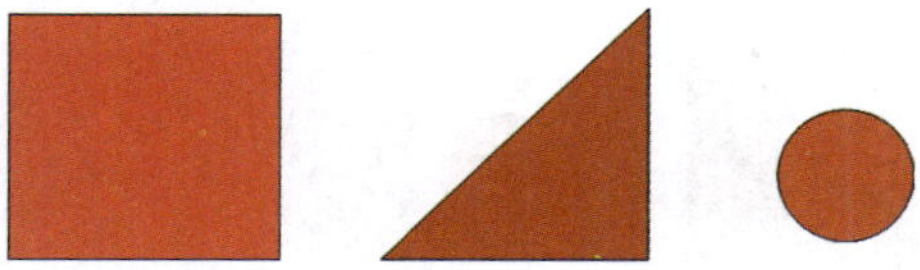	正面亮蓝，侧面黄
	光红	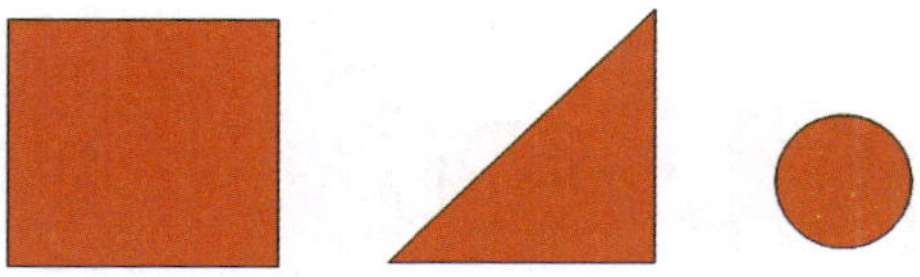	正、侧面干净的黄相红
	深红	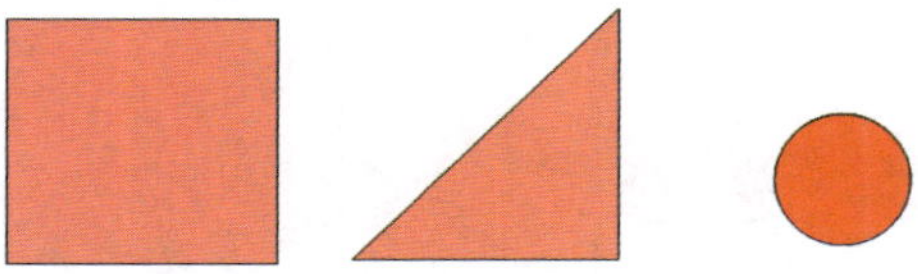	正面蓝，侧面蓝，更干净
	艳红	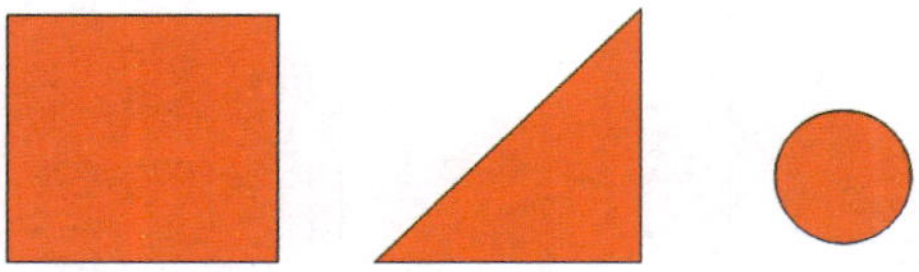	正面青蓝，侧面青蓝 用于素色底色漆
	铁红	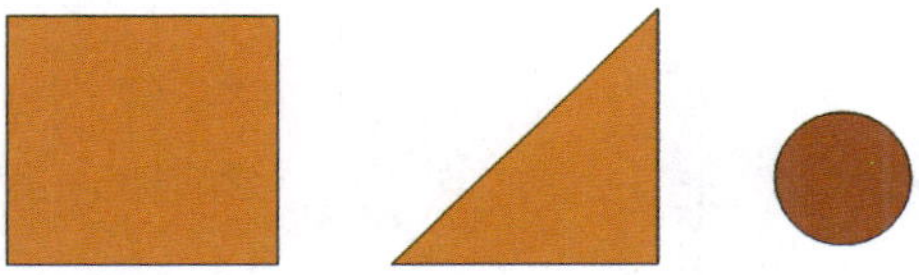	正面黄棕，侧面黄棕 鲜艳、透明
黄色系列	泥黄	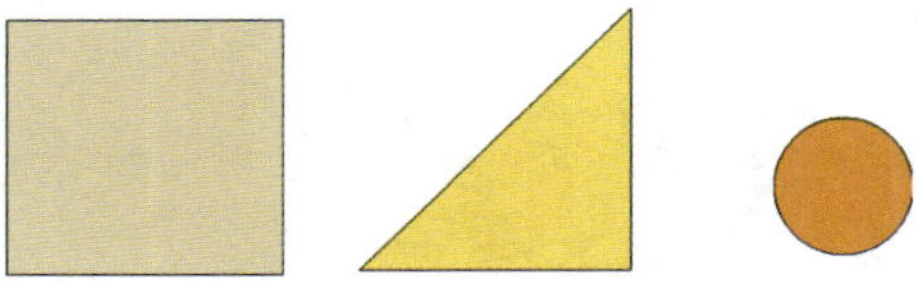	正面浊黄，侧面浅黄 红相黄，分散性色母
	淡黄	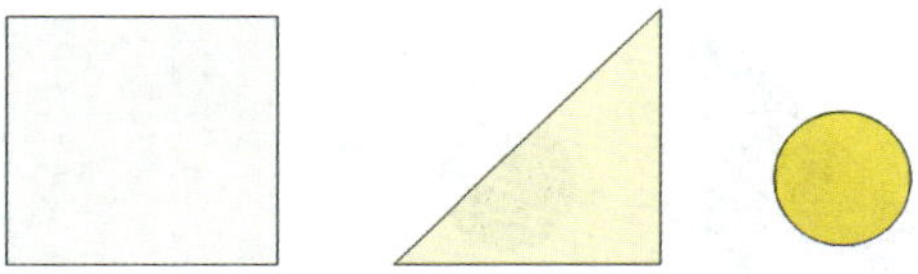	正面暗，侧面绿相黄 分散性色母，通常少量使用
	铁黄	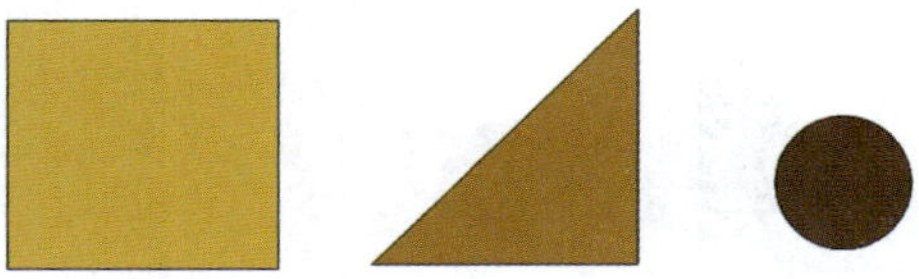	正面黄，侧面暗黄 调配浊红色调的黄色色母

续表

色母	颜色名称	色相图	颜色特性
黄色系列	深黄	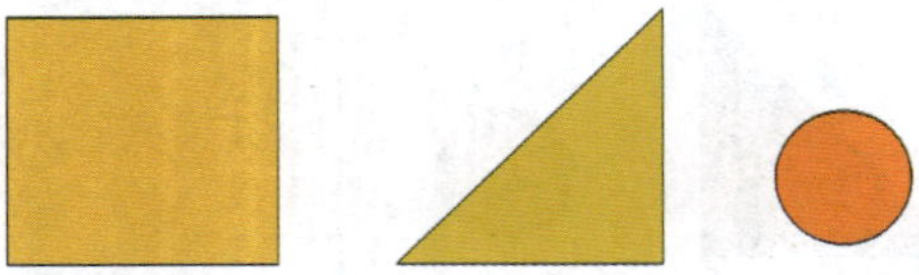	正面青黄，侧面浅绿 在素色漆中少量使用
	黄	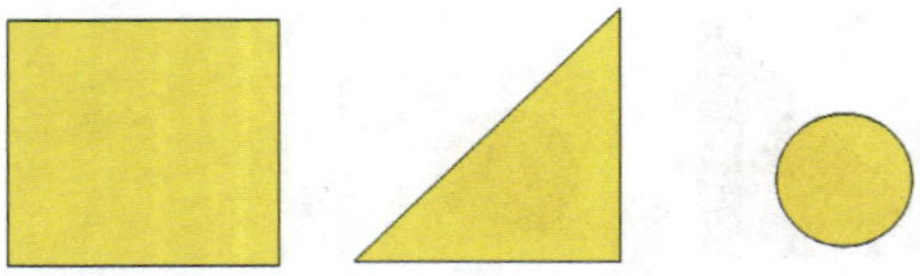	正面浅黄，侧面清黄
	中黄	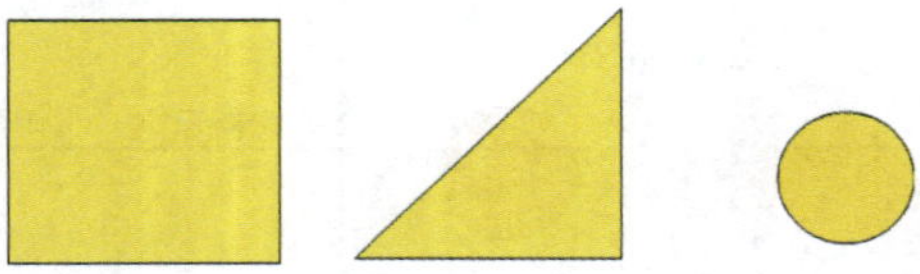	正面黄，侧面黄 用于微调的减浓色母
	光黄	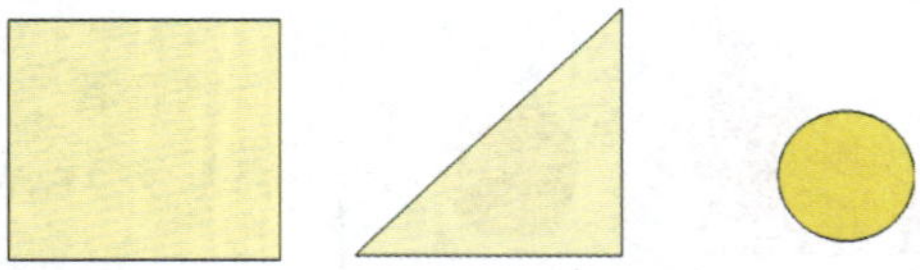	正面黄，侧面浅黄 含铅柠檬黄
	阳黄	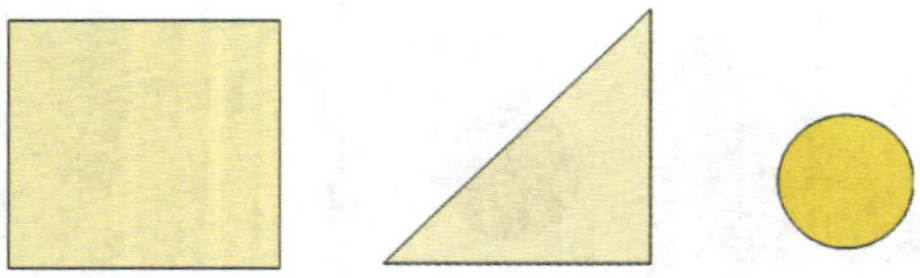	正面黄，侧面浅黄 含铅黄，调色常用
	橙黄	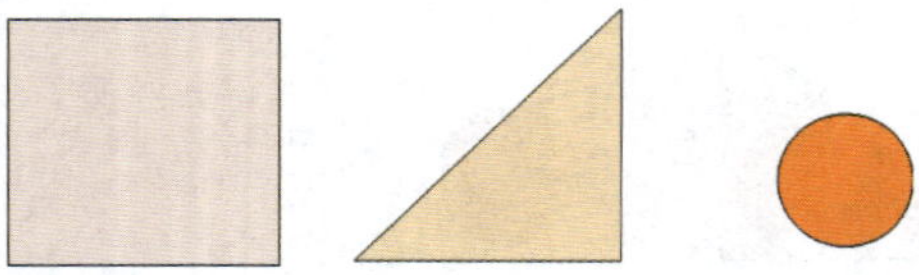	正面蓝，侧面浅黄
绿色系列	蓝绿		正面蓝，侧面深蓝 标准蓝绿色
	青铜绿	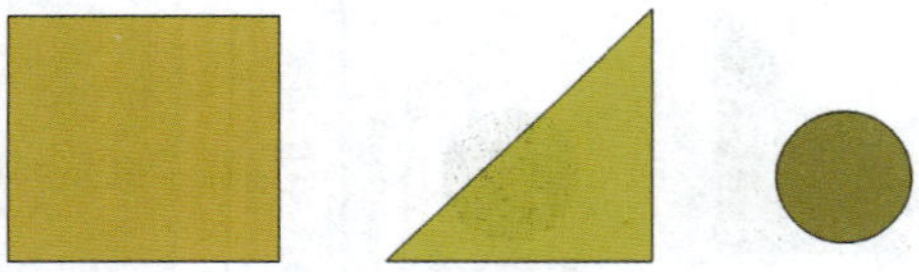	正面黄绿，侧面浅黄绿

续表

色母	颜色名称	色相图	颜色特性
蓝色系列	发红蓝		正面红浊，侧面红
	坚蓝	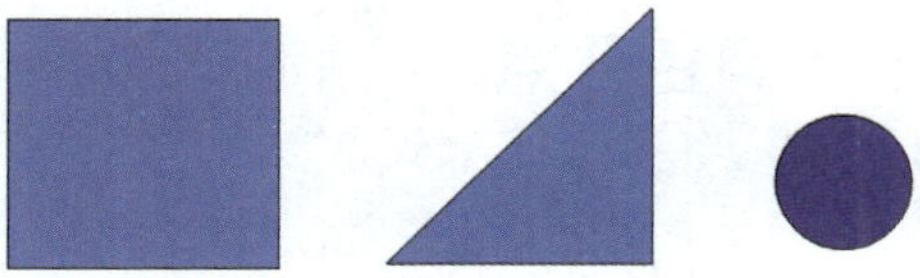	正面亮绿，侧面亮绿
	坚蓝（高浓）	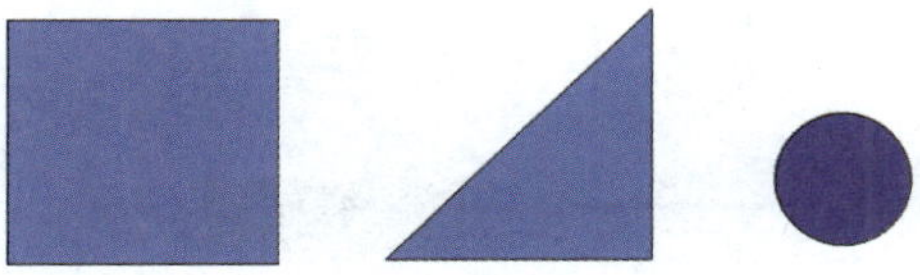	正面亮绿，侧面亮绿 调绿相蓝的主色母
	湖蓝	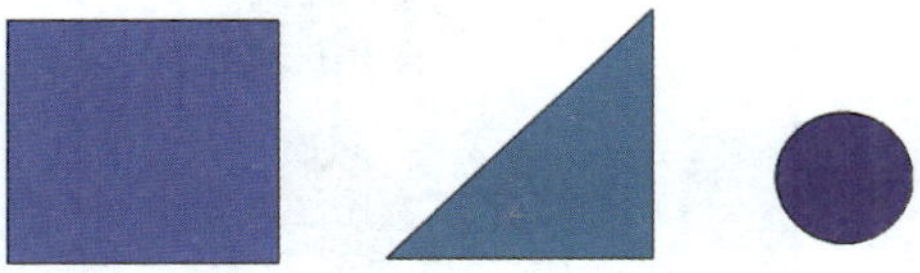	正面红，侧面绿 只能用于调双色调银粉，不能用于素色漆
	蜻蓝	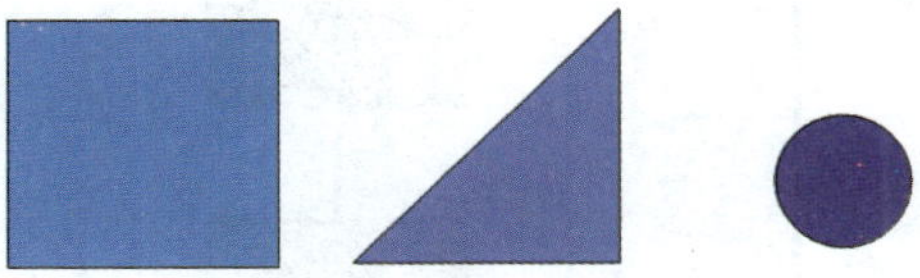	正面绿，侧面红 只能用于调双色调银粉，不能用于素色漆，用量不能超过 50%
	深蓝	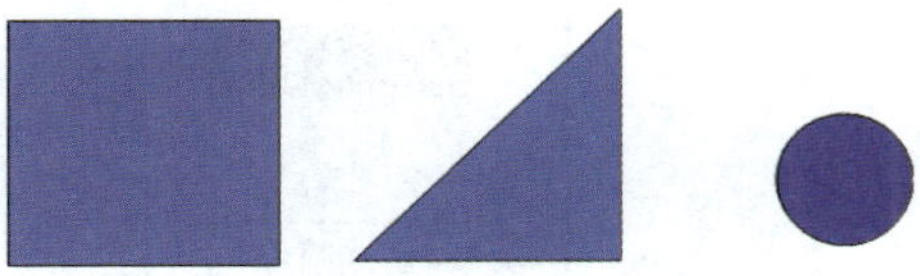	正面蓝，侧面蓝 用于微调的减浓度色母
紫色系列	紫	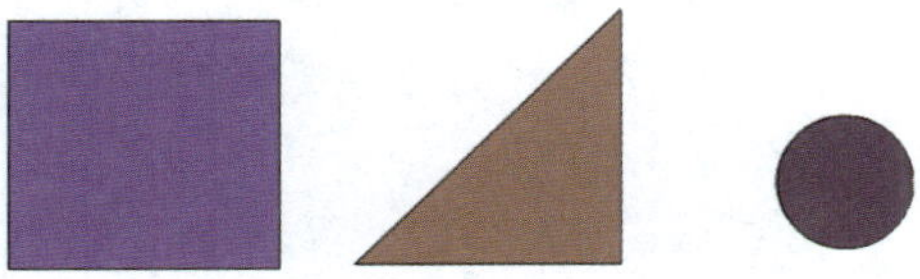	正面紫，侧面浊黄
	浓紫	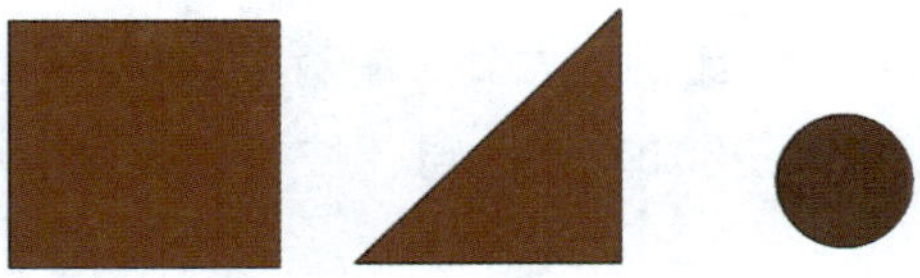	正面蓝，侧面蓝

续表

色母	颜色名称	色相图	颜色特性
紫色系列	坚紫		正面黄，侧面青黄

三、素色漆调色施工程序和调色要点

1. 素色漆调色的施工程序

素色漆调色从整体上包括配方调色和手工微调两个阶段，其具体的施工程序如图4—1—3所示。

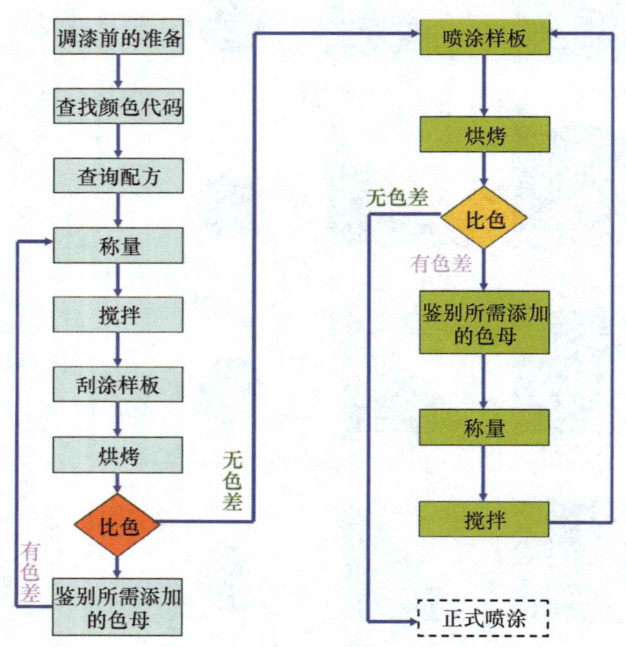

图 4—1—3　素色漆调色的施工程序

2. 素色漆调色要点

素色漆颜色调整的要点包括以下几方面：

（1）了解标准颜色样板的色调范围。如是由哪几种色母组成的、哪种是主色、哪种是副色、主色与副色之间关系如何、各占多大比例，做到心中有数。

（2）加入色母时，应先加入主色母，再加入副色母，按照量大到量小的顺序依次缓缓加入各个色母，同时要搅拌均匀。

（3）颜色微调本着先调深浅，再调色调，最后调整彩度的原则细心调配，最好不要先调色调，因为深浅不一致时色调很难比较。

（4）每次添加所缺色母的量应比估计量少些，特别是接近所要求的颜色时，更要仔细控制加入量，避免添加过量。要避免加入与涂料中色母互补的色母，在保证颜色符合要求的前提下，所使用的色母品种应尽量少，否则彩度会很低。

（5）在涂膜干燥过程中，颜料的上浮和下沉对涂膜颜色的影响较大，制板后必须放置几分钟待涂膜干燥后才能观察涂膜颜色。

（6）颜色比较时，实验样板和标准板必须干湿状态一致，应左右、上下、平立反复对比，避免人为的视觉误差。观察涂膜时一定要选择明亮处的漫反射日光（不能阳光直射），并保证比色场所周围没有强烈的颜色干扰。

（7）颜色修正时，根据实验样板颜色与原车样板颜色对比时的颜色偏向，按调色规律与技巧进行修正。

四、素色漆调色的方法和技巧

1. 素色漆调色的方法

调色就是用色母调配出的在色调、明度、彩度三方面与待修补车一致的颜色。

（1）素色漆的明度调整

调配素色漆时，如果颜色太暗要调亮一点，可增加白色色母或减少黑色色母，而颜色太亮要调暗一点，可减少白色色母或增加黑色色母。黑、白色母可以调整素色漆的明度，但它们的加入只会使涂料的彩度降低。但红色例外，在红色中加入白色或黑色色母会使红色色调偏蓝，形成紫红色（见图4—1—4），要提高红色的明度则需要加入橙色，反之则减少橙色的加入量。

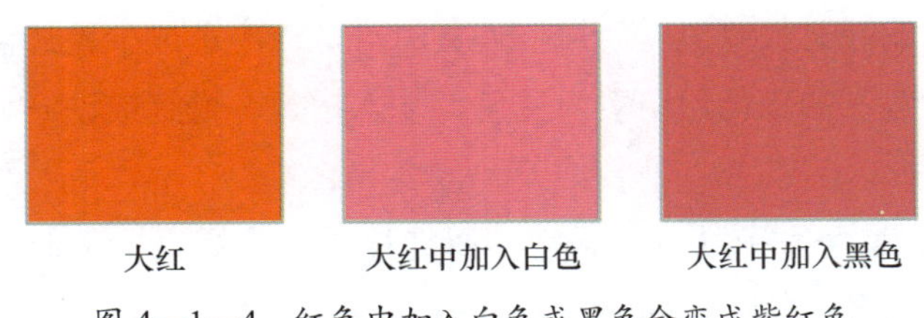

图 4—1—4　红色中加入白色或黑色会变成紫红色

（2）素色漆的色调调整

一般情况下，当主色确定后，先调深浅，再调色调。调整色调时，要熟悉颜色的变化规律。色调一般围绕其色环图上相邻的颜色发生变化，此时可选择主色调的邻近色进行调整，同时主色彩度会上升。例如，红色的邻近色为橙红和紫红，当色调偏紫时，可加入紫红进行调整，同时红色彩度提高。添加色母时，以靠近主色的邻近色为第一选择，应尽量避免使用与主色互补的色母，否则会大大降低颜色的彩度，使颜色变得浑浊。

（3）素色漆的彩度调整

眼睛感觉越是鲜艳的颜色，表示颜色越纯，反之表示颜色纯度越低。当颜色太清澈（彩度太高时）要变浊一点时，可加黑色色母或加白色色母，或同时加黑色色母和白色色母。而颜色太浑浊要变清澈一点时，可减少黑色色母或白色色母，也可以加入主色母使颜色彩度提高。

2. 素色漆调色的基本技巧

素色漆配方中一般只含有4种或4种以下的色母，特别情况除外。色板接近哪个颜色就用哪个颜色色母做主色，主色为整体感觉的颜色，辅色为色光所呈现的颜色。如白色、灰色、红色、橙色、黄色、绿色、蓝色等素色漆，在调配过程中要看出来主色与色光偏向。常见素色颜色调整的基本技巧如下。

（1）白色系列。白色系列一般以白色母为主色。偏黄的加入适量的黑和黄，有时需要加少量的铁红，如五十铃白等；偏蓝的加入蓝和紫红，如丰田白；偏绿的加入艳黄和蓝，或加少量绿，如金杯白。颜色的深浅都可用黑、白色母调整。

（2）灰（黑）色系列。灰（黑）色系列根据深浅以黑、白色母为主色，有冷灰（偏蓝、绿、紫的灰色）与暖灰（偏黄、红的灰色）之别。色调向哪个方向发展，相应色调的色母就占大比例。可以用红、黄、蓝三种色母（按一定比例）调配出各种灰色与黑色，也可用红、黄、蓝、白、黑五种色母一起调配灰色系列。

（3）红色系列。红色系列根据样板色调以大红（透明红）或鲜红（富贵红）为主色母，也可两种色母同时使用，偏黄时加橙黄、橙红或直接加中黄色母；偏紫时加紫红、深红或根据深浅加黑、白色母。

（4）橙色系列。橙色系列根据色调以橙黄、橙红为主色母，也可两种色母同时使用，偏黄时用橙黄加中黄；偏红时用橙红加大红等红色母，同时加入黑、白色母调深浅。

（5）黄色系列。黄色系列根据色调以中黄或柠檬黄为主色母，偏青、偏浅的颜色用柠檬黄为主色母，色调偏绿时加绿或蓝色母，偏黄时可加入中黄或少量红色母，同时加黑、白色母调深浅；偏红、偏深的颜色用中黄为主色，加入橙黄、橙红或铁红等红色母，同时加入黑、白色母调深浅。

（6）绿色系列。绿色系列根据样板色调以纯绿或黄相绿为主色母，偏蓝时加蓝色母，偏黄时加艳黄、柠檬黄等黄色母，同时加黑、白色母调深浅。

（7）蓝色系列。蓝色系列根据样板色调深浅以纯蓝加白加黑；偏红的蓝色加紫红或玫瑰红色母，偏青蓝的蓝色可加入少量柠檬黄、艳黄等黄色母，同时加白、黑色母调深浅。

3. 调配素色漆时的注意事项

（1）注意色母的“沉降效果”。白色母和某些黄色母是比重最大的一类色母，常产生湿漆与干涂膜之间的明显颜色差。比色时，要求湿漆调配得比标准板的颜色浅、淡。这是因为在搅拌湿漆时，重的色母来不及沉降而显得颜色较浅，而喷涂后重的色母在流平时间内下沉，轻的色母浮于涂膜表面，外观就表现得“暗”一些。

（2）尽量选用纯度高的色母。汽车在素色选择上喜欢明快、鲜艳的色彩，以红色、蓝色、黄色为主。这些颜色调配要根据需要少用黑色母，偶尔会用相当数量的白色母调节亮度和鲜艳度，但会造成一定程度的颜色浑浊，需谨慎使用。

（3）尽量不选用低浓度的色母作为主色，即使不得不选用时，也要尽量搭配使用高遮盖力的色母。这种情况以鲜艳的红色最为常见。

（4）调配白色时尽量选用低浓度的色母，即透明色母。浓度高的色母其浓度一般是低浓度色母的6~5倍，即使1L里面只用一滴，在白色中也能明显地反映出来，选用低浓度色母的好处是微调时容易控制变化范围。

（5）黑色表面的光泽对判断其色差起着决定性的作用。新喷涂的黑色由于表面光泽太高而容易给人造成新修理漆面过黑的误解，可以先打蜡抛光再进行比较。

（6）当调配因长时间暴露而褪色的颜色时，可以添加少量的白色或黄色色母。白色在使用了一段时间后会变得稍黄，调色时要考虑进去。

技能训练

训练1 红色素色漆颜色的调整

以东风悦达起亚汽车深红素色漆为例，色号为 1E。

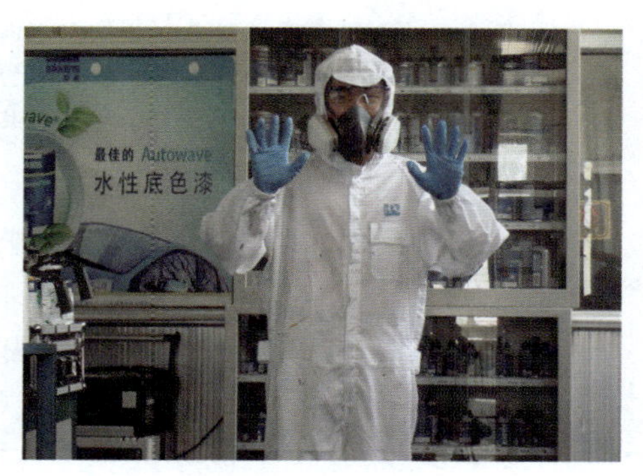

1. 调色前准备

方法：

（1）做好调色安全防护。

（2）确定待修补汽车面漆的类型，选择面漆并确定用量。

（3）准备好作业场地，调色用的工具、设备和资料。

（4）充分搅拌色母。

提示：

调色前的准备工作要充分考虑到调色整个流程的各个细节，准备不充分会影响调色质量和作业效率。

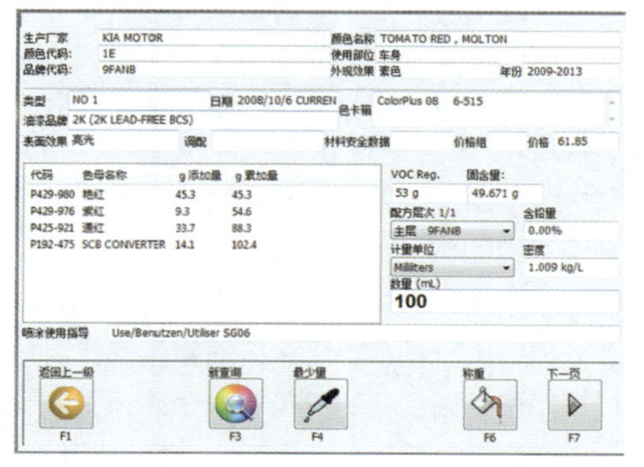

2. 车身颜色配方的查询

方法：

（1）查找车身颜色代码。通过车身颜色信息和 PPG 颜色色卡可知，东风悦达起亚汽车番茄红的颜色代码为 1E。

（2）打开 PPG 颜色系统的调色软件，输入颜色代码和其他相关信息，查出基础配方。

（3）输入需要调配的量 0.1L，软件显示各色母的组成和质量，记录颜色配方。

提示：

记录配方需要记录色母编号、名称和添加量。

续表

3. 称量、搅拌色母

方法：

（1）根据颜色配方在调漆机上选取色母，充分搅拌。

（2）校正好电子秤，放上调漆杯，按照色母质量从大到小的顺序依次添加和称量各色母。

（3）色母添加完成后，用调漆尺充分搅拌混合涂料，直到涂料整体颜色均匀、无杂色为止。

提示：

色母按照其绝对量添加，不要使用累积量，这样能保证颜色调配的准确性。

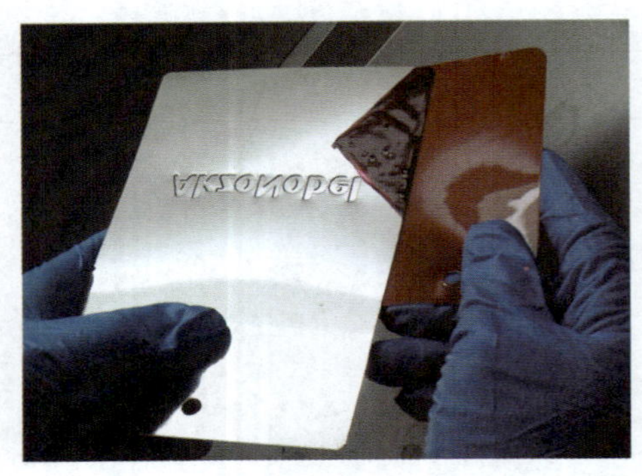

4. 制作实验样板、比色，确定颜色差异

方法：

（1）实验样板制作。用调漆尺在试板上刮涂一个边长不小于 30mm 的等边三角形，然后干燥试板。

（2）比色。将试板上刮涂涂膜的颜色与标准样板比较，分析颜色差异。

（3）颜色差异分析。涂料颜色的明度很低，彩度较高，色调偏向紫蓝色。

提示：

刮涂试板的涂膜要均匀一致，涂膜要能完全遮盖底板，其厚度最好要与标准样板相当。

颜色名称	颜色编号	颜色绝对量	色母特性
艳红	P429-980	45.3g	无铅色母，不能用于银粉漆
紫红	P429-976	9.3g	正面蓝调，泛灰，侧面蓝调
通红	P425-921	33.7g	正、侧面鲜蓝调
树脂	P192-475	14.1g	2K纯底色漆控色剂
分析后加入的微调色母			
超级纯白	P425-900	?	正面浊，侧面浅，分散性色母

5. 颜色分析，找出所缺色母

分析：

（1）色差分析。混合涂料明度比标准板深很多，色调偏紫、偏蓝，彩度较高。

（2）配方色母分析。配方中的紫红和通红都偏蓝调，主色母艳红的比例较小，没有白色色母。

结论：

首先加入纯白色母，将混合涂料的颜色调整到与标准板接近，然后根据色调的情况加入适量的主色母。

续表

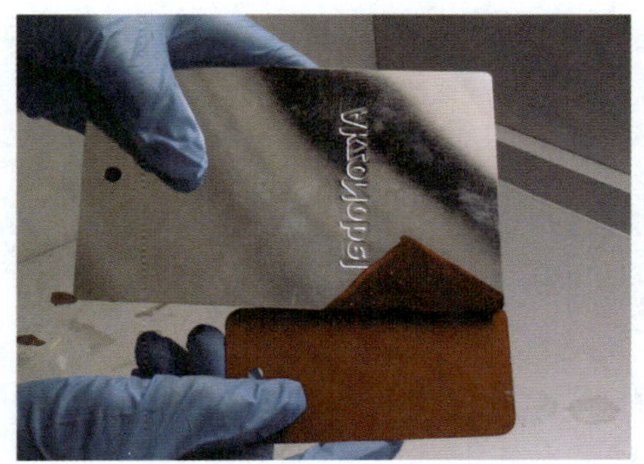	6. 添加所缺色母，比较颜色 方法： （1）加入纯白色母调整涂料的明度，直至与标准色板明度相当。 （2）刮涂样板，干燥后仔细比对，再次分析颜色差异。 提示： 添加色母要一点儿一点儿地添加，每添加一次都要进行颜色比对，防止添加过量。
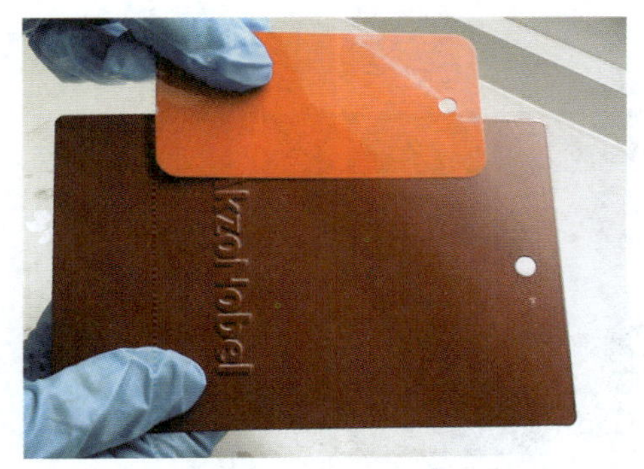	7. 反复添加、比较，缩小色差 方法： （1）将纯艳红色板与试板颜色比较，确定色调偏差。加入适量的主色母艳红观察颜色的变化，发现色调向正确方向偏移。 （2）反复比较颜色差异，根据实际情况添加主色母和纯白色母，不断缩小颜色差异。 提示： 加入纯白色母明度提高，色调向紫的方向偏移；加入艳红明度会稍微升高，色调向橙的方向偏移，彩度也会升高。
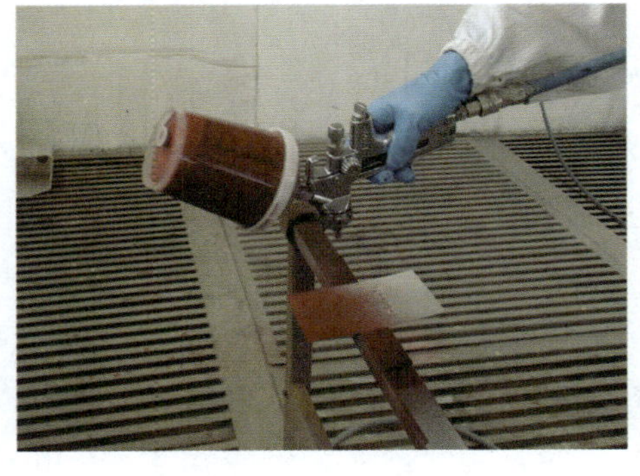	8. 喷涂实验样板，颜色比较 方法： （1）取 20g 混合涂料，按照涂料特性进行配制，然后喷涂实验样板，干燥实验样板。 （2）将实验样板涂膜的颜色与标准板进行精细比较，再次分析颜色差异。 提示： 喷涂实验样板的喷涂参数、喷涂手法和喷涂条件要与实车喷涂保持一致。

续表

9. 视情添加色母，完成调色

方法：

（1）对照实验样板与标准样板颜色的差异，最后向涂料中加入5g纯白色母，根据经验可知涂料颜色与目标颜色基本一致，从而完成调色。

（2）调色完成后，严格按照6S操作规范的要求，完成整理、清洁、清扫等相关工作。

提示：

喷涂样板比色时，如果颜色差异还是很大，则要继续进行颜色的微调。

训练2　黄色素色漆颜色的调整

以长安福特汽车闪耀黄为例，色号为A4J。

1. 调色准备：准备调色工具，查询配方。

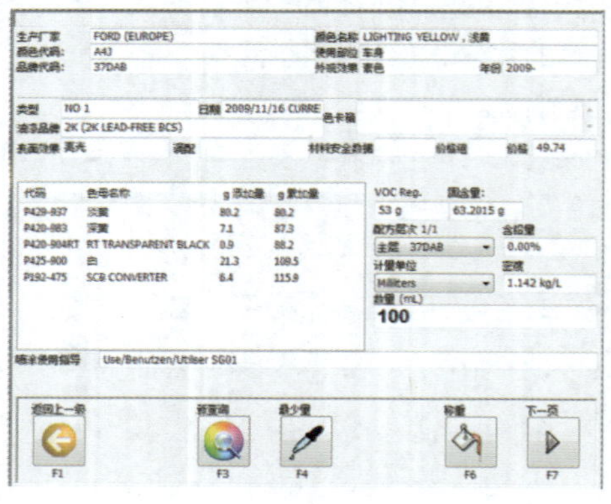

2. 配方调色：按配方添加色母，搅拌混匀。

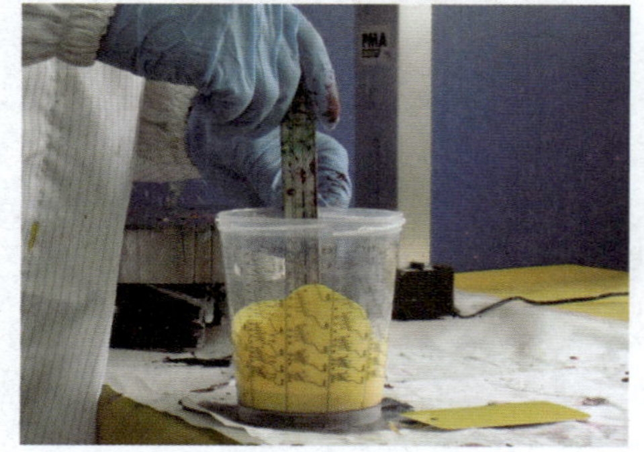

3. 视觉比色：制作试板、比色，确定颜色差异。

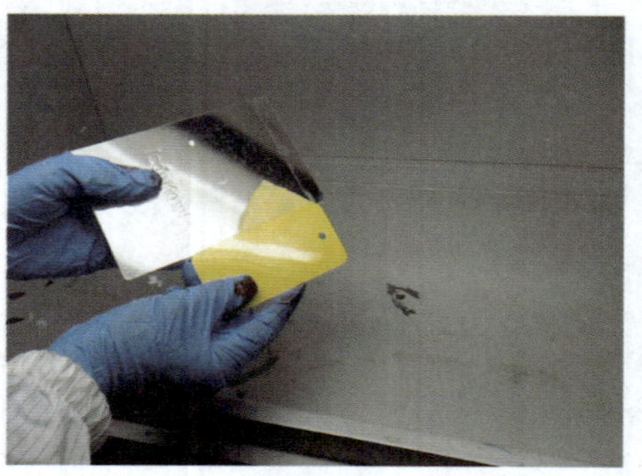

颜色差异分析：将试板上干燥的涂膜压在标准样板上，进行颜色差异分析。通过对比，发现试板上涂膜比标准板红，明显偏红相，明度差别不明显，彩度明显偏低。

初步判断：试板涂膜缺少绿相黄。

提示：比色应从正面和侧面反复观察，第一感觉往往比较准确。

续表

4. 配方分析：分析颜色配方，找出所缺色母。

颜色名称	颜色编号	色母绝对量	色母特性
淡黄	P429-937	80.2g	正面浊，侧面浅黄，通常调黄色
深黄	P420-983	7.1g	正面干净的金黄色，侧面鲜艳，偏绿偏浅
通黑	P420-904RT	0.9g	多用于调配素色漆，浓度较高
超级白	P425-900	21.3	正面浊，侧面浅，分散性色母
树脂	P192-475	6.4g	2K纯底色漆控色剂
合	计	115.9g	
分析后加入的微调色母			
淡黄	P429-937	?	正面浊，侧面浅黄，通常调黄色

配方色母分析：配方中影响色调变化的色母有淡黄，其特性是正面浊，侧面偏绿；深黄色母，正面金黄色，侧面偏绿、偏浅。

结论：试板涂膜颜色的彩度比标准板稍低，加入深黄色母使混合涂料的彩度更低，而加入主色母淡黄使其彩度升高，因此，混合涂料应加入主色母。

5. 验证判断结果：添加所缺色母，验证颜色走向是否正确。

6. 颜色精细微调：反复添加所缺色母，比较、分析，不断缩小色差。

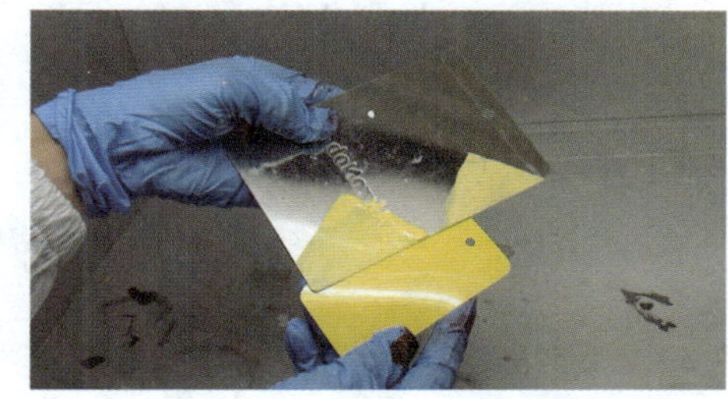

7. 确定调色结果：喷涂样板并干燥，确定所调颜色与标准颜色的接近程度。

8. 完成调色：根据所调颜色与标准颜色的接近程度，视情况添加色母，完成调色。

训练3 蓝色素色漆颜色的调整

以天津夏利汽车蓝色素色漆为例，色号为 B13。

1. 调色准备

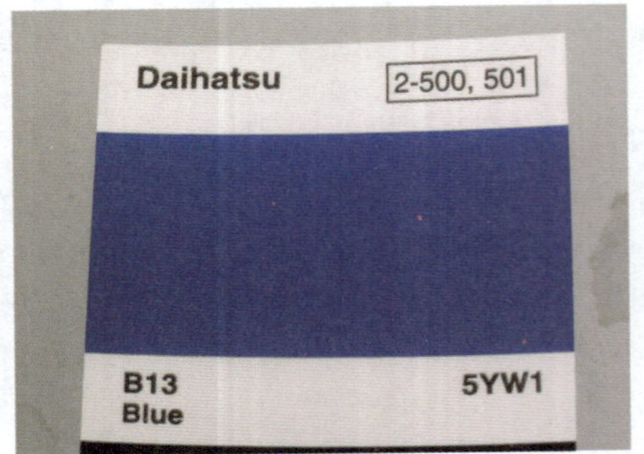

2. 配方调色

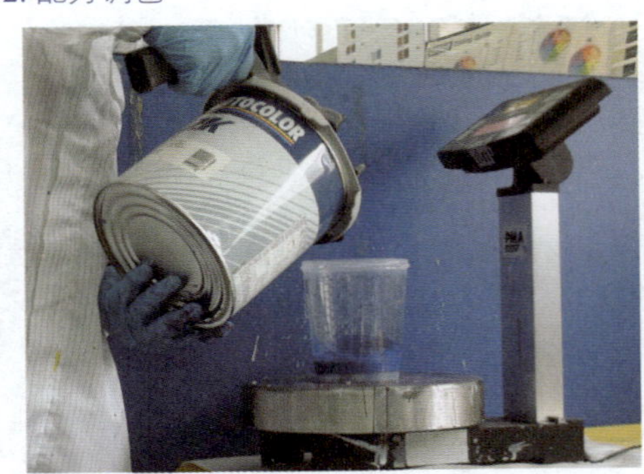

3. 视觉比色

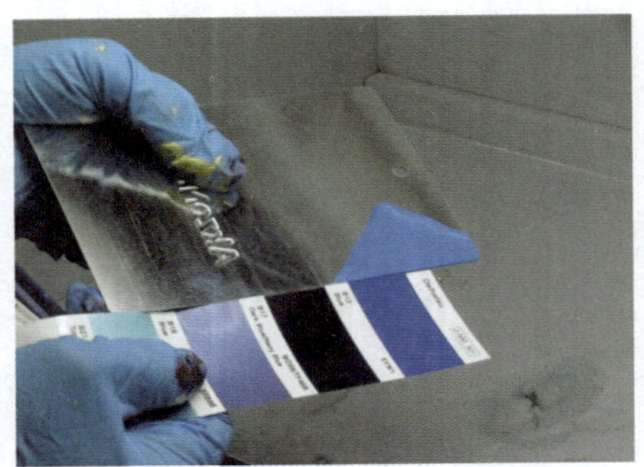

颜色差异分析：试板涂膜与标准板相比，色调暂时不好判断，但整体比较白、比较浑浊，说明明度偏高，彩度偏低。

初步判断：试板涂膜白色成分较多，整体缺少蓝色。

提示：不能准确判断色调差异的原因是明度差别太大，必须先将明度调整到与标准板相当，然后判断色调差异。

4. 配方分析

颜色名称	颜色编号	色母绝对量	色母特性
坚蓝	P420-952	42.2g	正面亮绿，侧面亮绿，颜色干净
紫色	P420-920	19.5g	正面紫，侧面紫色稍黄
通黑	P420-904RT	7.5g	多用于调配素色漆，浓度较高
超级白	P425-900	23.0g	正面浊，侧面浅，分散性色母
树脂	P190-376	11.5g	2K纯底色漆调合清漆
合计		103.7g	
分析后加入的微调色母			
坚蓝	P420-952	?	正面浊，侧面浅黄，通常调黄色

配方色母分析：配方中影响明度变化的色母是超级纯白，根据颜色色差，可知纯白色母的比例较大，主色母坚蓝较少。

结论：试板上涂膜的彩度比标准板稍低，加入主色母坚蓝使其彩度升高，颜色变深。因此，混合涂料应加入主色母。

续表

5. 验证判断结果

6. 颜色精细微调

7. 确定调色结果

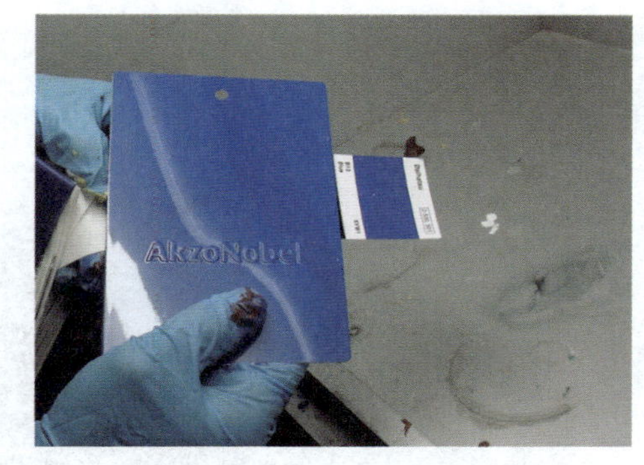

8. 完成调色

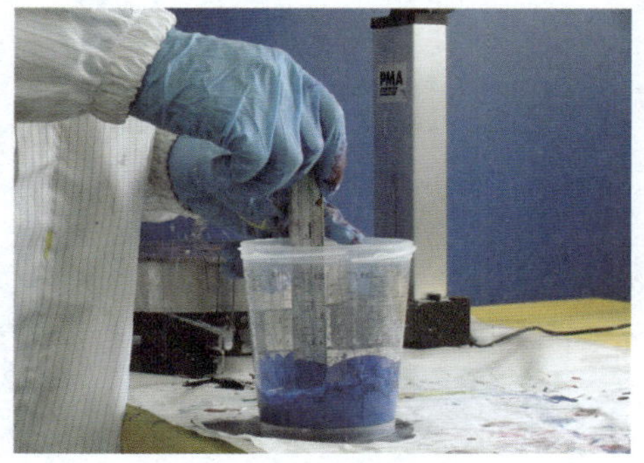

训练评价

考核要求

1. 在规定的时间内，完成素色漆的调整，使之符合技术标准。
2. 应及时纠正在操作过程中出现的违规操作。
3. 符合安全文明生产的要求。

考核标准

考评标准表——素色漆颜色的调整

考核时间	考核项目	分值	评分标准与指导	评价结果
40 × 3 min	调色工具和设备的正确使用	10	工具使用不当酌情扣分，并指正	
	红色素色漆颜色的调整	25	按要求酌情扣分，并指正	
	黄色素色漆颜色的调整	25	按要求酌情扣分，并指正	
	蓝色素色漆颜色的调整	30	按要求酌情扣分，并指正	

续表

考核时间	考核项目	分值	评分标准与指导	评价结果
40×3 min	“6S”操作规范	10	每项扣2分，扣完为止	
	遵守相关安全操作规范		因违规操作发生人身和设备事故，终止考核，成绩按0分计；超时，每分钟扣2分，超时5 min终止考核	
	分数合计	100		

思考题

1. 素色漆颜色调整的施工程序是怎样的？有哪些要点？
2. 素色漆调色的基本技巧和注意事项有哪些？

课题二　银粉漆调色

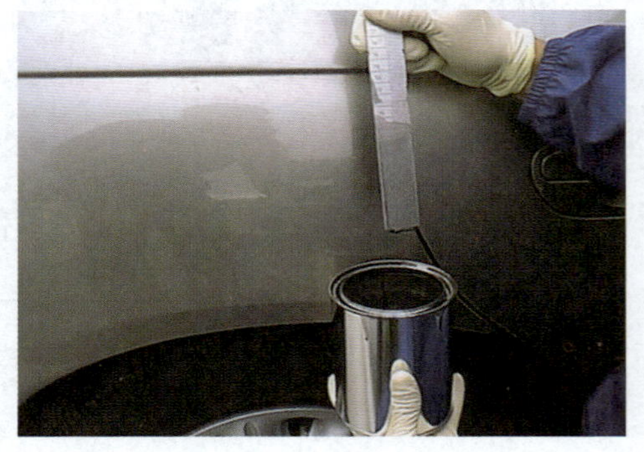

学习目标

1. 熟悉金属漆的特点及其使用的颜料。
2. 熟悉银粉漆色母的特性。
3. 掌握银粉漆的基础知识。
4. 掌握银粉调色施工程序和调色要点。
5. 掌握银粉漆的调色方法和技巧。
6. 能熟练地进行银粉漆调色。

知识准备

一、金属漆简介

我们把涂膜中含有金属颜料或能产生像金属一样闪光的汽车面漆统称为金属漆。金属漆包括银粉漆、珍珠漆、珍珠银等，它改变了传统素色漆颜色单调的缺点，通过其中金属颜料的反射光线，使涂膜从不同的角度看都产生闪闪发光的效果，吸引人的注意。

1. 金属漆的特点

金属漆能在阳光下产生独特的闪光，直接观察或间接观察时明度会发生很大变化，金属漆的透明度和深度极好。金属漆与素色漆相比，具有以下几方面的特点。

（1）金属漆能产生多种颜色效果，俗称多色漆；素色漆只显示某一单一颜色，为实色漆。

（2）金属漆可以只含金属颜料，也可以含有金属颜料和着色颜料；素色漆只含着色颜料。

（3）金属漆的遮盖力比较强，通常膜厚在25~30μm就能显示完全色调；而素色漆膜厚达到50μm才能显示完全的色调。

（4）金属漆通常为单组份底色漆，喷涂金属漆后须再喷涂一层罩光清漆；素色漆大多为双组份面漆，通常采用单工序喷涂工艺。

2. 金属漆所用的颜料

金属漆和素色漆几乎都由相同的树脂和溶剂组成，只是颜料的种类有所差别。素色漆有的着色颜料金属漆中也有，金属漆中包含的颜料有着色颜料、铝颜料、氧化钛颗粒颜料，以及一些特殊效果颜料等。

（1）着色颜料

着色颜料是一些不溶于水、油或溶剂的微小颗粒，一旦与树脂相混合，就能黏附到其他物体上或以微小颗粒扩散到物体中。着色颜料按照来源可以分为天然颜料和合成颜料两类，按照化学成分又可以分为无机颜料和有机颜料。

无机颜料主要由锌、钛、铝、铁或铜的金属化合物组成，这些颜料具有耐候性、耐蚀性且遮盖效果好，但颜色的鲜艳度不如有机颜料。有机颜料的遮盖力比无机颜料差，但有机颜料纯度高，色泽鲜艳，颗粒小，具有透明感，在汽车上主要用于金属漆和鲜亮的素色漆。

（2）铝颜料

铝颜料在阳光下产生金属特有的闪光。根据颜料颗粒的结构形状，铝颜料大体分为“Z”字型、球型和平板型三种（见图4—2—1），每一种又可以按照颗粒大小进一步分类。铝粉颜料随生产厂家的不同而有所不同，总体大约有20~30种。

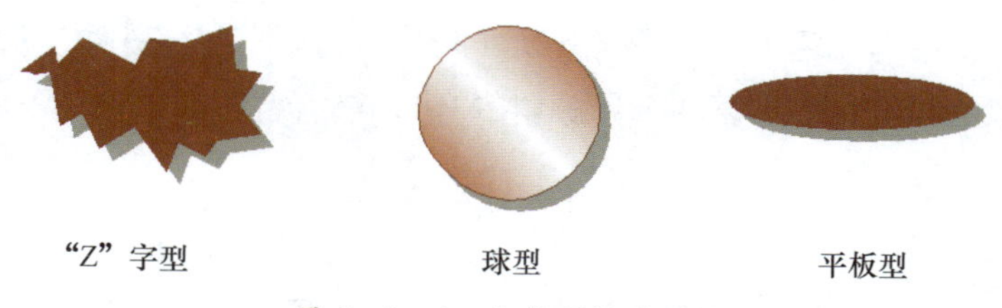

图 4—2—1　铝粉颗粒的形状

（3）钛膜云母颜料

钛膜云母颜料是在透明云母外表面涂上二氧化钛，与铝颜料不同，钛膜云母颜料具有光的反射和折射特性，使一部分光从颜料表面反射，其余光穿过钛膜云母颗粒产生折射。钛膜云母颜料与铝颜料光的特性比较如图4—2—2所示。

（4）乳白色颜料（氧化钛颗粒颜料）

乳白色颜料是一种含有氧化钛颗粒的半透明颜料，其氧化钛颗粒的大小为普通白色漆中氧化钛大小的1/10。乳白颜料有光的反射和折射特性，与钛膜云母颜料类似，直接观察时表现黄色，间接观察时表现蓝色。乳白颜料与普通白颜料相比，遮盖力相对较差，但颜色丰富，具有多色效果。

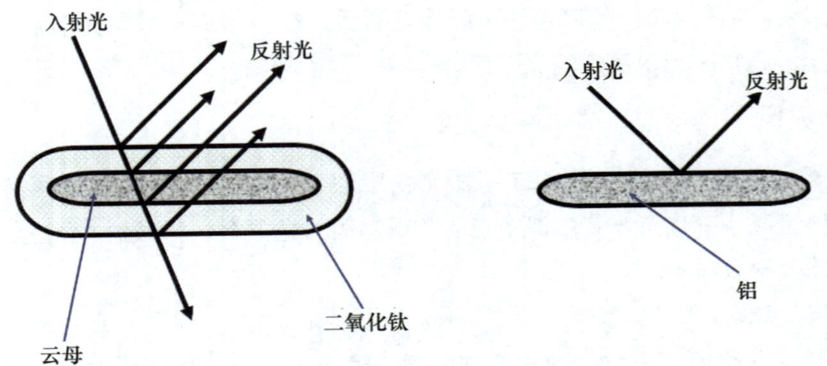

图 4—2—2　钛膜云母颜料与铝颜料的光特性

（5）含云母的氧化铁（MIO）颜料

含云母的氧化铁颜料颗粒具有六角晶体结构，如图4—2—3所示。含云母的氧化铁颜料与普通颜料相比，具有以下突出特性。

1）颜料比重大。

2）有相当的厚度（大约比铝颜料厚10倍），能从背面反射光。

3）表面极光滑，反射力强。

4）见光时，颜料发出像钻石一样的三维闪光。

（6）氧化铁粉（PIO）颜料

氧化铁粉颜料为六角晶体结构，如图4—2—4所示。由于含云母的氧化铁颜料具有晶体结构，不允许大部分光透过，因此颜料呈黑色。而氧化铁粉颜料要比含云母氧化铁颜料稀，允许光线穿过，产生红珠光色闪光。氧化铁粉颜料具有含云母氧化铁颜料的柔和光泽和云母的透明性，其颜料的厚度大约为普通云母颜料的3倍，具有普通云母涂料不能达到的深度。

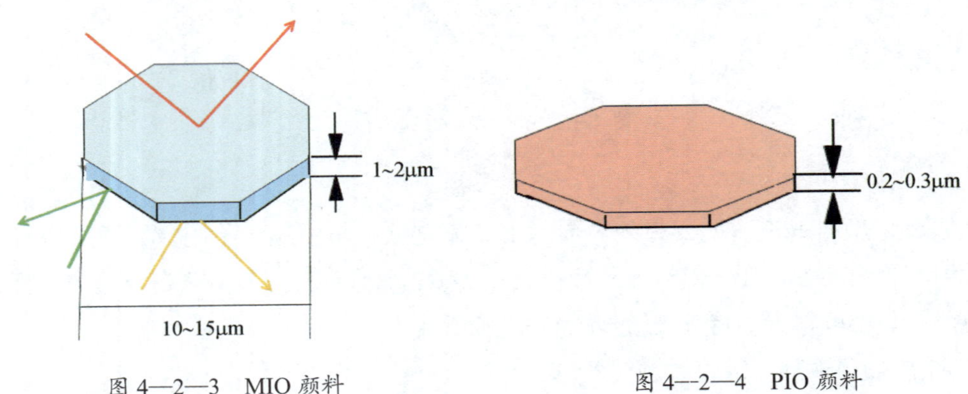

图 4—2—3　MIO 颜料　　图 4—2—4　PIO 颜料

（7）酞花青粉末颜料

酞花青粉末颜料是由普通的蓝颜料（酞花青）结晶成粉末而形成的，这种颜料呈半透明状态，其表面反射光为古铜色（有金属闪光的红黄色），折射光为蓝色，如图4—2—5所示。

（8）石墨颜料

石墨颜料是不均匀粉末状结构的碳晶体（见图4—2—6），平均颗粒直径为5μm，大小是普通黑色颜料颗粒的5倍。石墨颜料除与普通黑颜料有同样的黑色外，直接观察具有暗灰的丝状光泽，间接观察色度减弱。石墨颗粒直径大并且颜料之间间隙大，其遮盖力比普通黑色颜料低。如果将石墨颜料中混入铝粉或钛膜云母涂料，产生的闪光会比普通的黑色颜料更耀眼。

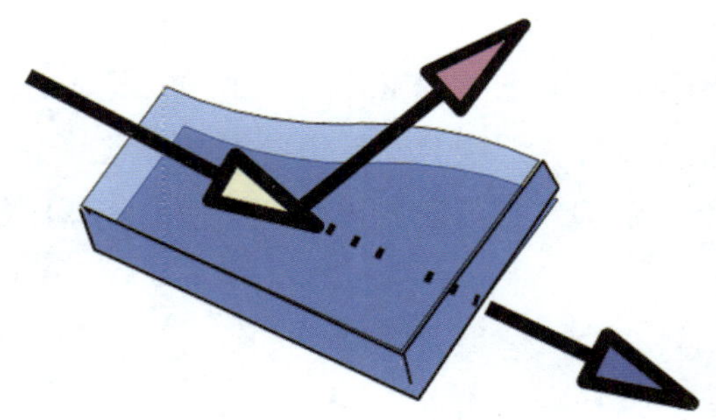

图 4—2—5　酞花青粉末颜料

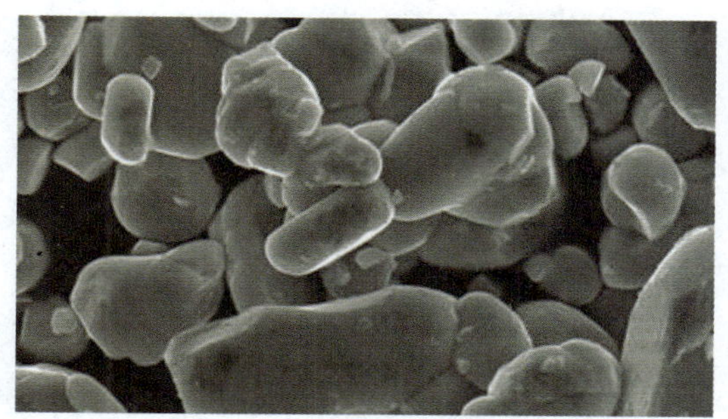

图 4—2—6　石墨颜料的晶体结构

（9）二硫化钼颜料

二硫化钼颜料具有与石墨颜料一样的晶体结构（六角晶体层结构）。二硫化钼颜料是粉粒颜料，基本特点类似于石墨颜料，直接观察有丝状光泽，间接观察色度减弱，与石墨颜料相比，其颜色更蓝、更亮、更具有光泽。

二、银粉漆的基础知识

最早曾有人把研碎的鱼鳞和铜粉加入油漆，以使光线能够靠这些碎片反射达到闪烁的效果，但效果不太理想。20世纪70年代，科研人员发现把细薄的铝片加入油漆后，闪烁效果非常好，并可以形成迎光与背光观察颜色深浅的不同。这种发明后来被越来越多地运用到汽车涂装上，这就是现在应用非常广泛的金属闪光漆。金属闪光漆又称普通金属漆或银粉漆。

1. 银粉漆的分类

汽车银粉漆按照铝粉颗粒的闪光特性分为标准银粉和闪光银粉。标准银粉的颗粒呈片状，但边缘不规则，光线几经反射和折射后消耗量非常大，反射到外部的光线比较弱，任意角度的闪光效果都比较弱；闪光银粉颗粒为片状椭圆形，边缘非常圆滑，光线照射到其表面后反射出来的光线多，直接观察发出耀眼的光，正面观察和侧面观察其亮度差别很大。标准银粉与闪光银粉中铝粉颗粒的形状如图4—2—7所示。

汽车银粉漆中铝粉颗粒的尺寸为7~50μm，按照其颗粒尺寸的大小，汽车银粉漆大体可以分为细银、幼银、中银、中粗银、粗银和特粗银六种，不同厂家生产的银粉漆类型也有差异。一般来说，颗粒尺寸小的铝粉颗粒其闪光的效果不明显，正侧面的明度差异比较小。

标准银粉——边缘不规则

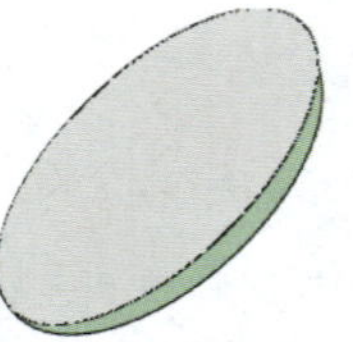

闪光银粉——边缘圆滑

图 4—2—7 标准银粉与闪光银粉中铝粉颗粒的形状

2. 银粉漆的特点

（1）遮盖力强。铝粉呈鳞片状，其直径与片厚的比例大约为40：1~100：1，铝粉分散到涂层后具有与底材平行的特点，众多铝粉互相连接，大小铝片相互填补形成连续的金属膜，既遮盖了底材，又反射了涂膜外的光线，这就形成了很强的遮盖力。铝粉的径厚比越大，其遮盖力也就越强。

（2）屏蔽特性好。分布在涂膜中的铝片，形成连续的多层平行排列的铝片层，使外界的水分、气体无法透过涂层达到底材，这就形成了银粉漆良好的物理屏蔽性。

（3）光学特性好。银粉漆中的铝粉由颜色浅白、高金属光泽的铝压制而成，其表面光洁，能反射可见光、紫外光和红外光的60%~90%。用银粉漆涂装车身，表面银白光亮，具有很强的金属质感，光学特性好。

（4）具有“双色效应”。银粉漆中铝粉的光泽度和颜色深浅随着正侧面观察的变化而发生颜色变化，这种特性称为“双色效应”。当铝粉平行于底材定向排列时，正面观察涂层最明亮，侧面观察颜色变暗，如图4—2—8所示。

图 4—2—8 银粉漆的双色效应

3. 银粉漆的显色原理

银粉漆中的铝粉颜料像一面面小镜子，正常情况下都平行于底材平面定向排列。当光线照射到这些类似镜面的铝粉平面上时，铝粉平面产生镜面反射，将光线反射出去，使得正面很亮；当光线照射到铝粉侧面时，由于铝粉侧面不规则且反射面很小，光线发生漫反射或反射的光量很少，则侧面显得很暗。因此，银粉漆随着观察角度的变化其明度发生变化，直接观察涂膜亮，间接观察涂膜暗，如图4—2—9所示。

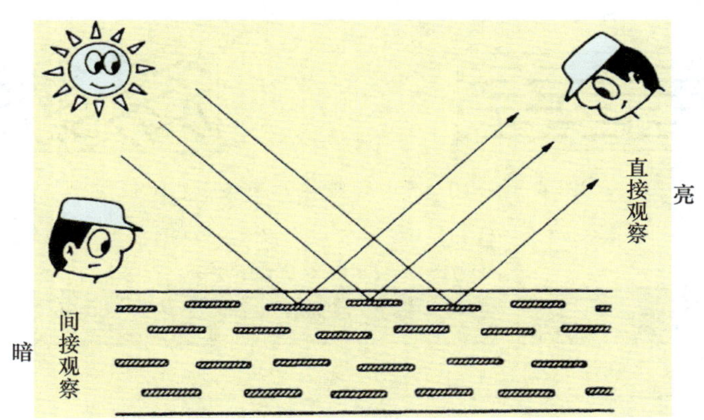

图 4—2—9 观察角度引起明度的变化

实际上，银粉漆中铝粉颗粒不可能全部整齐地定向排列。当大多数铝粉颗粒平面平行于底材时，银粉漆涂膜正面亮、侧面暗；当大多数铝粉颗粒倾斜在涂膜中时，银粉漆涂膜正面暗、侧面亮。

银粉漆产生的特殊效果是靠铝粉颜料与遮盖力低的颜料配合而成的，高遮盖力的颜料会阻碍铝粉颗粒的反射光线，搭配透明颜料才能体现出彩色的变幻效果。在银粉漆中，对每个颜色配方来说，银粉色母决定了该颜色的明度和彩度，而纯色色母决定和控制该颜色的色调。银粉漆配方中的主要颜料越透明，越能保持铝片在涂膜中的镜面反射作用。清漆会稍微改变色漆层的颜色，与未罩清漆相比，其明度会降低。

4. 影响银粉漆颜色的因素

汽车修补施工大多使用手工喷涂，由于手工喷涂的随意性，往往导致涂膜颜色会出现色差。此外，施工环境也能造成涂膜颜色色差。一般来说，深颜色的金属漆受到的影响小，浅颜色的金属漆受到的影响大，素色漆基本上不会受到影响。

银粉漆正侧面产生不同明暗效果取决于银粉颗粒的排列。一般来说，干喷时铝粉颗粒大多平行于底材表面，正面显得比较亮，侧面比较暗；湿喷时铝粉颗粒大多倾斜在涂膜中，正面比较暗，侧面比较亮，如图4—2—10所示。影响银粉漆颜色效果的因素见表4—2—1。

三、银粉漆色母特性

由于银粉漆中铝粉颗粒的形状和大小不同，形成涂膜闪光效果的差别也非常大。在调配银粉漆颜色时，必须熟悉各类银粉色母的颜色特性，这是调好银粉漆颜色的基本条件。汽车常用银粉色母和特殊效果色母的颜色特性见表4—2—2。

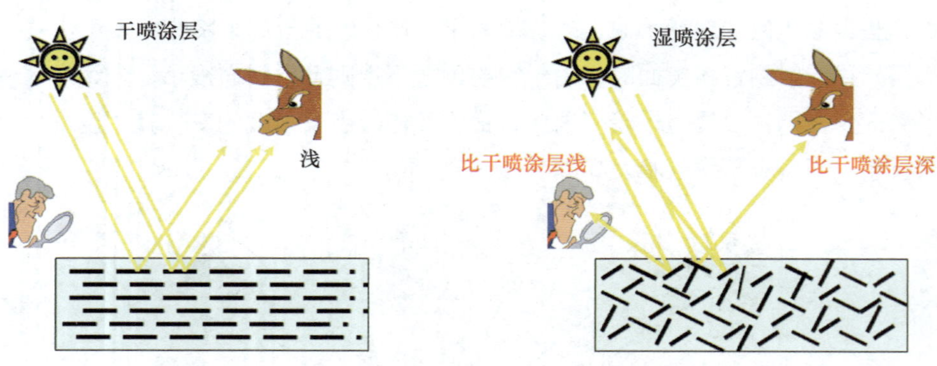

图 4—2—10　干、湿喷涂的涂层颜色比较

表 4—2—1　影响银粉漆颜色效果的因素

	影响颜色的因素	干喷效果（正亮侧暗）	湿喷效果（正暗侧亮）
个人喷涂习惯的影响	喷涂距离	远	近
	走枪速度	快	慢
	油漆流量	小	大
	喷涂遍数	多	少
	清漆厚度	薄	厚
稀释剂及喷枪调节的影响	稀释剂类型	快干	慢干
	稀释剂配比	多	少
	喷枪口径	大	小
	气压调节	小	大
	喷幅调节	大	小
	中途烘烤	无	有
施工环境因素的影响	环境温度	高	低
	环境湿度	小	大
	空气对流	增加	减少

表 4—2—2　NEXA AUTOCOLOR 常用银粉色母和特殊效果色母的颜色特性

类别	色母名称	色相图	颜色特性
银粉色母	细银	细银 深 浅 正面 细银 浅 深 侧面	最细的银粉 正面深灰 侧面很亮

续表

类别	色母名称	色相图	颜色特性
银粉色母	中银	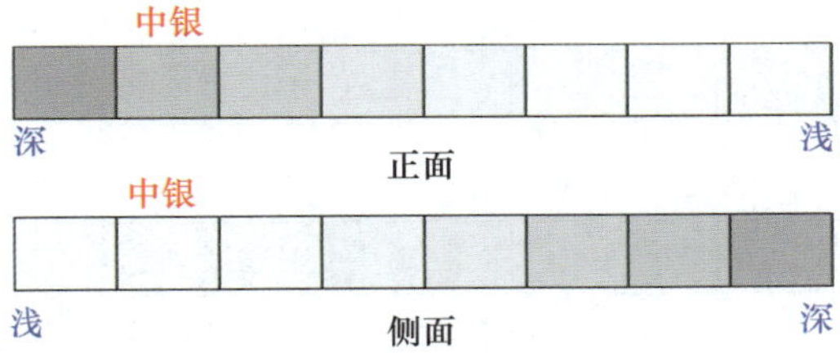 中银 深　正面　浅 中银 浅　侧面　深	颗粒比细银粗 正面较细银浅 侧面较细银暗
	细闪银	 细闪银 深　正面　浅 细闪银 浅　侧面　深	颗粒比中银粗 正面浅灰，比中粗银浅 侧面稍暗，比中银和中粗银暗
	中粗银	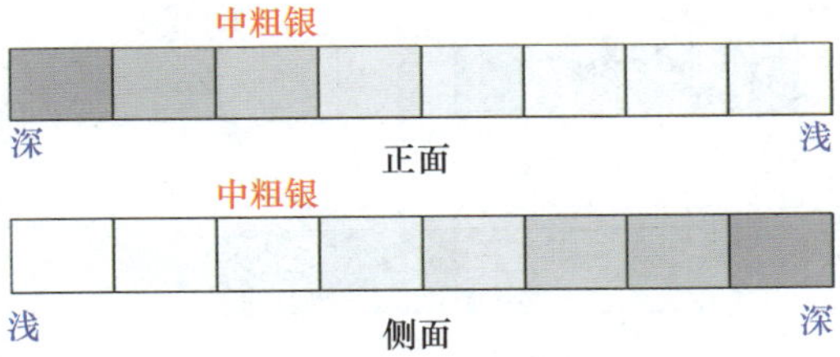 中粗银 深　正面　浅 中粗银 浅　侧面　深	颗粒比细闪银粗 正面比中银浅，比细闪银暗 侧面灰度介于细闪银和中银之间
	中闪银	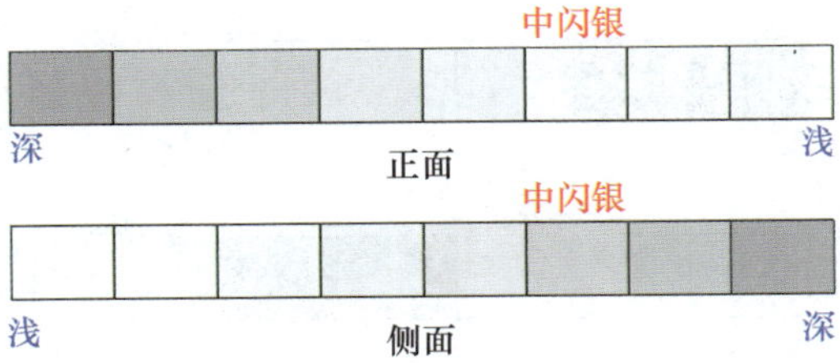 中闪银 深　正面　浅 中闪银 浅　侧面　深	颗粒比中粗银大 正面较亮 侧面较暗
	粗银	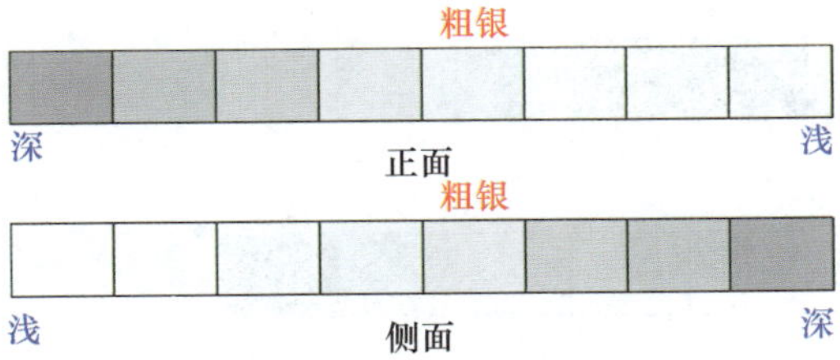 粗银 深　正面　浅 粗银 浅　侧面　深	颗粒比中闪银粗 正面亮度介于细闪银和中闪银之间 侧面比细闪银暗

续表

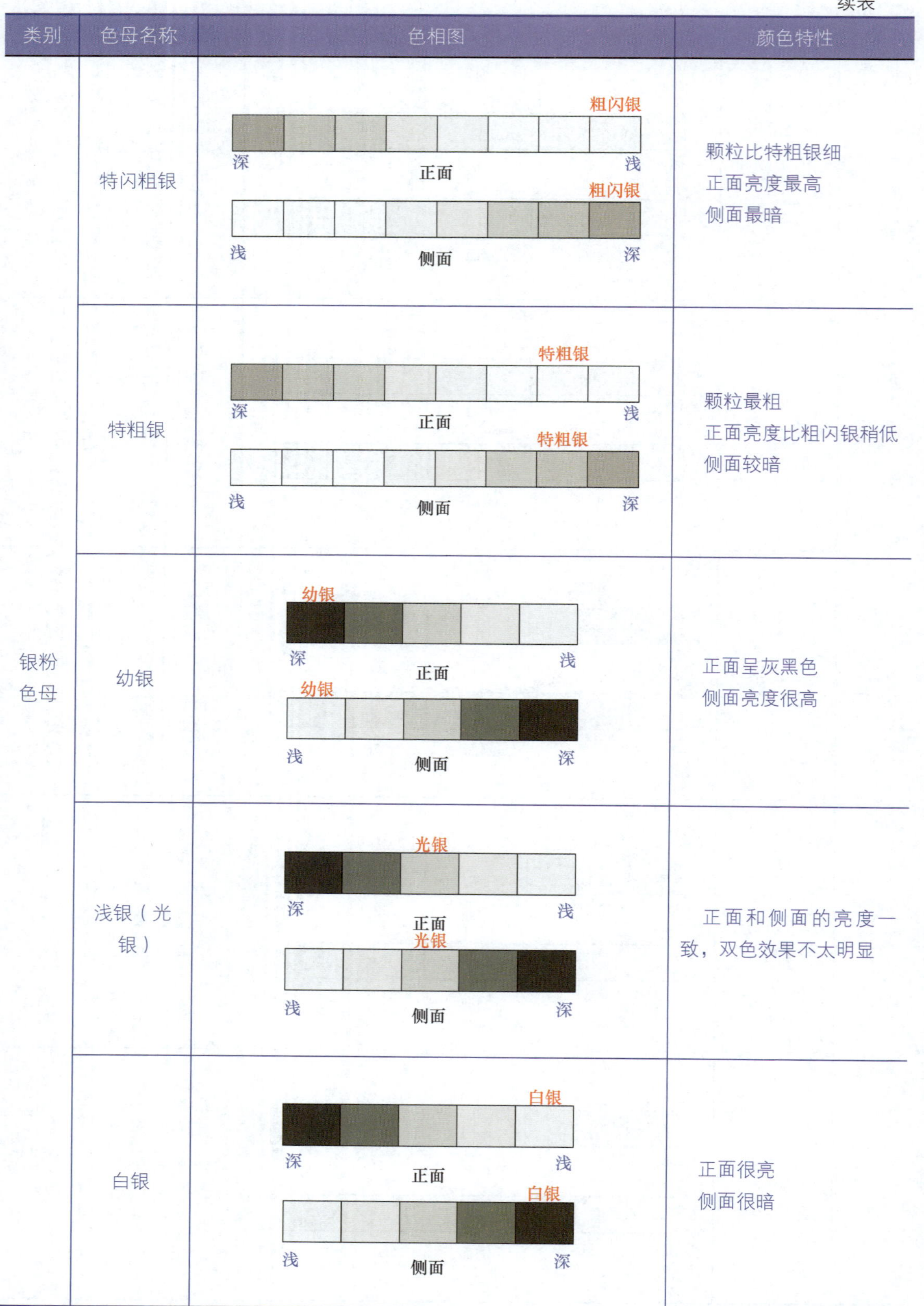

类别	色母名称	色相图	颜色特性
银粉色母	特闪粗银	粗闪银 深 正面 浅 粗闪银 浅 侧面 深	颗粒比特粗银细 正面亮度最高 侧面最暗
	特粗银	特粗银 深 正面 浅 特粗银 浅 侧面 深	颗粒最粗 正面亮度比粗闪银稍低 侧面较暗
	幼银	幼银 深 正面 浅 幼银 浅 侧面 深	正面呈灰黑色 侧面亮度很高
	浅银（光银）	光银 深 正面 浅 光银 浅 侧面 深	正面和侧面的亮度一致，双色效果不太明显
	白银	白银 深 正面 浅 白银 浅 侧面 深	正面很亮 侧面很暗

续表

类别	色母名称	色相图	颜色特性
特殊效果色母	霜雪蓝		正面黄，侧面蓝，仅限于银粉漆和珍珠漆使用
	石墨黑		正面深蓝 侧面浅
	闪烁金		正面金黄 侧面深黄

四、银粉漆调色施工程序和调色要点

1. 银粉漆调色施工的基本程序

银粉漆调色施工的程序与素色漆基本一致，只是试验样板的制作必须采用喷涂的方法，比色时不仅要考虑颜色的色调、明度和彩度，还要比较银粉的正面和侧面的颜色。银粉漆调色施工的基本程序如图4—2—11所示。

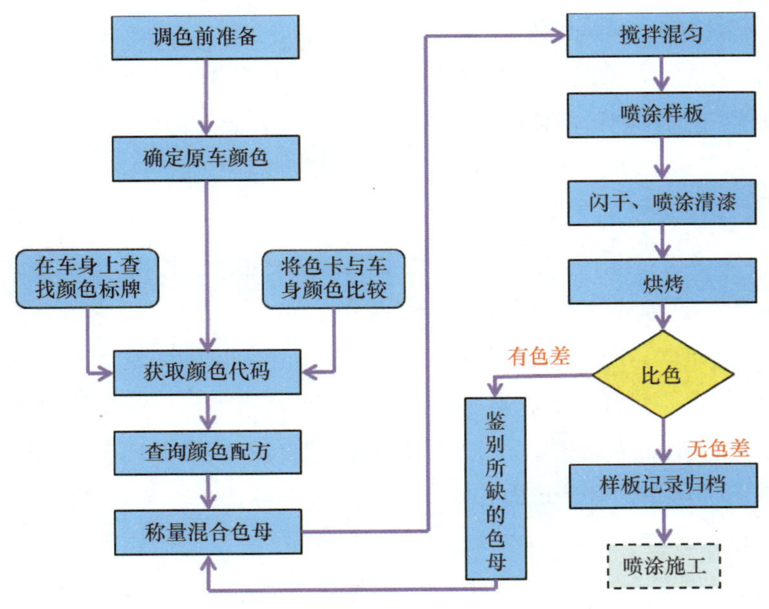

图 4—2—11　银粉漆调色施工的基本程序

2. 银粉漆调色要点

（1）确定原车颜色时要分析银粉颗粒的类型。分析银粉主要是辨别银粉颗粒的粗细、数量，是普通银还是闪银。颗粒粗细与排列有关，可以通过加入银粉控色剂来调整排列，从而影响目视粗细。颗粒粗细也与白度有关系，白度越高，目视越粗。闪银比普通银粉正面亮白、堆聚，侧面更暗。

（2）正确分析颜色。分析颜色时，首先从正面、侧面观察目标板正面是深还是浅，侧面比正面深还是浅；然后观察色调的表现，色调是偏红、偏蓝、偏绿、偏黄、偏紫等；根据色母走向分析图确定主要1K素色色母。

（3）正确添加色母，充分搅匀后进行试比色。称量加入色母时，先加入银粉，再加入1K素色色母，然后搅拌均匀。搅匀后迅速拉起调漆尺，将调漆尺上银粉漆的颜色与原车身颜色进行初步比较，可以大致判断出颜色差异。

（4）正确进行喷板比色。由于银粉漆正侧面显色差异大，为了获得准确的颜色，应模拟汽车银粉漆喷涂的环境，先在试验样板上喷涂银粉漆，闪干后喷涂清漆，等面漆涂膜彻底干燥后进行比色。

（5）进行手工精细微调。依据试验样板颜色偏向的表现，根据银粉漆调色方法与技巧，用手工微调进行修正，直至试验样板的正侧面颜色与车身正侧面颜色表现一致、用肉眼看不出明显差异时，果断结束调色工作。

五、银粉漆颜色微调的方法和技巧

1. 银粉漆微调的方法

（1）银粉漆调色的基本原则

浅银、灰银、兰银、绿银、金黄银和红银等银粉漆在调配过程中，根据色母走向本着先调深浅，后调色调的原则；色调以正面色调调整为主，以侧面色调调整为辅的原则；调色要兼顾银粉色母颗粒的大小、数量是否与原车涂膜接近的原则。

（2）银粉漆明度调整的方法

加入黑色可使银粉漆颜色变深，加入银粉、珍珠变浅；加白色母使正面变浑浊，侧面变浅、变白，银粉漆调色应尽量避免使用高浓度的白色母。银粉漆明度调整的方法如下。

1）正侧面都太暗时，需加入银粉冲淡，以减少素色色母的比例。

2）正侧面都太亮（太浅）时，需等比例加入其他素色色母，减少银粉比例。

3）正面太亮、侧面太暗时，可以用幼银（正面深侧面浅）取代粗银（正面亮侧面暗），或加入银粉控色剂，可使正面变深，侧面变浅变亮，银粉会变得较粗；加入白色色母时，正面较浊，侧面较亮，银粉会变得较细。

4）正面较暗、侧面太亮时，可以用粗银粉取代较细的银粉，或减少银粉控色剂，使正面变清，侧面变暗，看起来银粉颗粒会变得较细一点；减少白色色母使正面较清，侧面较暗，银粉颗粒会变得较粗一点。

（3）银粉漆色调的调整方法

1）白银色调的调整。因为白色银粉漆的主要色母是银粉，只要正确区分是普通银还是闪银，是粗银还是细银即可。色调调整主要是调整正侧面色光偏向。

当目标板银粉颜色正侧面偏黄，则根据色母走向选用棕黄、透明黄、柠檬黄等；偏红，则根据色母走向选用棕红、栗红、酱红、紫红、深红等；偏绿，则根据色母走向选用通绿或黄相绿，或根据拼色规律选择相应蓝色母与黄色母来调配；偏蓝，则根据色母走向选用通蓝或发红蓝、群青、绿相蓝、蓝绿等。

2）蓝银、绿银、金黄银、红银、灰银等色调的调整方法。此类银粉漆中银粉数量只占一部分，且正侧面变化大。调配时，根据正侧面表现可适量加入珍珠色母来调配色调与彩度。

调配金黄银时，根据色母走向选用棕黄、透明黄、棕红、酱红、栗红，或加入黄珍珠、金珍珠等；调配香槟银时，根据色母走向选用棕黄、透明黄、棕红、栗红、酱红等；调配红银时，根据色母走向选用棕红、栗红、酱红、紫红、玫瑰红、深红等，或加入红珍珠；调配绿银时，根据色母走向选用通绿或黄相绿，或选择相应蓝色母与黄色母来调配，也可以加入少量的绿珍珠、蓝珍珠或黄珍珠；调配蓝银，选用通蓝或发红蓝、蓝绿、群青，或加入蓝珍珠、紫珍珠等；调配灰银系列，根据色调表现，以黑色母与银粉为主，相应加入红、黄、蓝系列色母，如果调钛子灰等颜色，还需要添加红珍珠、绿珍珠等珍珠色母。

（4）银粉漆彩度的调整方法

调整银粉漆的彩度，可通过加入黑色母或银粉、主色或补色色母等方法调整，也可以加入少量珍珠色母以增加其鲜艳度。

1）银粉正面颜色太清澈要变浊一些时，可加黑色母或用幼银取代较粗的银粉。

2）银粉正面颜色太浊要变清澈一些时，可减少黑色母或用较粗的银粉取代较细的银粉。

3）使用透明性色母，则能使银粉正面变亮、变鲜艳，侧面变深、变暗。

4）使用不透明性色母，则能使银粉正面的鲜艳度降低，侧面变浅、变白。

2. 银粉漆微调的技巧

（1）使用添加剂（又称控色剂）调整

添加剂一般有添加剂A和添加剂B两种。添加剂A可使在直接观察时铝粉颗粒大而且黑（见图4—2—12）。将大量像清漆样的添加剂A加入涂料中，扩大了铝颜料之间的间隙，减少了反射光的数量，从而使涂层的正面和侧面都变黑。添加剂B使铝粉的正面变暗，侧面变亮。添加剂B的作用是防止铝粉颜料处于平展状态，银粉漆中加入添加剂B后，铝颜料整体呈现雨伞张开的形状（见图4—2—13），侧面观察时，光线反射增强使涂层变亮，正面观察反射光线减少，涂膜颜色变暗。

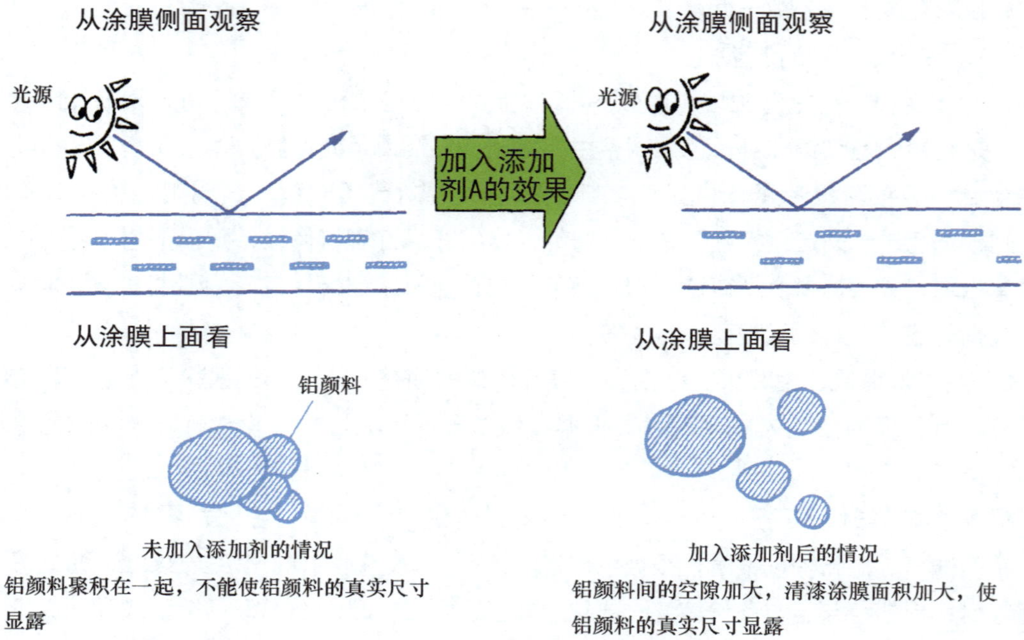

从涂膜侧面观察
光源
加入添加剂A的效果
从涂膜侧面观察
光源
从涂膜上面看
铝颜料
未加入添加剂的情况
铝颜料聚积在一起，不能使铝颜料的真实尺寸显露
从涂膜上面看
加入添加剂后的情况
铝颜料间的空隙加大，清漆涂膜面积加大，使铝颜料的真实尺寸显露

图 4—2—12　添加剂 A 的调整效果

从涂膜侧面观察
光源
加入添加剂B的效果
从涂膜侧面观察
光源

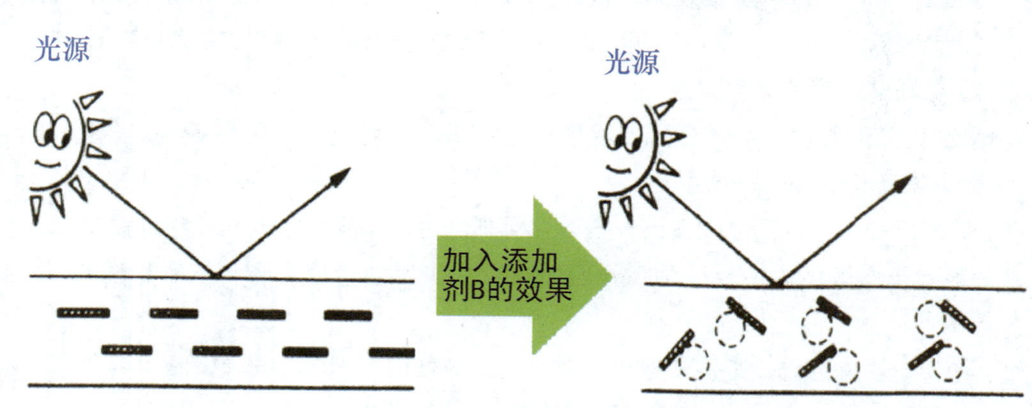

图 4—2—13　添加剂 B 的调整效果

（2）改变银粉颗粒的大小来调整

正面太亮、侧面太暗时，可用细的银粉取代较粗的银粉；正面太暗、侧面太亮时，可用粗的银粉取代较细的银粉。细银粉的侧面亮度低，粗银粉对侧面色调的影响较大，中银粉通常是单独使用，或者与其他银粉配合使用。

（3）利用添加银粉的量来调整

正面和侧面两个角度都太暗时需加入银粉，正面和侧面两个角度都太亮时需等比例加入其他色母。

（4）利用基色的特性来调整

与有机颜料相比，无机颜料有许多的基色可以改善间接观察时的效果。加入这些基色，可以调整闪光。直接观察时，由于铝颜料强烈的光亮，有机颜料和无机颜料的存在都挡不住铝颜料发出的闪光；间接观察时，由于无机颜料有较好的遮盖效果，铝颜料的光亮就不见了，涂膜间接显示无机颜料的色调，如图4—2—14所示。

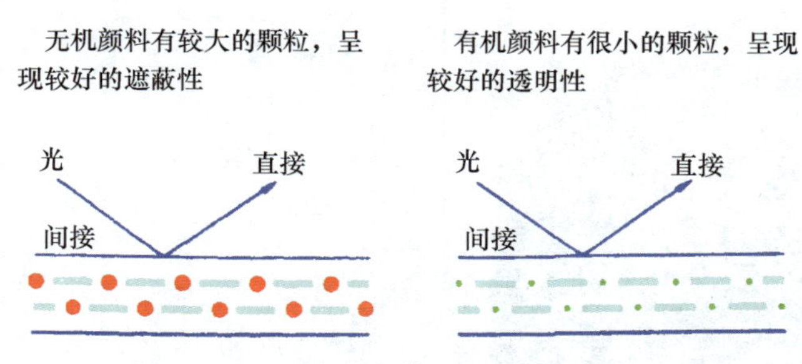

图 4—2—14 基色颜料对银粉漆颜色的影响

在银粉漆里面加入白色，会明显提高银粉侧面的白度，但是最大的副作用就是会使银粉颜色整体浑浊、暗沉，降低银粉的闪烁度。在银粉里面加入白色母要非常小心，一般不能超过1%。此法一般不作为主要方法使用，但是有时候配合其他色母使用却非常有效。在银粉漆中加入超幼白（也称霜雪蓝、霜白或变色龙等），可以提高银粉的侧面白度，而且会使侧面带蓝相。加入超幼白不宜过量，否则会使银粉的正面出现金黄色相。

（5）利用幼白银或白珍珠进行调整

由于白珍珠的透明特性，光线在照射到上面会有大量的光线从侧面透射出来。在银粉漆里面根据实际情况加入5%~30%的透明白珍珠，会使银粉漆的侧面透光量增大，从而使颜色看起来变白、变浅，银粉的颗粒变得细腻、顺滑。在银粉漆中加入白珍珠，会稍微改变银粉侧面的色调，幼白珍珠会使银粉漆侧面颜色向黄相偏移，白珍珠或粗白珍珠会使侧面颜色向蓝相偏移。如果要降低侧面的蓝相，可以加入极少量的透明黄；降低侧面的黄相，可以加入极少量的群青。

3. 银粉调色的注意事项

（1）调银粉漆时，加银粉会使漆色变浅，加单组份素色色母会变深，同时改变色调。

（2）调银粉漆时，使用透明性色母微调时会使侧面变深、变暗，正面变亮、变鲜艳；使用不透明性色母会使侧面变浅、变白，同时使正面的鲜艳度降低。

（3）调银粉漆要考虑到色母的遮盖力。

（4）比色时，要将实验样板与修补部位放在同一平面上，以90° 正角和45° 侧角来比色，区别正面、侧面的色调差异，银粉漆的颜色要比目标板颜色深一些，因为银粉漆涂膜干燥后颜色会变浅。

（5）喷涂清漆会稍微改变银粉漆的颜色，从正面看其明度会降低、变深。

技能训练

训练1　白色银粉颜色的调整

以丰田汽车的白色银粉漆为例，色号为 S28

1. 调色前准备

方法：

（1）做好调色安全防护。

（2）确定待修补汽车面漆类型，选择面漆并确定用量。

（3）准备好作业场地，调色用的工具、设备和资料。

（4）开动调漆机，充分搅拌色母。

提示：

调色前的准备工作要充分，调色用的工具和设备一定要清洁无污染。

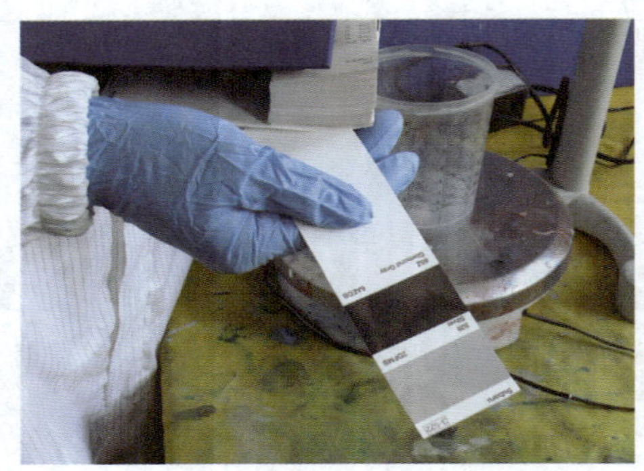

2. 车身颜色代码的查找

方法：

（1）根据车型信息，在 PPG 颜色系统色卡组中查找对应色卡。

（2）将色卡中的颜色与车身实际颜色进行比对，确定对应颜色，找出相应的颜色代码。

提示：

色卡中对应颜色应该是与车身最为接近的颜色。

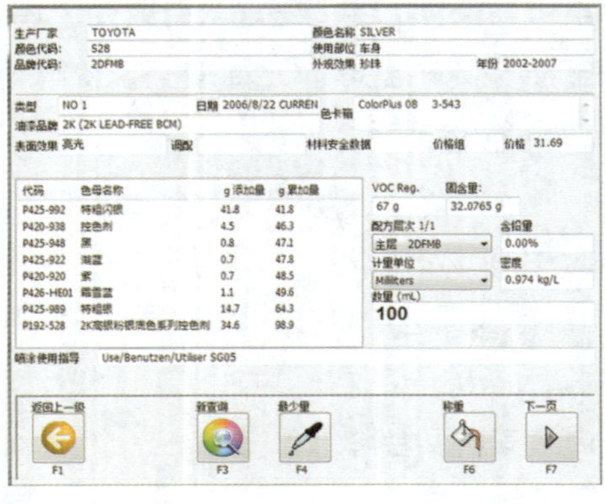

3. 车身颜色配方的查询

方法：

（1）打开 PPG 调色软件，输入颜色代码、油漆品牌等信息，调出颜色配方。

（2）输入所需要配色的量，软件显示各色母质量后，记录或打印配方。

提示：

查找配方时，需确认车辆类型、生产年份、生产厂商、油漆品牌等信息，要确保这些信息准确无误。

续表

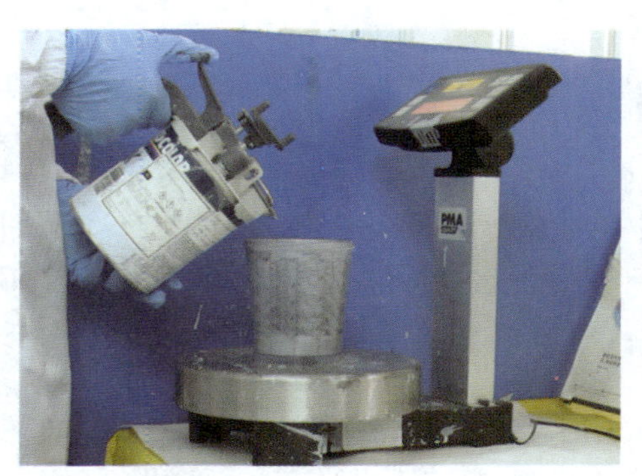	4. 添加、称量色母 方法： （1）校准电子秤，先加入调和树脂，斜置调漆杯转动一圈，使调和树脂黏附在调漆杯内壁。 （2）按照色母质量从大到小的顺序，依次和称量加入各色母。 提示： 按照色母的绝对量添加，每加完一个色母必须将电子秤清零。
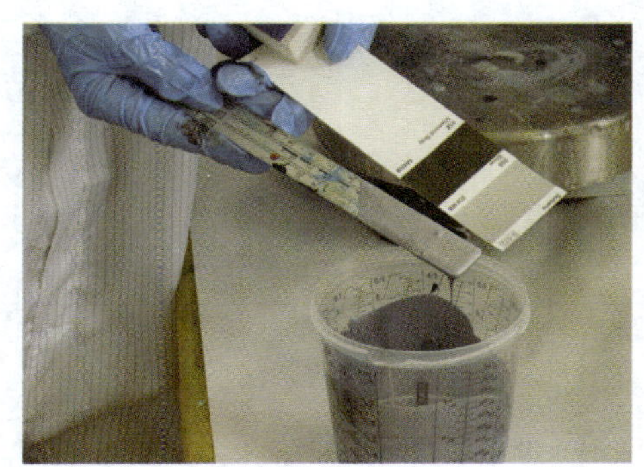	5. 搅拌混匀，试比色 方法： （1）用调漆尺搅拌混合涂料，使涂料颜色均匀无杂色。 （2）涂料混匀后，提起调漆尺，将色卡上的颜色与调漆尺上涂料的颜色进行比对，初步判断颜色差异。 提示： 试比色应在调漆尺提起后 1~3s 内比较颜色，这样会看得比较清晰。
	6. 喷涂、干燥实验样板 方法： （1）按照涂料说明书的要求配制银粉漆，以与实车喷涂一致的喷涂手法和喷涂参数，喷涂实验样板。 （2）将样板静置 5~10min，然后放入烘箱进行干燥。 提示： 样板喷涂后必须静置一段时间，使涂膜中的溶剂充分挥发，以防在烘烤过程中产生气泡。
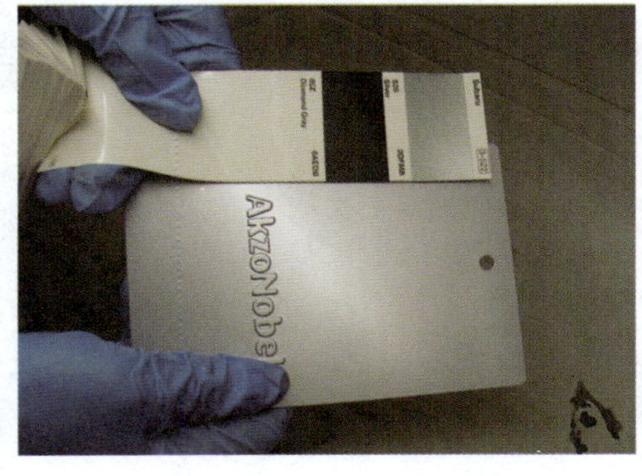	7. 颜色比较，确定色差 方法： （1）先将干燥好的实验样板与标准色卡进行比较，然后将实验样板与车身颜色进行比较。 （2）实验样板涂膜颜色与车身颜色比较。色调上偏蓝缺少红相，明度上正面显得较亮，彩度区分不是很明显。 提示： 比较银粉漆的颜色一定要从正面和侧面两个角度进行。

续表

颜色名称	颜色编号	色母绝对量	色母特性
特闪粗银	P425-992	166.8g	正面浅，侧面深，颗粒粗大、闪亮
发红蓝	P420-930	5.0g	正面红、灰，侧面红、较鲜亮
黑色	P425-948	1.8g	正面浊黄，侧面比蓝黑深
紫色	P420-920	23.0g	正面紫，侧面紫，侧面稍黄
深蓝	P420-910RT	2.9g	高浓度色母，不含铅色母
霜雪蓝	P426-HE01	14.2g	正面黄相，侧面蓝相，分散性色母
树脂	P192-528	103.7g	2K纯底色漆调合清漆
合　计		296.2g	
分析后加入的微调色母			
发红蓝 ？	P420-930 ？	黑色？	P425-948？

8. 分析颜色配方，找出所缺色母

分析：

（1）配方中金属主色母为特闪粗银，其显色特点是正面浅，侧面深；发红蓝的特性是正面红灰，侧面带红且鲜亮。如果加入发红蓝，可以使混合涂料红相成分增多。

（2）调整银粉漆的明度，使混合涂料正面颜色变深有四种方法：加入控色剂 B 使银粉颗粒正面变暗、侧面变亮。加入细银使银粉正面变暗、侧面变亮。加入树脂使银粉正侧面都变暗。加入黑色色母使正、侧面变暗。

结论：

根据上述分析，按照尽可能加入配方中已有色母的原则，调整色调加入发红蓝，调整明度加入黑色色母。

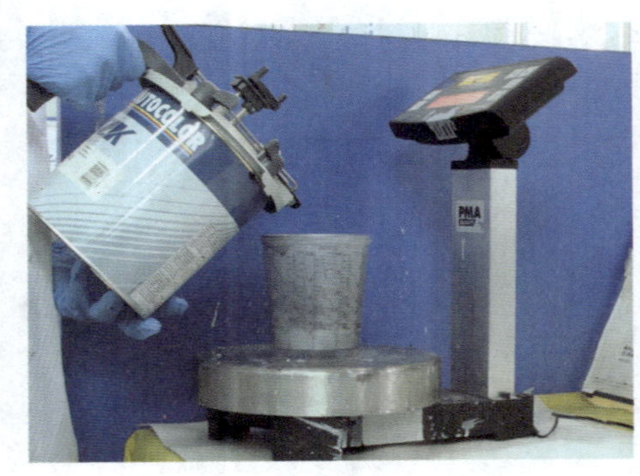

9. 添加所缺色母，搅拌、制板、比色

方法：

（1）根据色母成分比例，向混合涂料中加入主色母发红蓝，充分搅拌，用调漆尺试比较，观察颜色走向是否正确。

（2）喷涂实验样板并干燥涂膜，然后进行颜色比较。

提示：

用调漆尺试比色的方法在调色中非常实用。

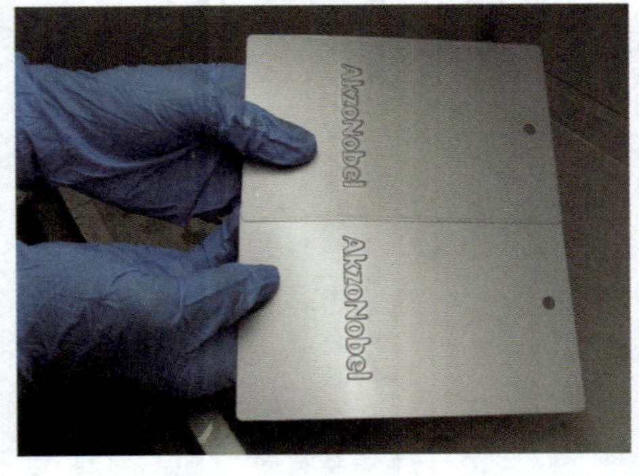

10. 反复添加、比较，缩小色差

方法：

（1）根据颜色比较的差异，不断加入发红蓝和黑色色母，不断进行试比色和喷涂样板比色，分析颜色差异。

（2）从银粉漆的正侧面反复比较，不断添加以缩小色差。

提示：

在比色过程中，要正确分析，发现缺少其他色母，确定颜色走向正确后再添加。

续表

	11. 喷涂实验样板，进行精细的颜色比较 方法： （1）取 20g 混合涂料，按照涂料特性进行配制，然后喷涂实验样板，干燥实验样板。 （2）将实验样板涂膜的颜色与标准板进行精细比较，再次分析颜色差异。 提示： 喷涂实验样板的喷涂参数、喷涂手法和喷涂条件要与实车喷涂保持一致。
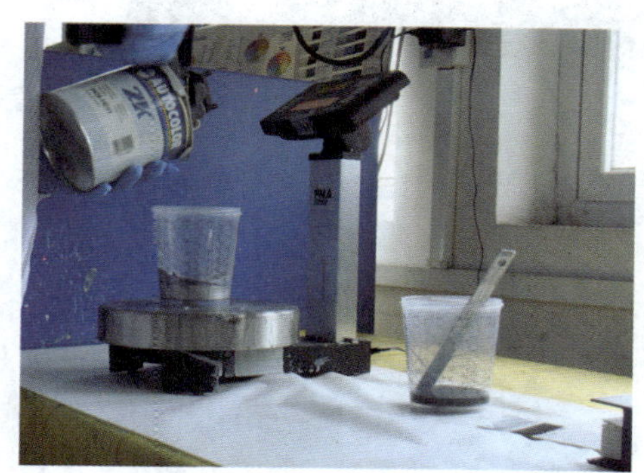	12. 视情添加色母，完成调色 方法： （1）经过颜色仔细比对后，发现实验样板颜色与车身颜色基本一致。 （1）整理调色过程中喷涂的实验样板，并在样板背面记下配方、添加所缺色母的编号和添加量。 提示： 喷涂样板比色时，如果颜色差异还是很大，则要继续进行颜色的微调。
	13. 结束整理，做好“6S”工作 方法： （1）清洗喷枪，清洁其他调色工具和设备。 （2）清扫场地，优化调漆间的布置。 （3）做好调色工具设备的使用记录。 提示： 严格按照“6S”的要求进行整理和清洁。

训练2　蓝色银粉颜色的调整

以马自达汽车的蓝色银粉漆为例，色号为 KE，M6563A。

1. 调色准备：准备调色工具，查询配方。

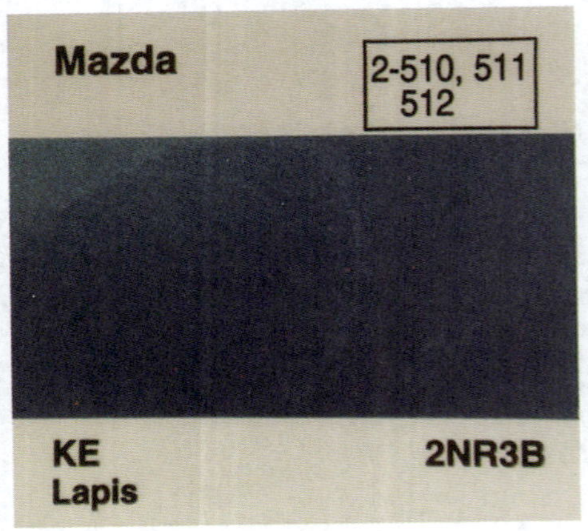

2. 配方调色：按配方添加色母，搅拌混匀。

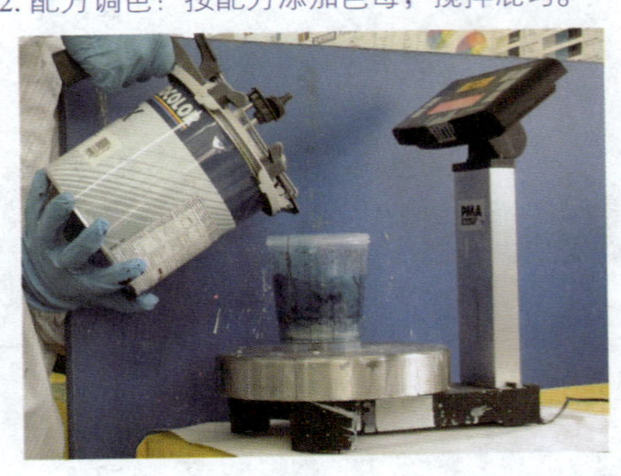

3. 视觉比色：制作试板、比色，确定颜色差异。

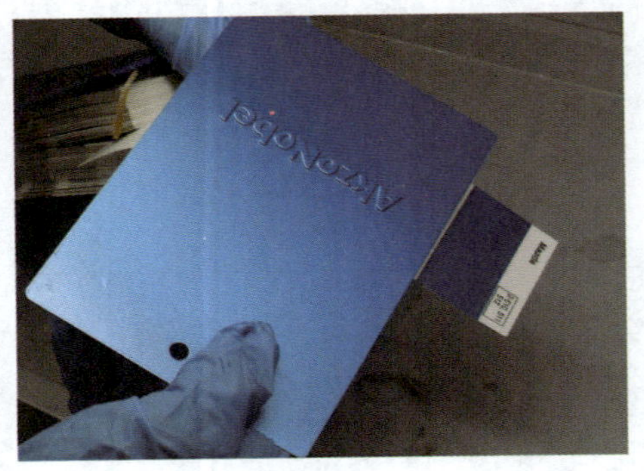

（1）喷板、比色：按照银粉漆的特性配制涂料，喷涂实验样板，干燥样板，然后进行颜色的比较。

（2）颜色差异分析：试板涂膜与标准板相比，色调偏绿，不够蓝、不够紫，正面亮度偏高，彩度较高。

提示：

喷涂样板的条件与喷涂参数应尽可能与实车喷涂保持一致

4. 配方分析：分析颜色配方，找出所缺色母。

颜色名称	颜色编号	色母绝对量	色母特性
粗银	P425-988	95.4g	正面浅，侧面较浅，颗粒粗细适中
坚蓝	P429-952	22.2g	正面亮绿，侧面亮绿，颜色比较干净
蓝青	P425-954	4.7g	正面蓝，侧面深、蓝，标准蓝绿色
紫色	P420-920	6.7g	正面紫，侧面紫，侧面稍黄
湖蓝	P425-922	66.7g	正面红调，侧面绿调，只用于调配银粉漆
控色剂	P192-5600	99.6g	2K银粉漆准用控色剂，用于控制银粉颗粒排列
合	计	292.6g	
分析后加入的微调色母			
坚蓝？	P429-952 ？	紫色？	P420-920？

（1）配方色母分析：除银粉色母外，配方中湖蓝色母成分比较多，直接决定主色调；紫色色母属于微量色母，改变比例会产生明显的色调变化。

（2）结论：色调不够蓝可以加入坚蓝色母，同时可以降低混合涂料的明度；色调缺少紫色，可以加入紫色色母，但一定要控制加入的量。

续表

5. 验证判断结果：添加所缺色母，验证颜色走向是否正确。 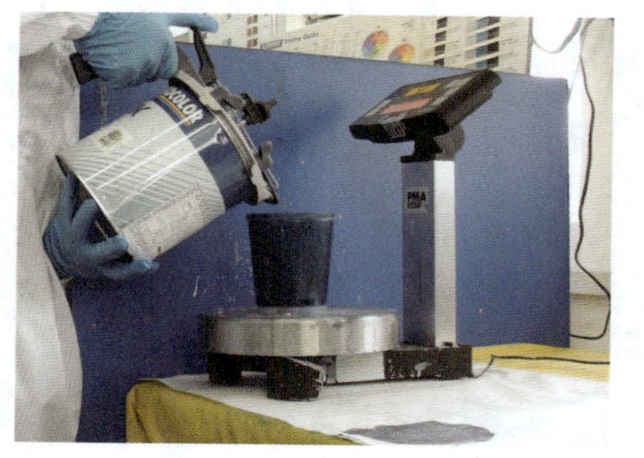	6. 颜色精细微调：反复添加所缺色母，比较、分析，不断缩小色差。 
7. 确定调色结果：喷涂样板并干燥，确定所调颜色与标准颜色的接近程度。 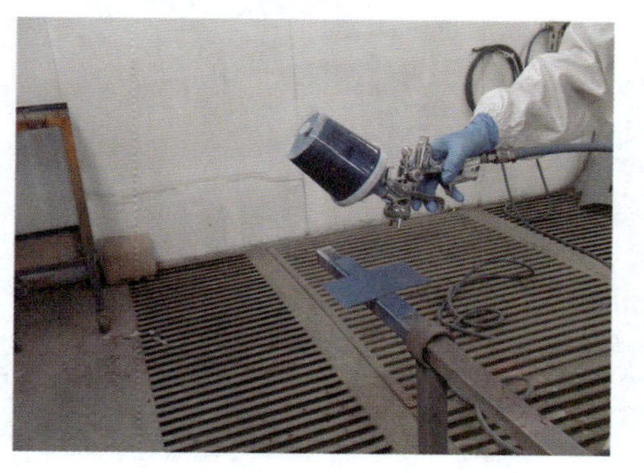	8. 完成调色：根据所调颜色与标准颜色的接近程度，视情况添加色母，完成调色。 

训练3 棕色银粉颜色的调整

以日产汽车棕色银粉漆为例，色号为 CAC。

1. 调色准备 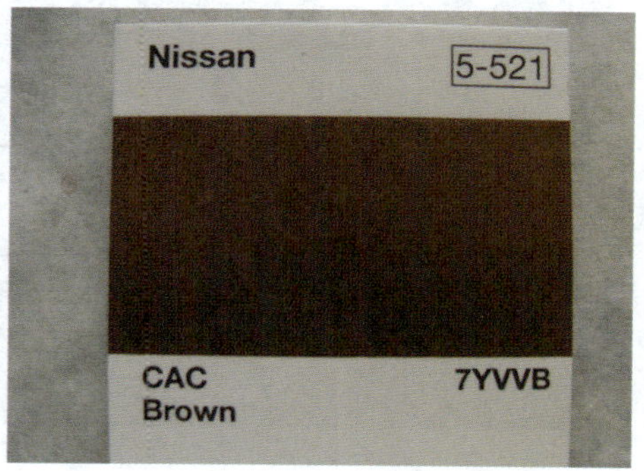 	2. 配方调色 

续表

3. 视觉比色 	（1）喷板，比色：配制好银粉漆喷涂实验样板，待实验样板干燥后进行比色。 （2）颜色差异分析：试板涂膜与标准板相比，色调上显示橙红色调不足，明度上偏低，彩度较高。 提示： 银粉漆比色必须按照实车喷涂条件和参数喷涂样板，不能采用刮涂法制作样板。
4. 配方分析（见下表）	（1）配方色母分析：配方中橙红色调的色母为铁红，使涂料明度升高的色母是主色母特粗闪银，也可以考虑加入纯白。 （2）结论：用铁红调整涂料的色调，添加主色母特闪粗银提高正面明度，达不到要求时可以考虑加入纯白色母，但会降低涂料的彩度。
5. 验证判断结果 	6. 颜色精细微调 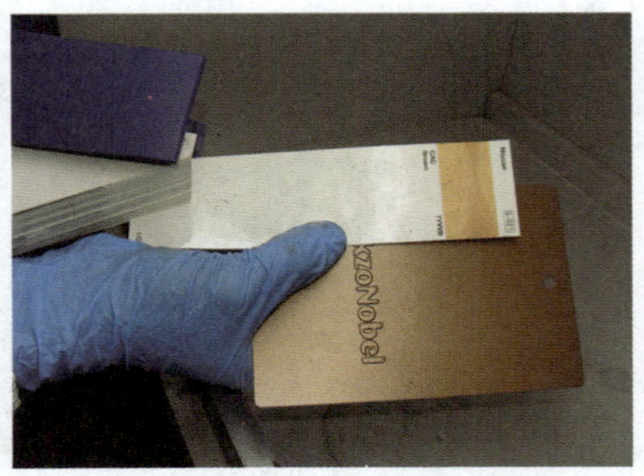

颜色名称	颜色编号	色母绝对量	色母特性
特闪粗银	P425-992	22.6g	正面浅，侧面深，颗粒粗且闪光强
铁红	P420-942	19.5g	正面金棕色，侧面金棕色，鲜艳、透明
黑色	P425-948	4.1g	正面浊黄，侧面深、黑
白控色剂	P420-938	2.0g	正面浊，半侧面浅粗，分散性色母
光褐红	P429-923	2.4g	正面艳蓝调，侧面带黄褐，透明
霜雪蓝	P426-HE01	5.4g	正面黄相，侧面蓝相，分散性色母
中闪银	P425-984	19.9g	正面稍浅，侧面稍暗，颗粒中等
控色剂	P192-5600	23.7g	用于控制银粉颗粒排列
合	计	99.6g	
分析后加入的微调色母			
铁红？	P420-942 ？	纯白？	P429-900？

续表

7. 确定调色结果	8. 完成调色

训练评价

考核要求

1. 在规定的时间内，完成银粉漆颜色的调整，使之符合技术标准。
2. 应及时纠正在操作过程中出现的违规操作。
3. 符合安全文明生产的要求。

考核标准

考评标准表——银粉漆颜色的调配

<table>
<tr><th>考核时间</th><th>考核项目</th><th>分值</th><th>评分标准与指导</th><th>评价结果</th></tr>
<tr><td rowspan="7">60 × 3 min</td><td>调色工具和设备的正确使用</td><td>10</td><td>工具使用不当酌情扣分，并指正</td><td></td></tr>
<tr><td>白色银粉漆颜色的调整</td><td>30</td><td>按要求酌情扣分，并指正</td><td></td></tr>
<tr><td>蓝色银粉漆颜色的调整</td><td>25</td><td>按要求酌情扣分，并指正</td><td></td></tr>
<tr><td>棕色银粉漆颜色的调整</td><td>25</td><td>按要求酌情扣分，并指正</td><td></td></tr>
<tr><td>“6S”操作规范</td><td rowspan="2">10</td><td>每项扣 2 分，扣完为止</td><td></td></tr>
<tr><td>遵守相关安全操作规范</td><td>因违规操作发生人身和设备事故，终止考核，成绩按 0 分计；超时，每分钟扣 2 分，超时 5 min 终止考核</td><td></td></tr>
<tr><td>分数合计</td><td>100</td><td></td><td></td></tr>
</table>

思考题

1. 银粉漆颜色调整的施工程序是怎样的？有哪些要点？
2. 银粉漆颜色微调的方法有哪些？其调色注意事项的主要内容是什么？

课题三　珍珠漆调色

学习目标

1. 了解珍珠漆的分类及其颜料结构特性。
2. 熟悉珍珠漆显色效应和影响颜色的因素。
3. 熟悉珍珠漆色母和特殊效果色母的特性。
4. 掌握珍珠漆调色施工的程序和要点。
5. 掌握珍珠漆调色的方法和技巧。
6. 能进行简单的汽车珍珠漆调色。

知识准备

一、珍珠漆的基础知识

珍珠漆是根据天然珍珠的原理，在片状的云母片上包裹不同厚度的钛白粉或氧化铁等无机氧化物，做成细薄片，加入油漆中而制成的涂料。1980年，德国涂装专家苏塔努希首次使用云母珠光颜料制成了一种具有全新色彩艺术风格的汽车珍珠漆，并成功用于美国福特汽车公司的轿车生产线。汽车珍珠漆具有很高的镜面光泽，珠光细腻柔和，装饰性极佳，同时又具有随视角变化而变化的闪光效应，从而奠定了它在现代轿车表面装饰性涂装中的地位。目前，美、欧、日三大汽车产地的各大汽车公司，几乎所有高档豪华轿车均采用珍珠漆涂装。

1. 珍珠颜料的结构及颜色产生的原理

我们常说的珍珠漆由树脂、珠光颜料、溶剂等组成，其中的珠光颜料主要是钛膜云母颜料，钛膜云母颜料是由云母表面镀上一层二氧化钛加工而成。当光线照射到钛膜云母颜料上时，一部分光线发生反射，另一部分光线则穿过二氧化钛和云母，又分别发生反射和折射，从而产生了类似珍珠的颜色效果，如图4—3—1所示。

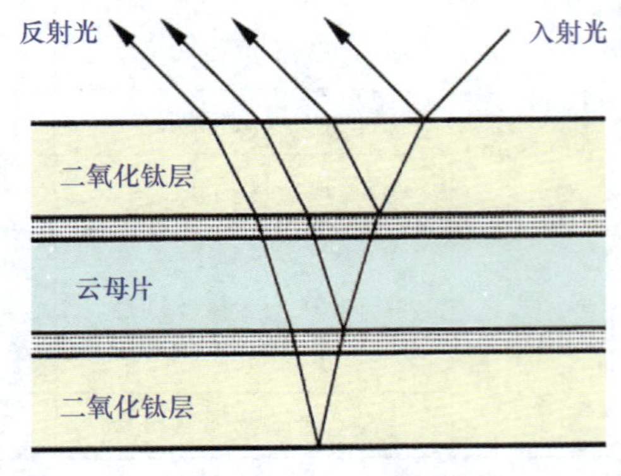

图 4—3—1　钛膜云母颜料的结构和颜色产生原理

通过控制二氧化钛层的厚度，可以得到一系列不同颜色的珍珠色母，如白珍珠、红珍珠、绿珍珠和蓝珍珠（见图4—3—2），以及在钛膜云母颜料的外表面镀上着色颜料的红珍珠，外表镀银的银珍珠等。

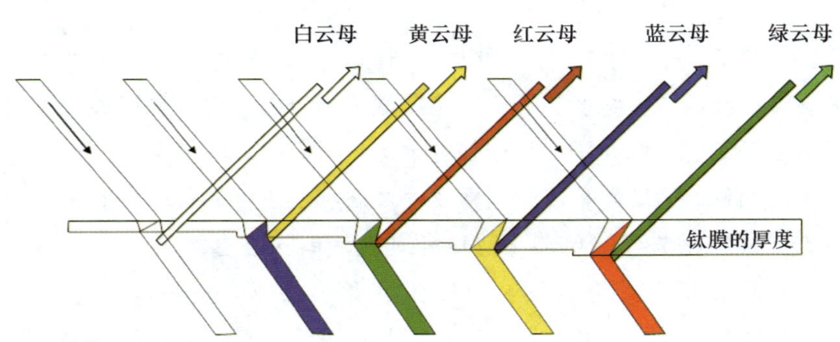

图 4—3—2　钛膜厚度对珍珠漆颜色的影响

2. 珍珠漆的分类

珍珠漆按照钛膜云母颜料的颜色特性分为白珍珠、干涉珍珠、着色珍珠和银珍珠四类，各类珍珠漆中钛膜云母的特性见表4—3—1。

表 4—3—1　　钛膜云母颜料的特性

钛膜云母颜料的类型		二氧化钛的层厚（μm）	反射光	透射光
云母；二氧化钛	白云母	0.10~0.15	白珍珠色泽	—
	干涉云母	约 0.21	黄色	蓝色
		约 0.25	红色	绿色
		约 0.31	蓝色	黄色
		约 0.36	绿色	红色
二氧化钛；云母；氧化铁	着色云母	0.01	红色	红色
银；云母；二氧化钛	银云母	约 0.1	金属色泽	—

白云母的结构是在透明云母外表面镀以0.10~0.15 μm厚的二氧化钛，反射光为珍珠似的银色，它反射所有波长的光，透过的光不显示任何特殊单色。干涉云母的二氧化钛涂层要比白云母的厚，干涉云母根据涂层的厚度改变反射光和透射光，如二氧化钛涂层厚度为0.21 μm，只反射黄光，透射蓝光，因此，观看角度不同，显示的颜色不同。着色云母是在透明云母表面镀上二氧化钛和氧化铁，反射光和透射光变成了氧化铁的红色。银云母是在透明的云母外表面镀上二氧化钛，在二氧化钛外表面镀上银粉，其效果特征是能提供立体感的

金属银色光泽。

随着科技的发展，高科技的水晶珍珠也在汽车漆中大量使用。水晶珍珠与传统珍珠最大的区别是水晶珍珠使用了高纯度的氧化铝金属取代云母作底材，外层镀以不同厚度的二氧化钛，其特征是在强光下正侧面都产生很强的闪烁效果。

按照施工工艺划分，珍珠漆可以分为双工序面漆和三工序面漆两种。

双工序珍珠漆通常是先喷涂色漆（珍珠和其他颜料的混合物），然后喷涂罩光清漆，两种涂层结合在一起形成有质量保证的完整的面漆层，如图4—3—3所示。双工序珍珠漆根据珍珠颜料与其他颜料组合的不同，分为珍珠漆和珍珠银。双工序珍珠漆的颜料是由钛膜云母颜料和素色颜料组成，具有深度感、光泽感和通透性，置于室内或较暗的地方有素色漆的感觉；珍珠银的颜料比较复杂，大多包含铝粉颜料、钛膜云母颜料和素色颜料，珍珠银中的铝片置于暗处具有银粉效果，而云母片置于强光下更具闪烁感。

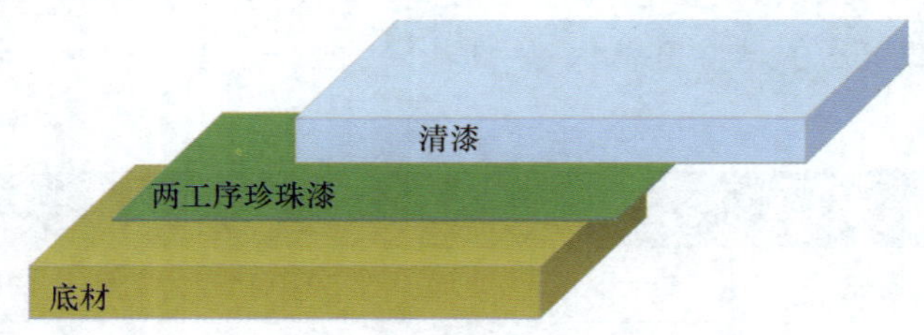

图 4—3—3　双工序珍珠漆的涂层结构

三工序珍珠漆的施工工艺是先喷涂底色漆，然后喷涂珍珠色漆，最后喷涂清漆，如图4—3—4所示，其中底色漆可以是素色漆也可以是银粉漆。三工序珍珠漆是利用低遮盖力的珍珠色漆覆盖在底色漆上，一方面能提高底色漆的反光性，另一方面可以使正侧面色调反差强烈，使漆面更具艳丽的彩虹效果，给人带来深刻的印象。

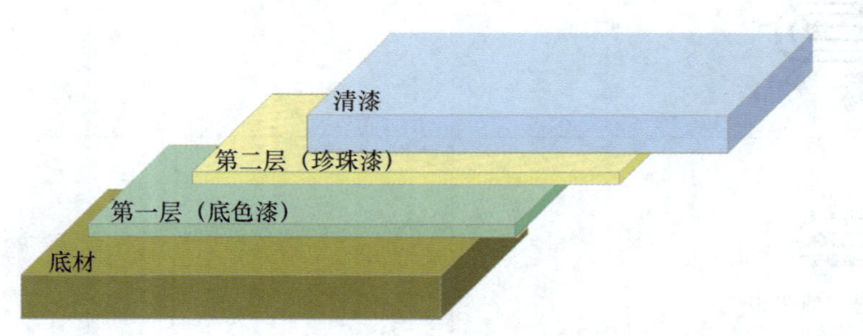

图 4—3—4　三工序珍珠漆的涂层结构

3. 珍珠漆的显色效应

珍珠漆是金属漆中的一个特殊品种，它与一般银粉漆相比，在最终的装饰效果上有明显的差异。珍珠漆具有以下几个显色效应。

（1）具有细腻柔和如绸缎般的珍珠光泽效应。在汽车珍珠漆涂膜中，珠光颜料能进行有规则的定向排列，光线照在珍珠漆涂膜表面，能显示出类似丝绸和软缎般的珍珠光泽，这就是珍珠漆的珠光效应。珠光效应是珍珠漆独有的特色，是区别于其他金属漆的基本特征。

（2）具有明亮闪烁的金属闪光效应。银粉漆依靠铝粉片对光的镜面反射产生金属闪光效应，但涂膜却缺乏三维空间质感。而珍珠漆中的珠光颜料只反射部分入射光，而将大部分入射光透射到下一层上，又重复一次光的反射和透射，使涂膜的丰满度优于一般金属漆。

（3）具有随视角变化的视角闪色效应。透明片状的珠光颜料平行分布在漆料中，入射光在涂层中发生多次光的折射和反射，平行的各种反射光之间发生光的干涉，呈现随观察者观察角度不同而看到的颜色不同的视角闪色效应，如图4—3—5所示。

正常情况下，珠光颜料定向呈平行状态排列在底材和涂膜表面，在90°角观察时，能观察到最高的表面亮度和最大的饱和度；而在45°角观察时，由于入眼的反射光数量减少，则观察到的颜色变深。

4. 影响珍珠漆颜色的因素

（1）底材对三工序珍珠颜色的影响。以黄珍珠为例，亮黄色珍珠漆喷涂于黑色底材时，只有被涂膜表面反射的光线可以看见，折射透过涂层的光线全部被吸收；亮黄色珍珠漆喷涂于白色底材时，涂膜颜色是涂膜表层反射和底材反射共同作用的颜色，如图4—3—6所示。

图 4—3—5　珍珠漆的视觉闪色效果

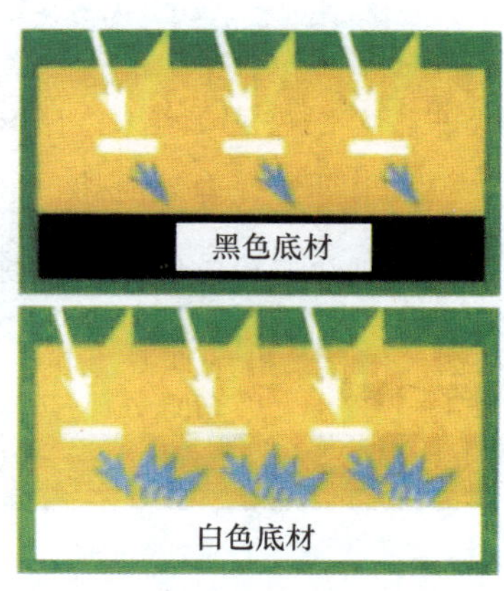

图 4—3—6　底材对三工序珍珠漆的影响

（2）喷涂层数及底色对三层珍珠颜色的影响。涂膜颜色的总体效果由底色漆和中间层珍珠漆的颜色决定。颜色的强度取决于底色层，颜色的纯净度取决于中间的珍珠层，如图4—3—7所示。用银粉做底色漆时，通常使用较粗较闪的银粉，因为中间层的珍珠漆常常会“弱化”银粉的闪光效果，使银粉颗粒显得较细，如图4—3—8所示。三工序珍珠漆调色必须先喷涂试板，以确保底色漆的颜色正确，控制中间珍珠漆的喷涂层数，才能获得最为接近的颜色，达到汽车

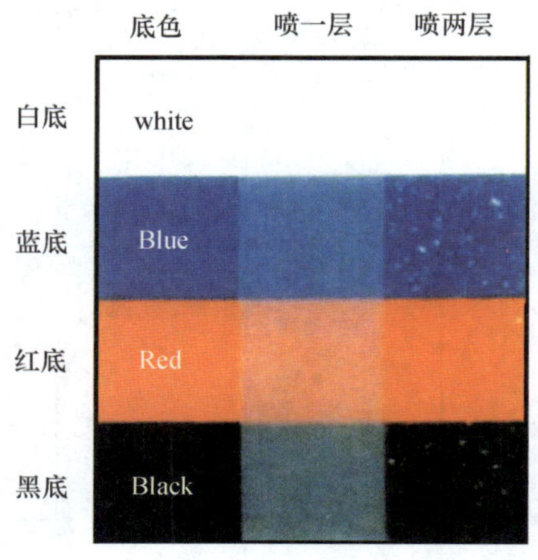

图 4—3—7　喷涂珍珠层数及底色的影响

漆面的无痕修补。

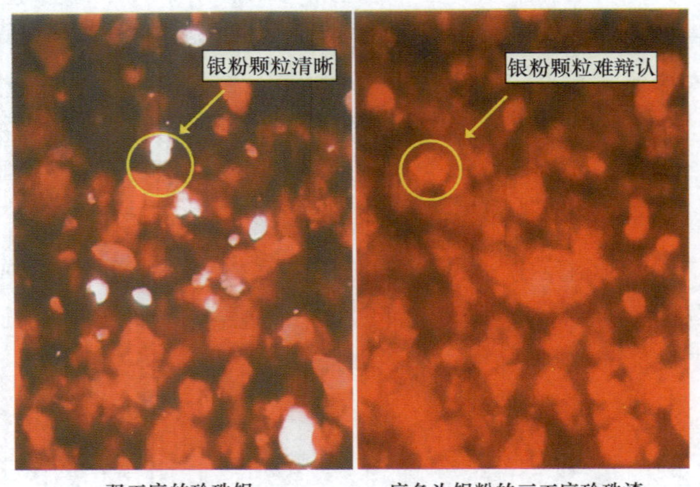

双工序的珍珠银　　底色为银粉的三工序珍珠漆

图 4—3—8　珍珠漆层弱化银粉的闪光效果

二、珍珠漆色母特性

珍珠漆色母按照其结构划分，有白珍珠、干涉珍珠、着色珍珠和银珍珠等，按照珠光颜料颗粒大小划分，有超细珍珠、细珍珠和中粒珍珠，不同珍珠色母其颜色特性也不一样。另外，不同的涂料公司所生产珍珠色母的种类和颜色特性也有差别，汽车常用珍珠色母的颜色特性见表4—3—2。

表 4—3—2　　PPG 公司 NEXA AUTOCOLOR 珍珠色母的颜色特性

类别	色母名称	色相图	颜色特性
白珍珠	超细白珍珠	正面　侧面 超细白珍珠→ ←超细白珍珠	最细的白珍珠 正面灰白，侧面浅白
	细白珍珠	正面　侧面 细白珍珠→　←细白珍珠	颗粒较细的白珍珠 正面白略偏灰，侧面略偏灰

续表

类别	色母名称	色相图	颜色特性
白珍珠	白珍珠	正面 侧面 白珍珠 白珍珠	相对于上面两种白珍珠，颗粒较大 正面浅白，侧面灰白
干涉珍珠	超细蓝珍珠		正面蓝偏灰，侧面浅蓝
	蓝珍珠		比超细蓝珍珠浅，颗粒粗 正面蓝，侧面黄
	超细红珍珠		正面红，侧面绿
	紫珍珠		正面淡紫，侧面浅绿
	绿珍珠		正面绿，侧面红 与红珍珠相反
	黄珍珠		正面金黄，侧面蓝
着色珍珠	超细赤珍珠		正面红，侧面红，整体偏黄相比红珍珠颗粒粗

续表

类别	色母名称	色相图	颜色特性
着色珍珠	红珍珠		正面红偏灰，侧面红 整体比超细赤珍珠浅
	棕珍珠		正侧面均为红铜色 比超细赤珍珠和红珍珠黄

三、珍珠漆调色施工程序和要点

1. 珍珠漆调色施工程序

珍珠漆有双工序和三工序两种，双工序调色的施工程序与银粉漆调色基本一致，三工序珍珠漆调色需要先进行底色漆颜色的调配，然后进行珍珠层颜色的调配，调色工序比较复杂。珍珠漆调色施工的基本程序如图4—3—9所示。

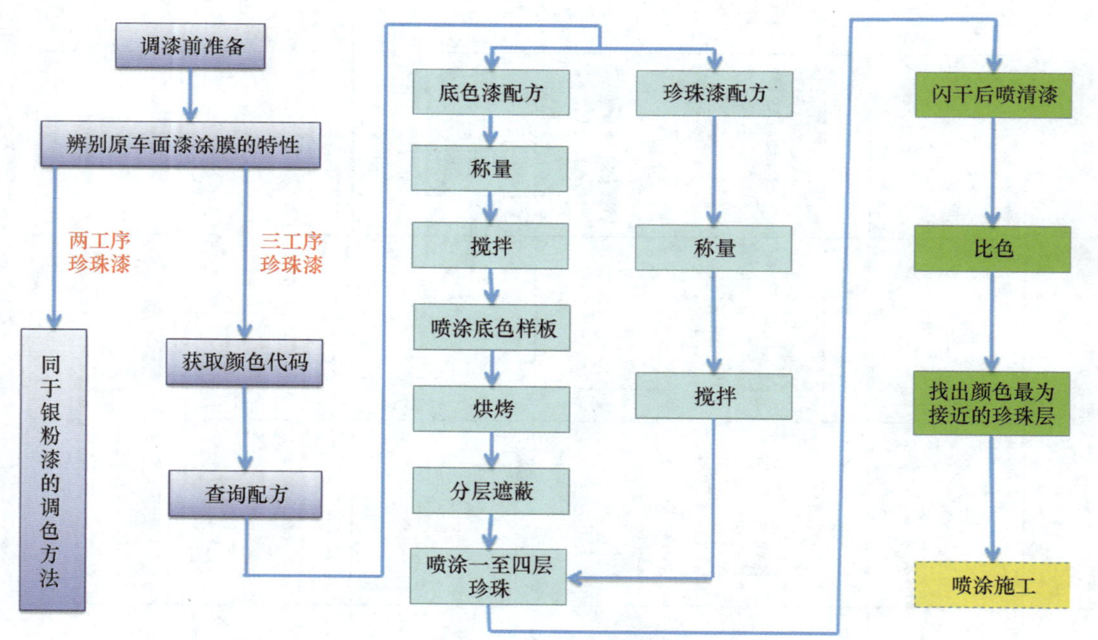

图 4—3—9　珍珠漆调色施工程序

2. 珍珠漆调色施工的要点

（1）珍珠漆的鉴别

双工序珍珠漆的待修补部位置于室内或较暗的地方有素色漆的感觉，颜料具有深度感，具通透性和闪烁性；三工序珍珠漆在直射日光或类似光源下，正侧面的颜色差别表现非常明显，正面通过反射底色的颜色，使漆面更具艳丽的彩虹效果，颜色干净、鲜艳，侧面显得更加暗淡。

（2）底色漆层调色

底色漆调色可以通过颜色代码查找颜色配方。在无法找到原厂颜色代码的情况下，可以在车身上找到喷有底色漆的部位，如行李舱内侧、油箱盖背面、发动机罩内侧等部位保留着原始的底色，这种暴露的颜色与实车会有轻微差别；也可以打磨需要修补位置的面漆，露出底色层，然后进行比色。

（3）珍珠层调色

珍珠层的颜色主要由车身正面颜色和珍珠颗粒分布决定，喷涂珍珠层的层数不同，颜色也会不同（见图4—3—10）。因此，对于所有三工序珍珠色的调配来说，制作分层试板以供比色是非常必要的步骤，其方法是先施涂底色漆层，等到底色漆彻底干燥后进行分层遮蔽（见图4—3—11），分层喷涂试板，然后比较颜色，确定珍珠漆的喷涂层数。

图 4—3—10 珍珠层数对颜色的影响

（4）试板的喷涂

在试板上喷涂底色漆并充分干燥，然后进行分层遮蔽；充分搅拌珍珠色漆（珍珠色母颜料比重大，容易沉淀），模拟实际喷涂条件喷涂珍珠漆，每喷涂一道珍珠色漆，撕去一层遮蔽纸，使样板的四部分珍珠层分别为四层、三层、二层、一层；珍珠层干燥后，在整个试板上喷涂双组份清漆，然后烘干或用红外灯固化。珍珠色漆分层试板效果如图4—3—12所示。

图 4—3—11 分层遮蔽

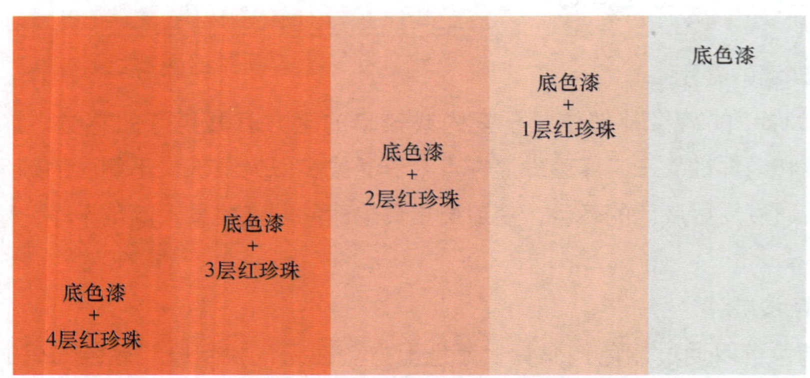

图 4—3—12 珍珠漆分层喷涂后的效果

（5）样板比色及颜色微调

待清漆干燥后，将样板与修补区邻近的原车色做比较，观察喷涂几层珍珠色漆颜色最为接近待修补区；如果分色样板1~4层珍珠的颜色均有差异，需要重新从底色层开始调色，再制作分色样板，直到找到最为接近的样板为止。

三工序珍珠色是颜色层和珍珠层的合成颜色，其颜色大多取决于底色漆层的颜色。如果四层珍珠色和车身颜色还是不符，则继续微调底色漆层或者采用正确的修补工艺，不要试图通过增加珍珠层来达到颜色一致。珍珠漆颜色微调的难度较大，建议采用修补晕色技术解决颜色的差异，以免浪费时间。

四、珍珠漆调色方法和技巧

1. 珍珠漆调色的基本原则

（1）珍珠漆调色一般选用低浓度的透明色母。

（2）调整珍珠漆正侧面主要依靠底色漆色母来表现，珍珠色母的种类、数量和粗细程度对颜色的影响占其次（浅色或纯珍珠漆除外）。

（3）珍珠漆调色本着先调深浅，再调色调的原则；以调整正面色调为主，兼顾侧面色调、珍珠颗粒大小、数量是否接近的原则。

2. 珍珠漆调色的方法和技巧

（1）明度调整方法

珍珠漆的光泽比较柔和，可通过加入主色母（底色漆色母）、珍珠色母与黑色母来调整明度。加入主色母与黑色母颜色变深，减少主色母与黑色母颜色变浅；加入珍珠色母颜色变鲜艳，同时向珍珠色母色调方向变化；不要加入高浓度的白色母，这会使珍珠漆整体变浊、不鲜艳，如果想调浅，可以加一些白珍珠、金属漆树脂或主色母来冲淡。

（2）色调调整方法

1）蓝珍珠系列。根据样板色调选择绿相蓝、蓝绿、通蓝和发红蓝等1K素色色母，以及根据珍珠种类、粗细和数量选择蓝珍珠等珍珠色母，颜色不够深时可加入1K黑色母，正面不够蓝、绿可适当加入透明黄或黄珍珠、绿珍珠，侧面红可选择发红蓝、紫红、栗红、纯紫等素色色母或加入紫珍珠来调整。

2）红珍珠系列。红珍珠色母特性是正面红色、侧面带紫，或正侧面都为鲜红色。正侧面色调不够红、黄时，可选择栗红、酱红、棕红、透明黄来调整，不够紫时可选择深红、玫瑰红、紫红来调整，不够深时加入黑色母调整（加入黑色母会变深、变紫、变浑浊）。红珍珠一般与古铜珍珠、紫珍珠、黄珍珠等搭配使用。多加红珍珠与黑色母，会使正面颜色变浅，侧面变深；加入蓝、紫红等色母，侧面会向黑与浑浊方向发展。

3）绿珍珠系列。常见的绿珍珠为墨绿珍珠，一般与蓝珍珠、黄珍珠等搭配使用。绿珍珠正侧面偏蓝绿时可加蓝绿色母与蓝珍珠，偏黄绿时可加黄色母与黄珍珠或透明黄，侧面偏红时可加少量紫、栗红、紫红或深红，正面不够红时可加入紫珍珠。调配绿珍珠时发现正面比车身浅、不够绿，侧面颜色一致时，是因为银粉加黑色母造成的，可直接加入绿色母来进行调整。如果侧面过绿，可加入紫红等红色母，同时正面变深。当正面比车身绿、鲜艳，侧面颜色浅时，可加入黑色母调节深浅，侧面红可加纯紫、栗红、紫红等色母调整。

4）黑珍珠系列。黑珍珠一般与蓝珍珠、红珍珠、紫珍珠、绿珍珠、白珍珠及古铜珍珠等搭配使用。黑珍珠偏蓝时，选用蓝相黑，也可加入蓝色母；蓝珍珠偏深时，可加入白珍珠与少量透明白；如果不够红相，可选用红相黑，或加入深红、栗红等红色母，或黄相珍珠。

5）白珍珠系列。白珍珠是珍珠漆中一个特殊的系列，因为要使白珍珠飘浮在汽车表面，发出迷人的光芒，在喷涂操作中一般要做三道工序。先喷涂1K白色漆做底色，再喷涂白珍珠，最后喷涂双组份清漆，所以在调配白珍珠时一般只调底色。白色以纯白为主色，分为蓝白与黄白。蓝白一般为群青色母加紫红色母或铁红色母，黄白一般为少量黑色加黄色母或铁红色母。白珍珠一般不用调整，直接喷涂。

（3）彩度调整方法

珍珠漆的彩度可通过加入黑色母和珍珠、主色色母与补色色母等方法调整。颜色太鲜艳要变浊一些时，可加黑色母或补色色母，也可减少主色母与珍珠色母，或加少量银粉。颜色太浊要变鲜艳一些时，可减少黑色母或加入主色母与珍珠色母。

3. 珍珠漆调色的注意事项

（1）珍珠云母颜料的特性是在直射日光或类似光源下，会变得特别显眼，在调色比色时，须在直射日光或类似光源下实施。

（2）依照珍珠云母颜料的添加量多少，涂料的珍珠感变化很大，调色时珍珠云母颜料的计量调色必须准确，微调时也必须小心添加。

（3）由于珍珠云母颜料比重大，会很快沉淀，用稀释剂稀释后沉淀的倾向更明显，喷涂前必须充分搅拌，否则将无法获得所需的颜色。

（4）依据涂膜厚度或干、湿喷涂方式的不同，珍珠漆的颜色变化很大，因此，在调色时，喷涂试板的条件必须与实车涂装相同。

技能训练

训练1　三工序白珍珠颜色的调整

以雷克萨斯汽车三工序白珍珠为例，阿克苏色号为 LEX062。

1. 调色前准备

方法：

（1）做好调色安全防护。

（2）确定待修补汽车面漆类型，选择面漆并确定用量。

（3）准备好作业场地，调色用的工具、设备和资料。

（4）充分搅拌色母。

提示：

调色前的准备工作要充分，以确保调色工作高效率进行。

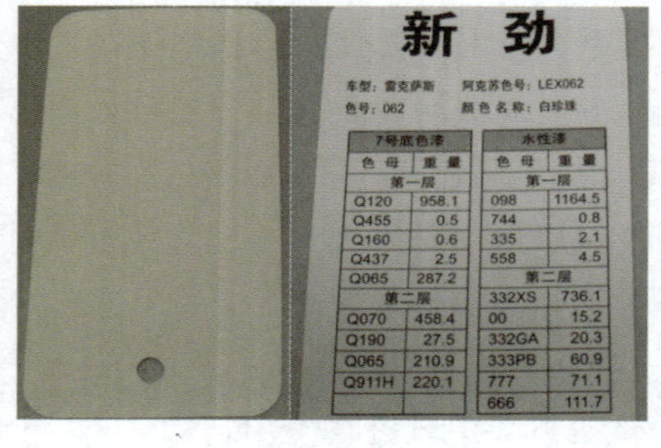

新　劲

车型：雷克萨斯　阿克苏色号：LEX062

色号：062　颜色名称：白珍珠

7号底色漆	
色母	重量
第一层	
Q120	958.1
Q455	0.5
Q160	0.6
Q437	2.5
Q065	287.2
第二层	
Q070	458.4
Q190	27.5
Q065	210.9
Q911H	220.1

水性漆	
色母	重量
第一层	
098	1164.5
744	0.8
335	2.1
558	4.5
第二层	
332XS	736.1
00	15.2
332GA	20.3
333PB	60.9
777	71.1
666	111.7

2. 车身颜色配方的查询

方法：

（1）根据车型颜色信息，在阿克苏调色系统资料库中找出对应的色卡。

（2）将色卡与车身实际颜色进行比对，确认颜色正确后，找出雷克萨斯汽车三工序白珍珠的颜色配方。

提示：

白色珍珠层一般不需要调色，只要知道白珍珠的种类或色母编号，找出色母就可以直接喷涂。

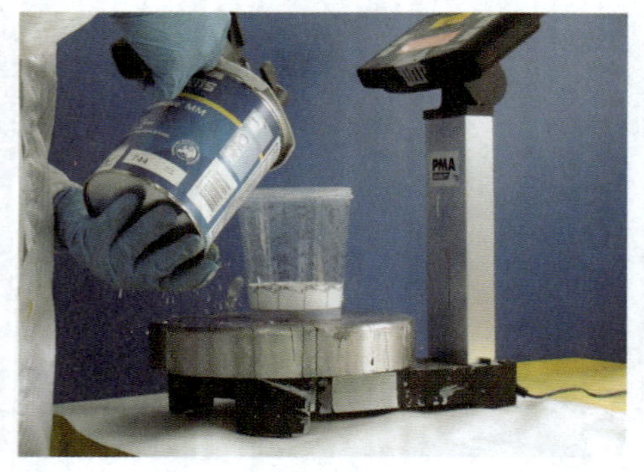

3. 白色底色漆的调色

（1）添加、称量底色漆的色母

方法：

1）根据颜色配方的比例和需要调配底色漆的量，计算各色母添加的绝对量。

2）根据计算结果，按照质量从大到小的顺序，依次添加和称量色母。

提示：

色母的称量要求准确，否则会影响调色效果。

续表

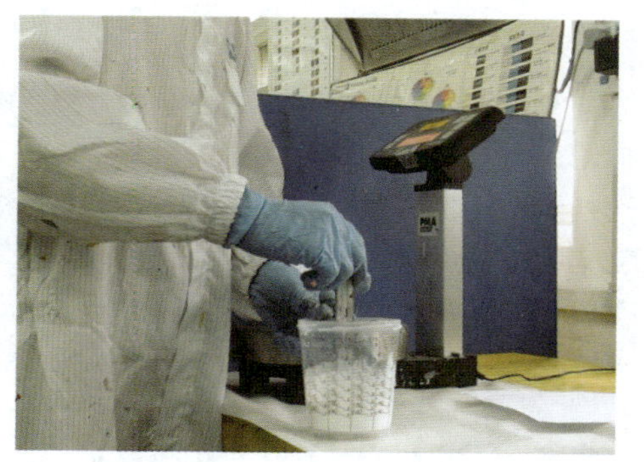	（2）搅拌混匀，试比色 方法： 1）用调漆尺充分搅拌，使混合涂料整体颜色均匀一致，无杂色。 2）提起调漆尺，将调漆尺上涂料的颜色与标准底色漆的颜色相比对，观察有无颜色差异。 提示： 底色漆的标准颜色取自车厢内部未喷涂珍珠层的部位，或经打磨去除清漆和珍珠层的修补区域。
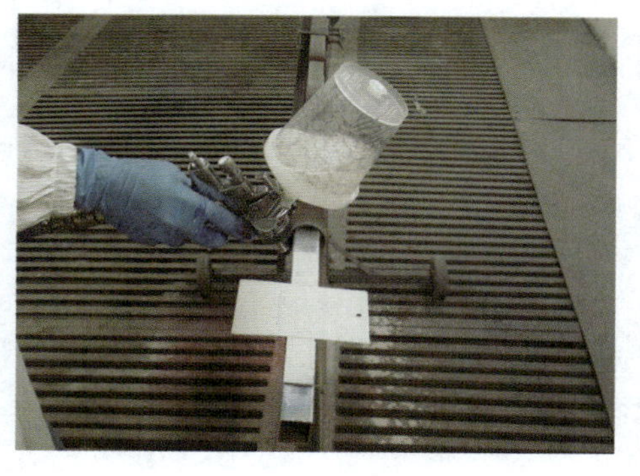	（3）喷涂、干燥实验样板，比色，视情微调 方法： 1）喷涂实验样板，干燥实验样板。 2）将实验样板与标准底色漆的颜色进行比对，观察有无颜色差异。 3）如果存在颜色差异，则需要进行珍珠底色漆颜色的微调。 提示： 底色漆颜色微调的方法与前面素色漆微调的方法一致。
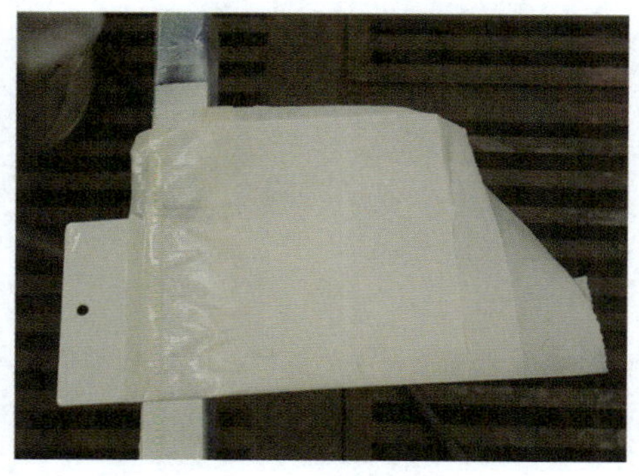	（4）分层遮蔽 方法： 1）将实验样板平均分成四等分，用遮盖纸分层遮盖。 2）第一层遮盖纸遮盖样板的1/4，第二层遮盖纸遮盖样板的1/2，第三层遮盖纸遮盖样板的3/4，露出部分为样板的1/4大小。 提示： 样板的遮盖要严实，各部分面积相等。

续表

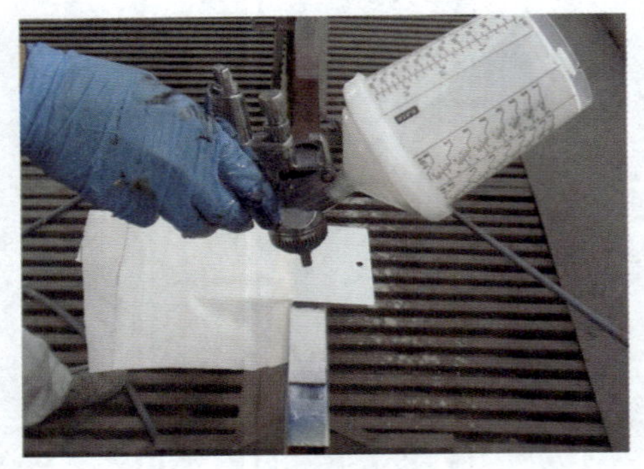

4. 调配白色珍珠层，喷涂样板并干燥

方法：

（1）按照阿克苏7号底色漆第二层的配方调配白珍珠层。

（2）分层喷涂。第一次喷涂未遮盖部分，稍干后揭去面层遮盖纸，喷涂第二层珍珠，以此类推，喷涂第三层、第四层珍珠。

（3）完成珍珠层喷涂，闪干10~15min后喷涂清漆。

提示：

白珍珠层颜色不需要进行微调，但其喷涂手法和喷涂条件要与实车喷涂保持一致。

5. 喷涂清漆，干燥

方法：

（1）待珍珠层溶剂基本挥发后，在珍珠层表面按照面漆的喷涂规范喷涂清漆。

（2）按照面漆干燥的程序干燥实验样板。

提示：

严格按照与实车喷涂一致的工艺和方法喷涂清漆和干燥涂膜。

6. 颜色比对，分析颜色差异，确定珍珠层数

方法：

（1）将实验样板各层与标准样板的颜色进行比对，发现喷涂三层珍珠处的颜色与标准颜色最为接近，因此，可以确定车身面漆喷涂珍珠的层数为三层。

（2）记下珍珠漆喷涂的喷涂参数，为后面实车喷涂提供依据。

提示：

如果实验样板上任意一块的颜色都与标准样板相差很大，则需要考虑喷涂手法和底色漆颜色是否与实车一致。

续表

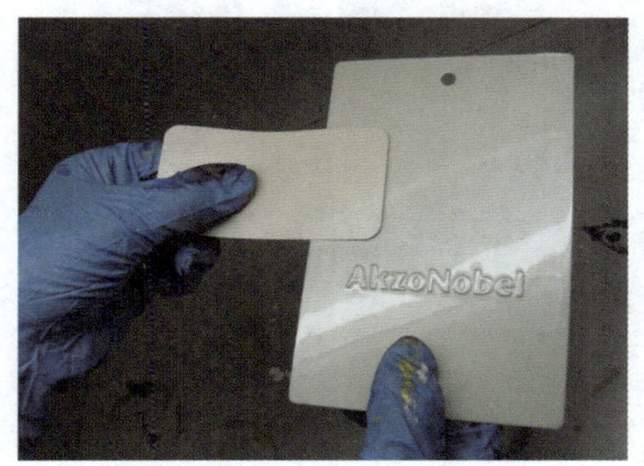

7. 视情进行颜色的调整

方法：

（1）分色样板上找不出相近颜色，则应重新调配底色漆。

（2）分色样板中有与目标板很接近的颜色，完成调色。

（3）分色样板与目标板有一定的颜色差异，但能与目标颜色类似，可以不进行颜色微调，通过过渡喷涂解决。

提示：

三工序珍珠漆调色比较复杂，有少量色差都尽可能采用过渡喷涂解决，这样能大大提高汽车涂装修补的效率。

8. 整理试验样板，做好“6S”工作

方法：

（1）将调色中制作的试验样板做好记录，整理归档。

（2）清洗喷枪，清洁其他调色工具和设备。

（3）清扫场地，优化调漆间的布置。

（4）做好调色工具设备的使用记录。

提示：

将调色中制作的实验样板归档，有利于提高今后调色的作业效率和准确度。

训练2　三工序红珍珠颜色的调整

以雷克萨斯汽车三工序深红珍珠颜色为例，阿克苏色号为 LEX3R5。

1. 调色准备：准备调色工具，查询配方。

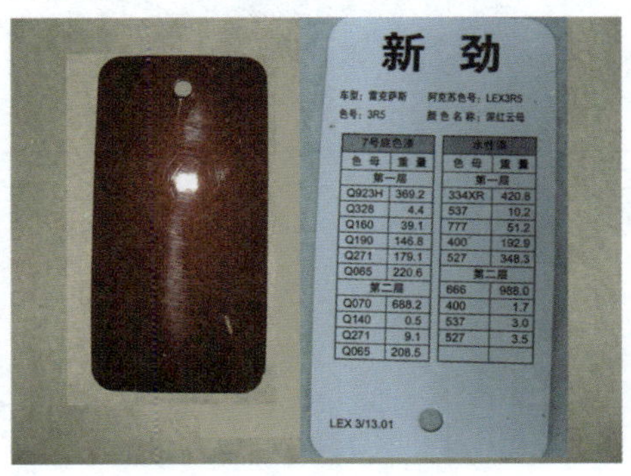

2. 红底色漆配方调色：按配方添加底色色母。

续表

3. 红色底色漆调色：喷板、比色，视情微调。 	4. 珍珠层配方调色：按配方添加珍珠色母。 
5. 分层遮蔽：按照训练 1 中方法遮盖样板。 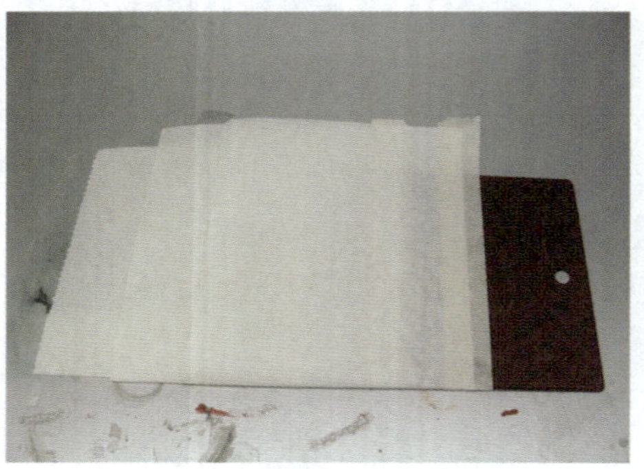	6. 制作样板：分层喷涂珍珠层，最后喷清漆。 
7. 颜色比较：确定珍珠层数、珍珠颗粒及闪光效果的差异。 	8. 完成调色：根据所调颜色与标准颜色的接近程度，视情况添加色母，完成调色。 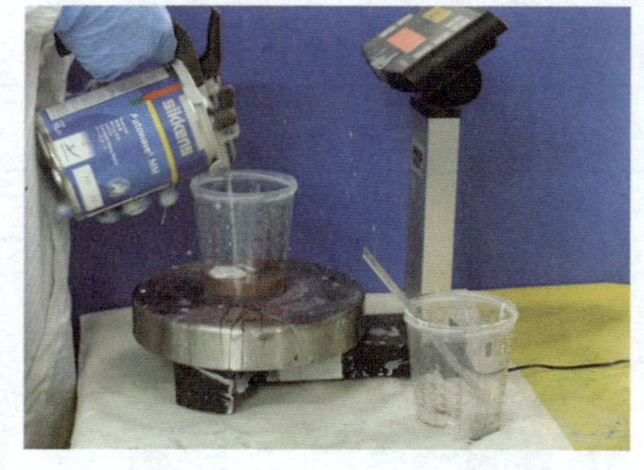

训练评价

考核要求

1. 在规定的时间内，完成珍珠漆颜色的调整，使之符合技术标准。
2. 应及时纠正在操作过程中出现的违规操作。
3. 符合安全文明生产的要求。

考核标准

考评标准表——珍珠漆颜色的调配

考核时间	考核项目	分值	评分标准与指导	评价结果
60 × 2 min	调色工具和设备的正确使用	10	工具使用不当酌情扣分，并指正	
	三工序白珍珠漆颜色的调整	40	按要求酌情扣分，并指正	
	三工序红珍珠漆颜色的调整	40	按要求酌情扣分，并指正	
	“6S”操作规范	10	每项扣 2 分，扣完为止	
	遵守相关安全操作规范		因违规操作发生人身和设备事故，终止考核，成绩按 0 分计；超时，每分钟扣 2 分，超时 5 min 终止考核	
	分数合计	100		

思考题

1. 简述珍珠漆调色施工的程序和要点。
2. 珍珠漆颜色调整的原则是什么？珍珠漆调色有哪些注意事项？

课题四　汽车水性漆调色

学习目标

1. 了解汽车水性漆的组成和分类。
2. 熟悉汽车水性漆的特点和储存方法。
3. 熟悉汽车水性漆的色母特性。
4. 掌握汽车水性漆的调色程序。
5. 掌握汽车水性漆的调色技巧和注意事项。
6. 能初步进行汽车水性漆颜色的调配。

知识准备

一、汽车水性漆基础知识

汽车水性漆是以去离子水作为油漆的主要溶解物和稀释剂，以有效减少油漆中挥发性有机化合物含量的油漆。汽车水性漆每平方米比溶剂型漆减少140~150g挥发性有机化合物排放，是目前最为环保的一种汽车油漆。我国一些大型汽车制造公司和4S店已经使用汽车水性漆，国内市场上有PPG公司Aquabase Plus、杜邦Cromax、鹦鹉90-系列、施得乐Standohyd、劲亮Autowave等国际知名品牌的水性漆。国内市场上的品牌汽车水性漆如图4—4—1所示。

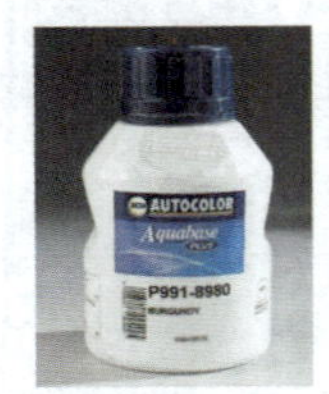

Aquabase Plus水性漆

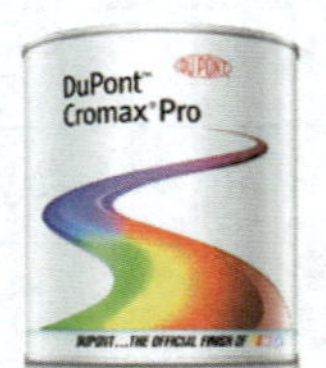

杜邦Cromax水性漆

鹦鹉90-系列水性漆

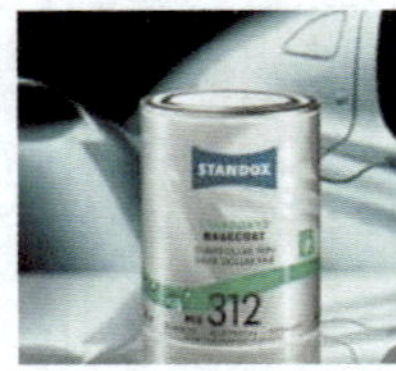

施得乐Standohyd水性漆

劲亮Autowave水性漆

图 4—4—1 国内市场上的品牌汽车水性漆

1. 汽车水性漆的组成

水性漆与传统溶剂型漆一样，基本成分包括树脂、颜料、溶剂和添加剂等。水性漆的主要溶剂是水，树脂分散在水中形成聚合物分散体系，而传统溶剂型漆的溶剂主要是有机溶剂，树脂在溶剂中形成聚合物溶液，这就是水性漆与溶剂型漆的最大差别。水性金属底色漆与溶剂型金属底色漆各成分含量的比较见表4—4—1。

表 4—4—1 水性金属底色漆与溶剂型金属底色漆的成分含量比较

油漆的成分	水性金属底色漆（%）	低固体分溶剂型金属底色漆（%）
固体分	21	13
有机溶剂	14	87
水	65	0

水性底色漆主要有丙烯酸和聚氨酯漆两类。水性清漆由于价格较高，尚未广泛应用，目前，普遍采用高固体分溶剂型罩光清漆。

2. 汽车水性漆的分类

汽车水性漆以水作为溶剂或者作为分散介质，按照树脂在水中分散的形态，可以分为水溶型漆、水分散型漆和水稀释型漆三种。汽车水性漆主要是水分散型漆和水稀释型漆。

水溶型漆是以水溶性树脂为成膜物质，以聚乙烯醇及其各种改性物为代表，除此之外还有水溶醇酸树脂、水溶环氧树脂及无机高分子水性树脂等。水分散型漆主要是指以合成树脂乳液为成膜物配制的漆，水性漆中的合成树脂在乳化剂作用下，经机械搅拌聚合成小粒子团，分散在水中形成分散型乳液。水稀释型漆（俗称乳胶漆）是以后乳化乳液为成膜物配制的漆，先使溶剂型树脂溶在亲水有机溶剂中，然后在乳化剂的帮助下，靠强烈的机械搅拌使树脂分散在水中，制成的漆在施工中可用水来稀释。汽车水性漆树脂类型比较见表4—4—2。

表 4—4—2　　汽车水性漆树脂比较

项　目	水溶型	水分散型	水稀释型
分散形态	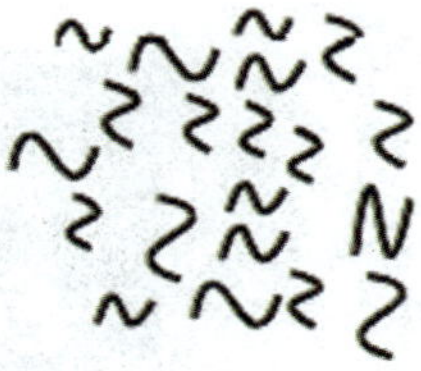		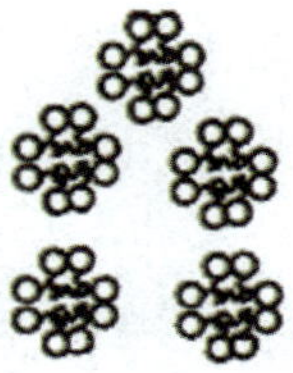
树脂外观	透明	半透明→乳白	乳白
树脂粒径	< 0.01	0.01~0.1	> 0.1
树脂分子量	小	中	大

3. 汽车水性漆的特点

由于水的特性与有机溶剂有很大的不同，所以水性涂料相对于溶剂型涂料也有很大差异。水性漆表面张力大，难以渗入涂装表面的针眼和细缝，水性漆难润湿，颜料分散性不是很好；水的汽化温度高，涂料喷涂时不易挥发，在施工过程中要加入预热工艺；水性漆随着搅拌力的增强其黏度会急剧下降，对容器、输送管路、喷漆室等易受潮部位有腐蚀性。

与溶剂型漆相比，水性漆在施工性能上要比溶剂型漆差，但在世界各国环保法规的要求下，经涂料专业研究人员的不断改进，现在的水性漆的各项性能已经与传统溶剂型漆相当。市场上优质汽车水性漆的性能特点见表4—4—3。

表 4—4—3　　市场上优质汽车水性漆的性能特点

性能指标	性 能 特 点
环保性能	水性漆无味、无溶剂蒸气；优质水性漆涂装排放的VOC较溶剂型漆降低了73.5%，符合当今法律法规的要求，利于环保，改善了工作环境，更有利于使用者身体健康
适应性能	优质水性漆无重涂敏感性，不会与基底发生反应，特别是与原厂漆不会发生反应
施工性能	优质水性漆施工方法简便，容易实现溶剂型涂料涂装到水性涂料涂装的转换，与车间标准修补设备基本兼容

续表

性能指标	性能特点
颜色特性	优质水性漆的颜色鲜艳、遮盖力强，能有效地节省修补时间；有些品牌的水性漆的色母无须搅拌，有效地减少能源的消耗和噪音污染
修补性能	优质水性漆驳口容易，效果良好，能节省大量工作时间，提高生产效率
涂膜外观	优质水性漆涂膜外观光滑平整，能提高涂层的光泽度和鲜映性

4. 水性漆的储存

水性漆对温度很敏感，如果储存温度低于冰点就会导致色母中活性物质沉淀，水性漆就不均匀，经过重新加热后，水性漆也不会回到均质状态，它的特性已被破坏。水性漆储存的温度应控制在5~30℃之间，最佳储存温度为15℃，一般存放在专用温控柜中，水性漆储存用的温控柜如图4—4—2所示。

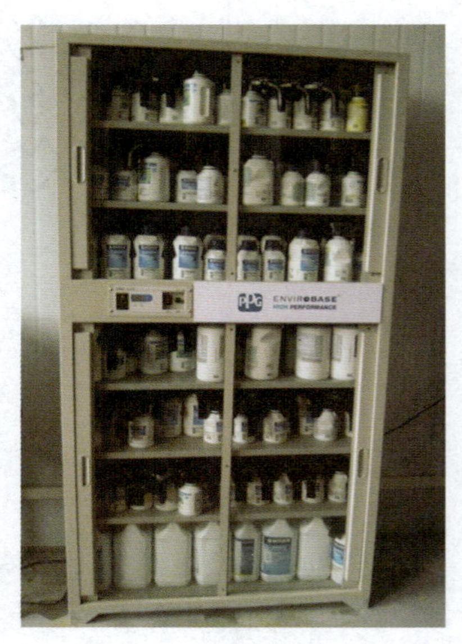

图 4—4—2　水性漆储存的温控柜

水性漆中含水，会使传统油漆喷涂设备产生腐蚀，不仅损坏设备，而且油漆本身易受3价离子（如Fe^{3+}）的影响，使油漆的流变特性发生变化。因此，要求所有接触到水性漆的设备使用不锈钢或塑料制品。

水性漆树脂一般能储存1年，加入稀释剂后的混合涂料最长能保存6个月，但其稳定性仅3个月时间，对储存有较高要求。因此，国内汽车公司如使用水性漆不宜从国外进口，最好能从国内的水性漆生产基地直接进货。

二、汽车水性漆色母特性

汽车水性漆也与汽车溶剂型油漆一样，其调色系统中有水性素色色母、水性银粉色母、水性珍珠色母和控色剂等。汽车水性漆色母颜色鲜艳，遮盖力强。汽车常用水性漆素色色母的特性见表4—4—4，金属色母的特性见表4—4—5。

表 4—4—4　　PPG 公司 Aquabase Plus 品牌水性漆素色色母的特性

颜色类别	色母名称	使用限量（%）	在素色中	在银粉 / 珍珠中	
				正面	侧面
白色	纯白	2.5~100	主要使用	不常使用	
	特白	0~30	不常使用	黄色调	浅蓝调
	通透白	0~10	仅使用于微调	脏	变浅 / 变暗

续表

<table>
<tr><th rowspan="2">颜色类别</th><th rowspan="2">色母名称</th><th rowspan="2">使用限量（%）</th><th rowspan="2">在素色中</th><th colspan="2">在银粉 / 珍珠中</th></tr>
<tr><th>正面</th><th>侧面</th></tr>
<tr><td rowspan="5">黑色</td><td>通透黑</td><td>0~10</td><td>仅使用于微调</td><td colspan="2">仅使用于微调</td></tr>
<tr><td>石墨黑</td><td>0~80</td><td>不常使用</td><td>阴影效应</td><td>暗 / 呈片状</td></tr>
<tr><td>午夜黑</td><td>1~100</td><td>在冲淡色呈蓝相</td><td>蓝相</td><td>比深黑和暗黑更浅和更蓝</td></tr>
<tr><td>深黑</td><td>0~100</td><td>比暗黑更深、更蓝</td><td>稍带黄相</td><td>比暗黑更深</td></tr>
<tr><td>暗黑</td><td>0~100</td><td>黄相黑</td><td>微带黄相</td><td>比午夜黑更黑</td></tr>
<tr><td rowspan="12">红色</td><td>透明红</td><td>0~60</td><td>不能使用</td><td>金色 / 红相</td><td>多角度观察黄相稍浅</td></tr>
<tr><td>鲜红</td><td>0~70</td><td>不能使用</td><td>干净黄相</td><td>更干净，浅黄相</td></tr>
<tr><td>铁锈红</td><td>1~100</td><td>标准氧化铁红</td><td>脏蓝相</td><td>浊并带橙相</td></tr>
<tr><td>深紫红</td><td>0~60</td><td>蓝相红</td><td>比洋红更干净，蓝相</td><td>比洋红更浅，蓝相</td></tr>
<tr><td>透明红</td><td>0~60</td><td>不能使用</td><td>金色 / 红相</td><td>多角度观察黄相稍浅</td></tr>
<tr><td>通透铁锈红</td><td>0~10</td><td>仅使用于微调</td><td colspan="2">仅使用于微调</td></tr>
<tr><td>栗红</td><td>0~70</td><td>不常使用</td><td>黄相</td><td>黄相</td></tr>
<tr><td>透明洋红</td><td>0~60</td><td>不能使用</td><td>比深紫红更干净、更蓝</td><td>比深紫红更暗、更蓝</td></tr>
<tr><td>大红</td><td>0~100</td><td>干净亮红</td><td colspan="2">正面蓝相，侧面亮并干净。不常使用</td></tr>
<tr><td>酒红</td><td>0~60</td><td>不能使用</td><td>蓝相</td><td>黄相</td></tr>
<tr><td>棕色</td><td>0~60</td><td>不能使用</td><td>微带黄相</td><td>深棕色相</td></tr>
<tr><td>洋红</td><td>0~70</td><td>蓝相红</td><td>蓝相</td><td>深蓝相</td></tr>
<tr><td>橙色</td><td>橘黄</td><td>0~100</td><td>干净橙</td><td colspan="2">不常使用</td></tr>
<tr><td rowspan="7">黄色</td><td>芥末黄</td><td>1~100</td><td>标准氧化铁黄相</td><td colspan="2">正面脏黄 / 红相，侧面浊黄。不常使用</td></tr>
<tr><td>通透泥黄</td><td>0~10</td><td>标准铁黄</td><td>脏黄 / 红相</td><td>浊带黄</td></tr>
<tr><td>阳黄</td><td>0~60</td><td>不能使用</td><td>绿相</td><td>绿相</td></tr>
<tr><td>深琥珀黄</td><td>0~100</td><td>冲淡时干净红</td><td colspan="2">正面脏红相，侧面浊红相。不常使用</td></tr>
<tr><td>深黄</td><td>0~100</td><td>绿相黄</td><td colspan="2">正面脏黄相，侧面浊黄 / 绿相。不常使用</td></tr>
<tr><td>橙黄</td><td>0~60</td><td>不能使用</td><td>干净红相</td><td>角度观察时微绿稍浅</td></tr>
<tr><td>金黄</td><td>0~60</td><td>不能使用</td><td>金黄相</td><td></td></tr>
<tr><td rowspan="3">绿色</td><td>金绿</td><td>0~60</td><td>不能使用</td><td>金绿</td><td>绿相</td></tr>
<tr><td>透明绿</td><td>0~70</td><td>黄绿</td><td>黄相</td><td>黄相</td></tr>
<tr><td>深蓝绿</td><td>0~70</td><td>蓝绿</td><td>蓝相</td><td>比正面更蓝</td></tr>
</table>

续表

颜色类别	色母名称	使用限量（%）	在素色中	在银粉/珍珠中	
				正面	侧面
蓝色	通透蓝	0~10	仅使用于微调	仅使用于微调	
	皇家蓝	0~70	绿相蓝	比坚蓝更绿	稍带红相
	鲜蓝	0~70	绿相蓝	比坚蓝和皇家蓝更绿	浅红相
	发红蓝	0~70	红相蓝	红相	干净红调
	坚蓝	0~70	酞菁蓝	绿相	红相
	蓝色	无	绿相蓝	比坚蓝更绿	稍带红相
	黑紫	0~70	红相紫	干净紫	微带红相

表 4—4—5　PPG 公司 Aquabase Plus 品牌水性漆金属色母的特性

色母类别	色母名称	使用限量（%）	颜料颗粒特性	显色特性	
				正面	侧面
银粉色母	特幼银	0~100	传统型（鳞片状）细银		浅
	亮幼银	0~100		比中幼银更干净	比中幼银更暗
	中粗银	0~100	传统型（鳞片状）中银		
	中幼银	0~100	比 8992 稍细	比中粗银干净	比中粗银浅
	中闪银	0~100		干净/亮	暗
	粗闪银	0~100		干净/亮	比中闪银更暗
	特粗银	0~100	低遮盖力	亮/很粗	比粗闪银更浅、更闪
	闪烁金	0~100	遮盖力好	金色相	暗并微带红相
控色剂	哑浆/控色剂	0~20	提供更粗的外观	更暗/更脏	浅
	控色剂		通常使用于三工序珍珠颜色中		
白珍珠	特幼白珍珠	0~100		白色	很浅的白
	幼白珍珠	0~100	比特幼白珍珠粗，遮盖力低	比特幼白珍珠白，更干净	比中白珍珠白更浅
	中白珍珠	0~100	比幼白珍珠粗，遮盖力低	比幼白珍珠白，更干净	比幼白珍珠更暗

续表

色母类别	色母名称	使用限量（%）	颜料颗粒特性	显色特性	
				正面	侧面
干涉珍珠	中绿珍珠	0~100	低遮盖力	绿相	微带红相
	幼蓝珍珠	0~100	比中蓝珍珠细，遮盖低	蓝相	稍带黄，比中蓝珍珠更浅
	中蓝珍珠	0~100	比幼蓝珍珠粗，遮盖低	蓝相	微带黄
	中蓝绿珍珠	0~100	低遮盖	蓝绿相	微带黄相
	中黄珍珠	0~100	低遮盖力	黄相	微带蓝相
	中金红珍珠	0~100	比中黄珍珠粗	金黄色调	微带红调
	中红珍珠	0~100	低遮盖力	洋红相	微带绿相
	中紫珍珠	0~100	低遮盖力	紫相	微带黄相
着色珍珠	幼红珍珠	0~100	比幼褐珍珠粗，遮盖好	亮红相	红相，比幼褐珍珠更暗
	中铜珍珠	0~100	遮盖力好	铜色相	暗铜色
	幼褐珍珠	0~100	比幼红珍珠细，遮盖好	红相	浅红相
水晶珍珠	水晶银珍珠	0~100	比中白珍珠更粗、更闪	闪烁、亮白	浅、亮白
	香槟金珍珠	0~100	比中黄珍珠更粗、更闪	闪烁、亮金	比中黄珍珠更干净
	闪光红珍珠	0~100	比幼红珍珠更粗、更闪	闪烁、亮红	比幼红珍珠更干净
	银彩蓝珍珠	0~100	比中蓝珍珠更粗、更闪	闪烁、亮蓝	比中蓝珍珠更干净

三、汽车水性漆调色施工程序和调色要点

1. 汽车水性漆调色施工程序

汽车水性漆包含水性素色漆、水性银粉漆和水性珍珠漆，其调色施工程序与溶剂型漆大致相似。汽车水性漆总体调色施工程序如图4—4—3所示。

2. 汽车水性漆调色要点

（1）确定原车颜色。要确定原车颜色，首先确定原涂层的类型，判断原面漆喷涂是采用单工序、双工序，还是三工序，然后在需要修补位置附近抛光，去除灰尘，恢复本来颜色，最后在抛光区域借助色卡比对，以确定颜色。

（2）获取初始配方。获取初始配方的方法有三种：一是通过车身颜色代码查找配方；二是利用色卡比对找出最为接近的颜色，通过色卡获取配方；三是用测色仪直接检测（见图4—4—4），找出与车身颜色最为匹配的配方。

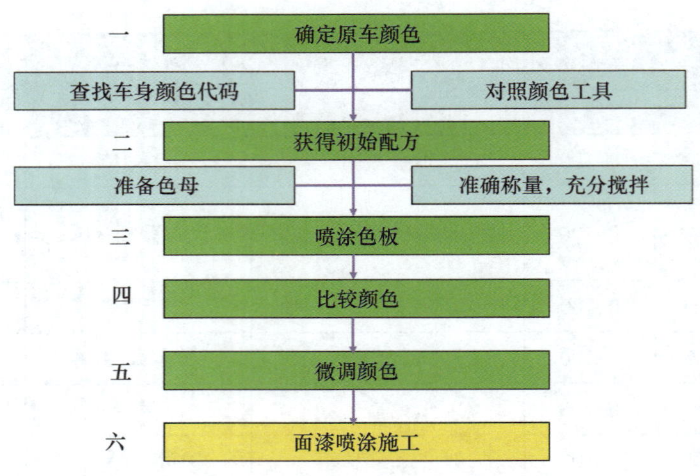

图 4—4—3　汽车水性漆总体调色施工程序

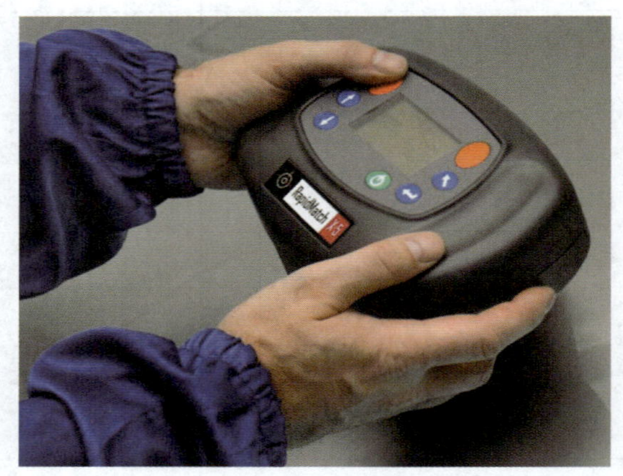

图 4—4—4　用测色仪直接检测车身颜色

（3）称量、添加色母。根据配方准确称量、添加各色母。色母称量精确是保证颜色调配准确的基本前提，色母质量微小的差别也会影响到最后的颜色，不能忽略不计。称量后要立即彻底搅拌，以确保颜色均匀一致。

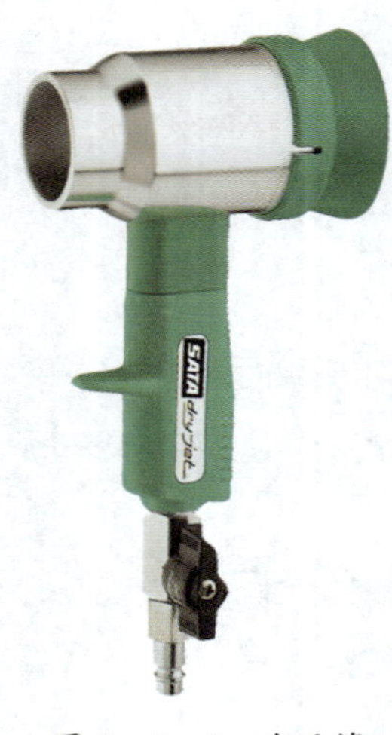

图 4—4—5　吹风筒

（4）喷涂色板。水性漆在湿膜状态下不能反映其真实颜色，所以无论是素色、银粉和珍珠漆调色，都应采用喷涂的方法制作实验样板。水性底色漆喷涂后必须用水性漆专用吹风筒（见图4—4—5）以40~60cm的距离、45° 的夹角吹干实验样板，然后喷涂清漆。

（5）比较颜色。实验样板干燥后，在自然光下对比颜色，不要在阳光直射处比色。如果颜色不对，要考虑选择的配方是否正确，称量是否正确，喷涂方法是否和喷涂车辆一致等因素。水性漆颜色比较一定要注意观察颜色的角度，正面观察采用与车身呈90° ~120° 角，半侧面观察与车身呈45° 角，侧面观察与车身约呈

180° 角，如图4—4—6所示。

图 4—4—6　水性漆比色的观察角度

（6）颜色微调。微调时，每加一种色母都要在电子秤上称量并记录重量，以统计出微调后的配方，将配方记录在试验样板背面，供以后比色用。这样就可以积累很多颜色的差异色，使今后的调色工作越来越轻松。

四、汽车水性漆微调技巧与调色注意事项

1. 汽车水性漆颜色微调的基本原则

（1）汽车水性漆颜色微调与溶剂型漆大致相似，本着先调深浅，后调色调和彩度的原则；色调以正面色调调整为主，以侧面色调调整为辅；水性金属漆调色还要兼顾银粉、珍珠颗粒的大小、数量是否与原车涂膜接近。

（2）水性漆颜色微调，应尽量选择原来配方中已有的色母。

（3）水性漆颜色微调，要熟练使用色母特性表，查看每一种色母在漆中所起的作用，这会有助于指导选择正确的色母。

2. 汽车水性漆颜色微调的基本方法

（1）从颜色的明度、色调、彩度三个方面调整。首先进行颜色的比对和分析，根据颜色配方和色母特性表，确定混合涂料中所缺的色母；加入适量色母后，再次比对颜色，从明度、色调和彩度三个方面去辨别，分析颜色的走向。如明度上是变深还是变浅，色调上是更红、更绿、更蓝，彩度上是更干净还是更脏。颜色明度、色调、彩度的对照图如图4—4—7所示。

图 4—4—7　颜色变化对照图

通过比对确定颜色走向是否正确，确定颜色走向后，按照先调深浅后调色调的原则，依次加入所缺的色母。色母的添加应该一个一个地完成，不要两个或两个以上的色母同时添加；每加完一次色母后都必须搅匀，进行颜色比对。当实验样板上的颜色与目标板的颜色一致或色差很小时，果断停止微调。

（2）解决水性金属漆侧面深的办法。在正面浅，侧面深，且颗粒不够粗、不够闪烁的情况下，加入控色剂；在正面微浅，侧面深，颗粒合适的情况下，可适量加入白漆；在颗粒粗，正面浅，侧面深的情况下，可换用适量同类型细颗粒银粉（同一种类银粉颗粒越粗，正

面越亮，侧面越深）；在颗粒闪烁，正面浅，侧面深的情况下，可适量用普通银粉代替元宝银，因为相近粒径的元宝银比普通银正面更亮，侧面更深，颗粒更闪烁；当正侧面都深时，可减少适量黑色或者配方中相对较深的色母。

（3）解决正侧面颜色反相问题。首先考虑配方中每一个色母的特性，有无引起反相的色母，如果有，则用与之相反颜色走向的色母替换。如蓝金属漆中正面偏红，侧面偏绿，首先查看配方里蓝色用的是否是皇家蓝，如果是，选用坚蓝、鲜蓝替换。珍珠漆可适量添加干涉型珍珠平衡正侧反相，也可适量添加不透明色母，这些色母都可以使珍珠漆在正面变化不大的情况下，侧面快速向相应颜色变化。如正面颜色接近，侧面偏红，可适量添加深黄使侧面快速变黄绿，但此类色母如过多添加会使正面变浊，金属质感变差。

3. 汽车水性漆调色注意事项

（1）每次使用色母后应把罐口擦干净或平时用遮蔽胶带贴在罐口。

（2）经常保持工作间的清洁，特别注意保持电子秤清洁。在手边准备好稀释剂和干净布，要随时擦拭溢漏的油漆。

（3）应避免把电子秤放置在振动或受气流干扰的地方，要远离振荡器等类型的设备。

（4）确保使用正确的喷涂气压、稀释剂和固化剂。

（5）水性漆色母应存放在5~35℃的环境中，存放和混合色母的容器必须是塑料容器。

（6）调配好的色母使用之前要彻底地搅拌均匀，过滤水性漆必须使用专用的尼龙过滤网。

技能训练

训练1　水性素色漆颜色的调整

以长安福特汽车水性素色漆奔腾黄为例，阿克苏色号为 CHF1000。

	1. 调色前准备 方法： （1）做好调色安全防护。 （2）确定待修补汽车面漆类型，选择面漆并确定用量。 （3）准备好作业场地，调色用的工具、设备和资料。 （4）充分搅拌色母。 提示： 调配汽车水性漆的调漆杯应该是塑料制品，杯内应清洁无污染。

续表

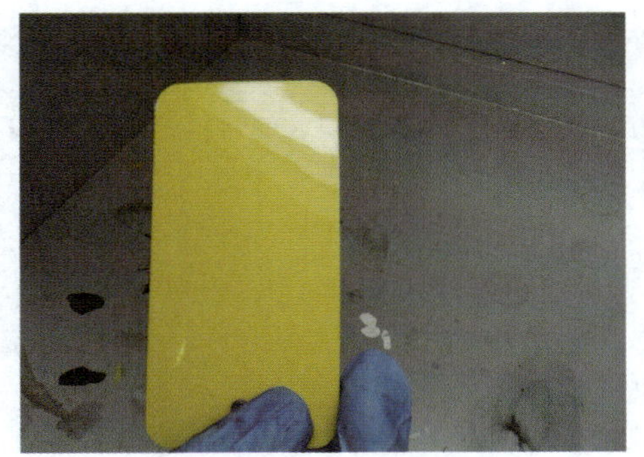

2. 车身颜色代码的查找

方法：

（1）根据车型颜色信息，在阿克苏调色系统资料库中找出对应的色卡。

（2）将色卡上的颜色与实际车身的颜色相比对，观察有无色差。

（3）在车身上或色卡的反面读出车身颜色代码。

提示：

同一颜色不同调色系统对应的颜色代码也不同，此处使用阿克苏调色系统，因此选用阿克苏颜色代码。

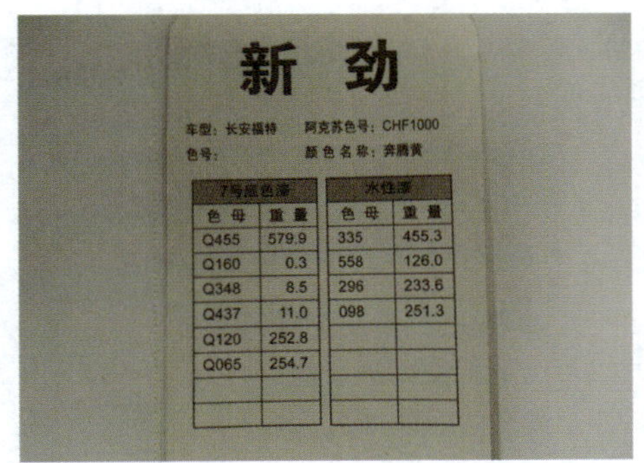

3. 车身颜色配方的查询

方法：

（1）将色卡与车身实际颜色进行比对，确认颜色正确后，在色卡的背面读取水性漆颜色配方。

（2）分析水性漆颜色配方，确定涂料的主色母、副色母以及各个色母的成分比例。

提示：

车身颜色代码用于在调色软件中查询配方，阿克苏色卡一面显示标准颜色，一面显示配方，查找很方便，减少了软件查询这一环节。

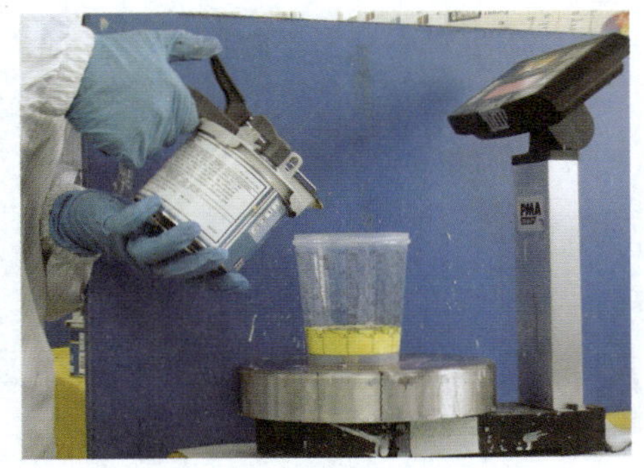

4. 添加、称量水性素色漆各色母

方法：

（1）根据阿克苏水性漆颜色配方和所需要调配色母的量，计算各色母添加的质量。

（2）校准电子秤，放上调漆杯清零后，按照质量从大到小的顺序，依次称量和添加色母。

提示：

添加色母前，要充分搅匀色母。有些优质的水性漆分散性能稳定，不易沉淀，可以免除搅拌过程。

续表

<table>
<tr>
<td>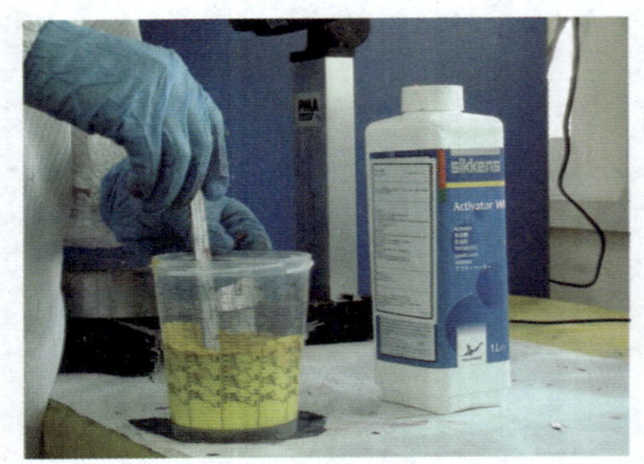
</td>
<td>5. 搅拌混匀，试比色
方法：
（1）用调漆尺搅拌混合涂料，使涂料颜色均匀无杂色。
（2）涂料混匀后，提起调漆尺，将色卡上的颜色与调漆尺上涂料的颜色进行比对，初步判断颜色差异。
提示：
试比色应在调漆尺提起后1~3s内比较颜色，这样会看得比较清晰。</td>
</tr>
<tr>
<td></td>
<td>6. 喷涂、干燥实验样板
方法：
（1）按照阿克苏水性色母的特性配制水性漆，以与实车喷涂条件和参数一致的工艺喷涂实验样板。
（2）用水性漆吹风筒以与样板呈45°角，400~600mm的距离吹干样板上的水性漆涂膜。
提示：
汽车水性漆吹风筒是用来干燥水性漆涂膜的专用工具，要按照上述方法规范使用。</td>
</tr>
<tr>
<td></td>
<td>7. 喷涂清漆，干燥
方法：
（1）待样板中水分挥发完全后，按照罩光清漆的喷涂工艺，在实验样板的水性底色漆上喷涂清漆。
（2）按照面漆的干燥规范对试验样板上的面漆进行干燥。
提示：
喷涂清漆前，底色漆中的水分一定要挥发完全，否则会影响样板上涂膜的质量。</td>
</tr>
</table>

续表

<table>
<tr><td></td><td>8. 颜色比对，分析颜色差异
方法：
（1）将实验样板与标准颜色进行比对，观察两者颜色差异。
（2）试验样板与标准颜色相比，彩度明显较低，明度较高，色调偏绿偏淡。
提示：
试验样板与标准色板的比色状态应该一致。</td></tr>
<tr><td></td><td>9. 对混合的水性涂料进行颜色微调，完成调色
方法：
（1）根据颜色分析的差异，加入主色母及微调色母，反复添加、比色，直到颜色差异变得很小。
（2）再次喷涂样板，进行颜色比较，精细分析色差，视情况添加色母，当试验样板的颜色与标准板颜色基本一致后，完成调色。
提示：
水性素色漆颜色微调的方法与油性素色漆基本相同，不同之处在于水性漆中水分必须完全挥发才能喷涂清漆，湿漆不能反映水性漆真实的颜色。</td></tr>
<tr><td>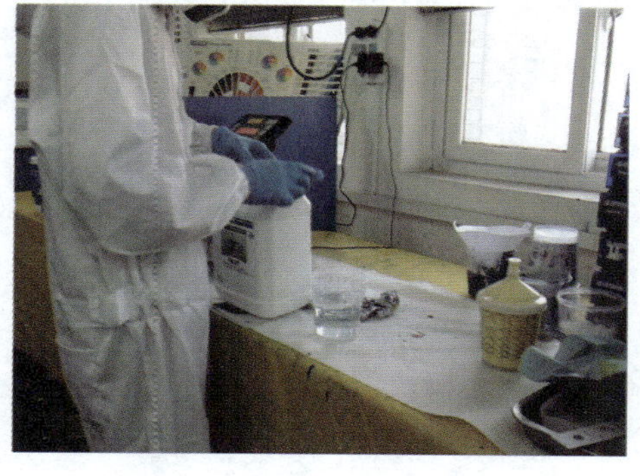</td><td>10. 整理试验样板，做好“6S”工作
方法：
（1）将调色中制作的试验样板做好记录，整理归档。
（2）清洗喷枪，清洁其他调色工具和设备。
（3）清扫场地，优化调漆间的布置。
（4）做好调色工具设备的使用记录。
提示：
将调色中制作的实验样板归档，有利于今后调色使用，提高调色的作业效率和准确程度。</td></tr>
</table>

训练2　水性银粉漆颜色的调整

以晶锐汽车水性银粉漆拉力绿为例，阿克苏色号为 SVWLF6Z（Y）CN。

1. 调色准备：准备调色工具，查询配方。

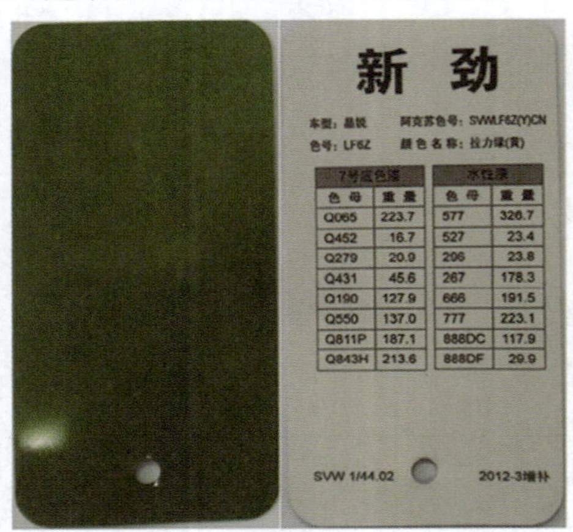

2. 配方调色：按配方添加色母，搅拌混匀。

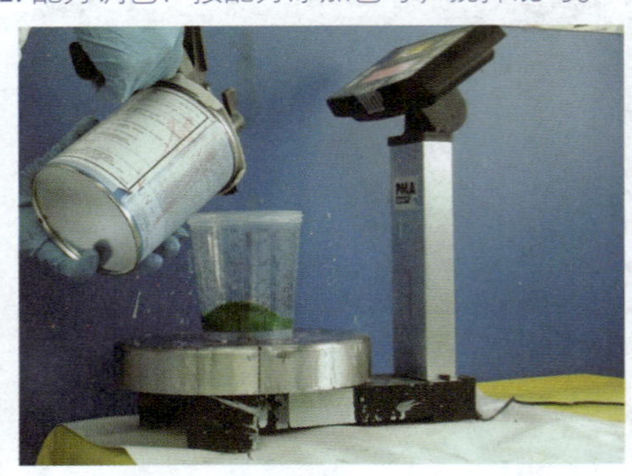

3. 视觉比色：制作试板、比色，确定颜色差异。

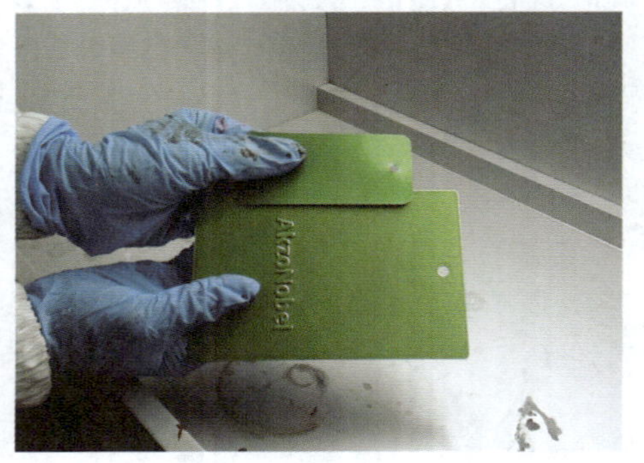

（1）喷涂样板，用吹风筒吹干涂膜，然后比色。

（2）颜色差异分析：试验样板与标准颜色相比，色调偏黄，明度正面亮，侧面暗，彩度稍低；银粉颗粒比较粗，闪光强烈。

（3）结论：所调颜色中缺少绿色色母；银粉颗粒较粗、较亮，应加入细银或幼银色母，也可根据具体情况加入适量的控色剂。

4. 颜色微调，完成调色。

（1）根据颜色分析的差异，加入主色母及微调色母，反复添加、比色，直到颜色差异变得很小。

（2）再次喷涂样板，进行颜色比较，精细分析色差，视情况添加色母，当试验样板的颜色与标准板颜色基本一致后，完成调色。

提示：

水性银粉漆微调与油性银粉漆微调的方法基本一致，这里不再做详细分析。

训练3　水性珍珠漆颜色的调整

以雷克萨斯汽车水性深红珍珠漆为例，阿克苏色号为 LEX3R5。

1. 调色准备

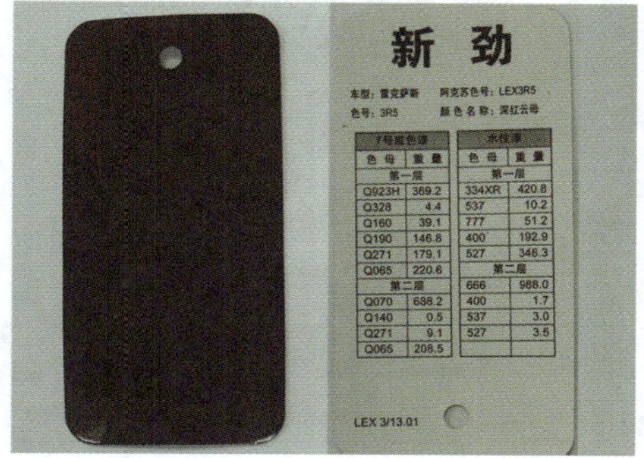

2. 水性底色漆配方调色与颜色微调

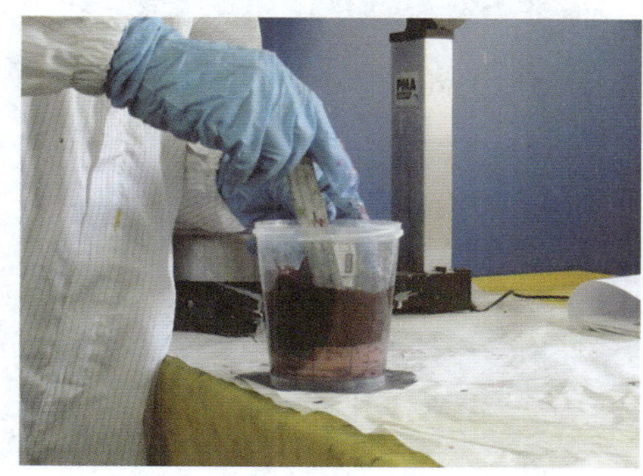

3. 珍珠层配方调色与颜色微调

4. 底色漆的喷涂

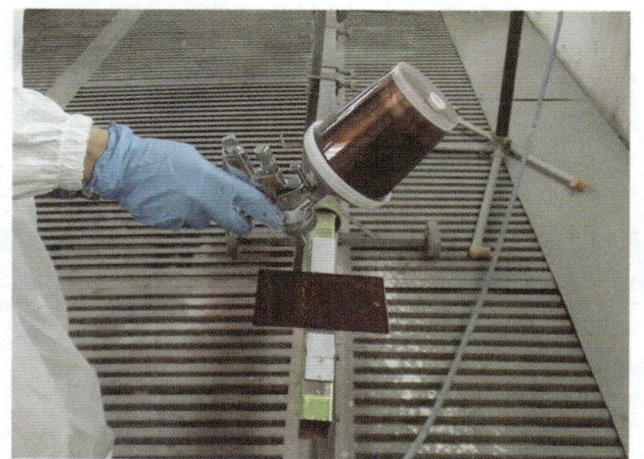

5. 分层遮蔽

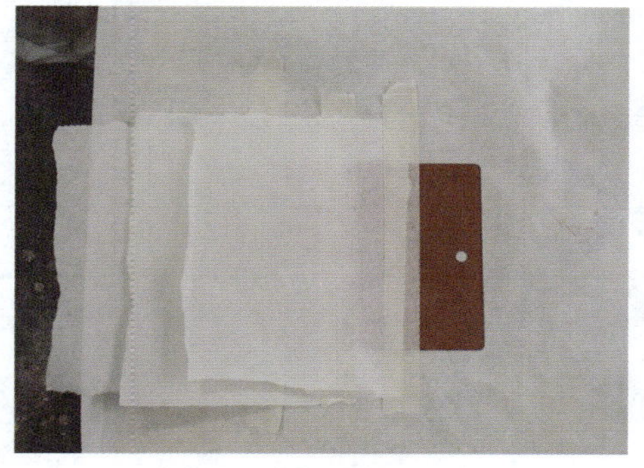

6. 分层喷涂

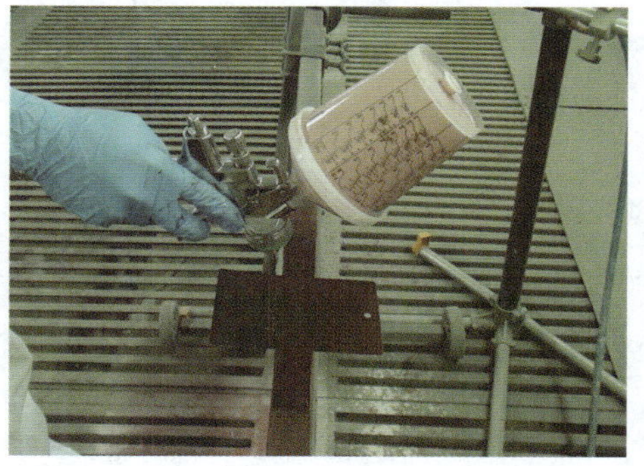

续表

7. 确定调色参数	8. 完成整体调色
	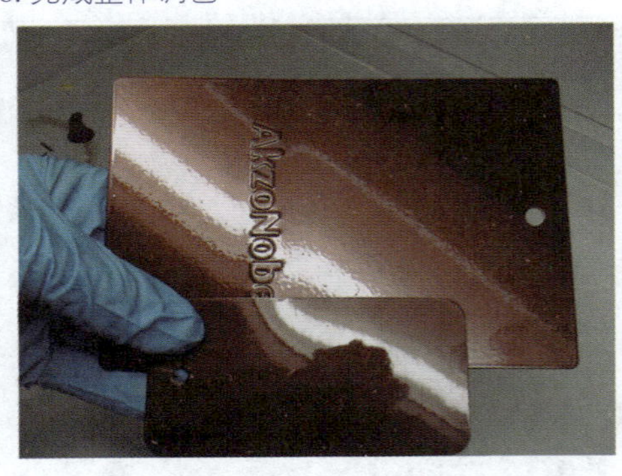

训练评价

考核要求

1. 在规定的时间内，完成汽车水性漆颜色的调整，使之符合技术标准。
2. 应及时纠正在操作过程中出现的违规操作。
3. 符合安全文明生产的要求。

考核标准

考评标准表——汽车水性漆颜色的调配

考核时间	考核项目	分值	评分标准与指导	评价结果
40 × 3 min	调色工具和设备的正确使用	10	工具使用不当酌情扣分，并指正	
	水性素色漆颜色的调整	25	按要求酌情扣分，并指正	
	水性银粉漆颜色的调整	25	按要求酌情扣分，并指正	
	水性珍珠漆颜色的调整	30	按要求酌情扣分，并指正	
	“6S”操作规范	10	每项扣 2 分，扣完为止	
	遵守相关安全操作规范		因违规操作发生人身和设备事故，终止考核，成绩按 0 分计；超时，每分钟扣 2 分，超时 5 min 终止考核	
	分数合计	100		

思考题

1. 简述水性漆调色施工的程序和要点。
2. 水性漆颜色调整的原则是什么？水性漆调色有哪些注意事项？

课题五　修补色差的分析与控制

学习目标

1. 了解外部因素对修补色差的影响。
2. 了解调色、喷涂色差产生的原因。
3. 掌握外部原因引起色差的控制方法。
4. 掌握修补色差的预防与补救的方法。
5. 能正确分析修补色差产生的原因。
6. 能正确预防和救治修补色差。

知识准备

一、修补色差概述

在汽车涂装修补中，修补区域与非修补区域出现颜色不一致的现象称为修补色差，简称色差。汽车涂装修补色差如图4—5—1所示。解决修补色差是汽车修补涂装的一大难题，据不完全统计，客户投诉修补色差占整个汽车涂装修理投诉的52%以上。如何减小修补色差，保证汽车涂装修补的质量是现在汽车维修企业一直探究的重要课题。

图 4—5—1　汽车涂装的修补色差

汽车涂装修补产生色差的原因很复杂，总体来说有汽车原厂颜色控制不当带来的色差，汽车修补漆及调色系统引起的色差，汽车修补调色失准，面漆喷涂失当等方面的原因。出现修补色差要针对具体情况仔细分析，找出原因，采取合理的预防和补救措施，以确保涂装修补质量，降低生产成本。

二、修补色差分析

1. 制造涂装对涂装修补色差的影响

原厂涂膜颜色是汽车修补调色的基础，当原厂车身实际颜色与原厂标准颜色不一致时，会给修补调色带来很大麻烦，往往导致调色失准，出现修补色差。

（1）汽车制造产生色差的原因

汽车制造是工业化大生产，在生产过程中由于设备和质量控制等多方面的因素会导致车身颜色产生差异。汽车制造过程中产生颜色差异的主要原因有：

1）不同的供漆系统带来的颜色差异。

2）汽车涂装生产线的运行速度不同带来的颜色差异。

3）汽车涂装生产线调试准确程度和生产线的故障带来的颜色差异。

4）涂膜厚度不同带来的颜色差异。

5）不同生产工厂之间的颜色差异。

（2）汽车原厂漆与修补漆的区别

1）固化温度不同。所有的汽车原厂漆都要经高温（140~210℃）烘烤固化，而汽车修补漆可以自然干燥，也可以低温烘烤，低温烘烤的温度一般在55~75℃。

2）喷涂设备不同。原厂漆喷涂使用的设备主要有机器人、往复机、旋转杯，为提高雾化和涂料利用率，现在汽车制造厂普遍采用静电喷涂技术，如图4—5—2所示；汽车涂装修补主要采用空气喷枪进行手工喷涂，如图4—5—3所示。不同喷涂设备喷涂的涂膜颜色不尽相同，尤其是银粉漆，采用静电喷涂与空气喷枪喷涂产生的颜色差异较大。

图 4—5—2　汽车制造厂的静电喷涂

图 4—5—3　汽车修理厂的手工喷涂

3）喷涂环境和喷涂工艺不同。原厂漆与修补漆施工的环境不同，采用的设备不同，采用的喷涂工艺也不同。喷涂压力、稀释比例、溶剂挥发速度等不同，会直接导致修补涂膜产生色差。

2. 修补漆及调色系统对修补色差的影响

（1）调色系统对修补色差的影响

完备的调色系统包括颜色配方系统、色卡、调色软件和色母系统等。色卡是否齐全准确，配方系统的更新，应用车型及其涵盖面，差异色的积累，专业颜色配方研究人员的配备等因素都直接影响修补调色的准确性。国际几大知名品牌的汽车修补漆都有自己独立的调色系统，选用哪种汽车修补漆就应使用对应的调色系统，否则容易造成颜色差异。

（2）调色色母对修补色差的影响

不同品牌汽车修补漆的色母种类和色母特性差异也很大，修补时应尽可能使用同一品牌的油漆；同一品牌色母因为生产的批次不同，也可能存在颜色差异；色母使用时间的长短，色母的保质期限，也是准确调色的一个重要影响因素。因此，色母系统的质量和稳定性是准确调色的基本前提。

3. 调色色差的原因分析

调色失准是产生修补色差的主要原因，调色环境和条件、调色工艺和方法、颜色微调技术是影响颜色调配准确程度的三大方面。

（1）调色环境和条件对修补色差的影响

1）调色光源。调色应使用自然光，在自然光不足的条件下采用国际照明委员会（CIE）推荐的标准光源。在自然光线过强或不足的环境下调色，利用日光灯或其他非标准光源调色都会导致修补颜色产生色差。

2）调色环境。调色处于鲜艳的彩色环境，调色者穿鲜艳颜色的衣服或带有色眼镜调色，环境周围反光强烈等都能直接导致调色失准。

3）调色设备。汽车修补调色应配备专业的调漆机（见图4—5—4）、电子秤（见图4—5—5）、调色电脑、比色灯箱、样板、烘箱和面漆喷枪，缺乏这些专业调色设备都难以保证调色的准确。

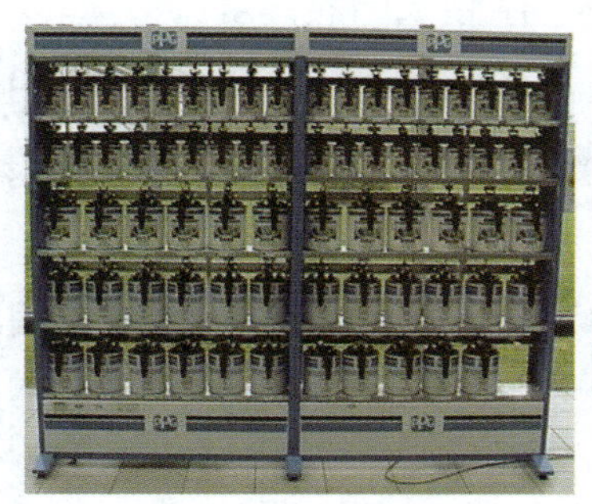

图 4—5—4　调漆机

图 4—5—5　电子秤

（2）调色工艺和方法对修补色差的影响

调色工艺和调色方法不当直接影响颜色调配的准确程度，其影响因素有以下十个方面。

1）车身颜色的辨别不够准确。

2）基础配方的确定出现错误。

3）调色前没有充分搅拌色母。

4）不能正确使用调色电子秤，电子秤置于振动或气流扰动的环境中。

5）色母称量不准确，色母添加顺序错误。

6）色母混合后搅拌不充分，微量色母混合不均匀。

7）比色样板制作不当，不能真实地反映混合涂料的颜色。

8）比色方法不正确，观察角度不正确，比色时涂层未干燥或涂层的厚度不一致。

9）未能充分考虑颜料沉降带来的颜色差异。

10）颜色分析不正确，不能准确把握颜色的走向。

（3）颜色微调技术对修补色差的影响

颜色微调是缩小修补色差的主要手段，微调技术程度的高低直接影响修补色差的大小。颜色微调技术不足主要表现为以下几个方面：

1）调色者不能正确分析颜色色调的走向、明度的变化和彩度的差异。

2）调色者对所使用色母的特性不熟悉。

3）调色者不能正确分析颜色的色母组成和各色母对混合涂料颜色的影响。

4）调色者添加微调色母的量不正确，添加不足或过量。

5）调色者经验不足，不能充分利用调色原理和调色规律，微调思路错误。

4. 面漆喷涂对修补色差的影响

（1）喷涂工艺对修补色差的影响

1）喷涂方式。面漆的喷涂方式有干喷和湿喷两种，同种油漆采用不同的喷涂方式其颜色会产生差异，特别是金属漆，干喷和湿喷使金属颜料颗粒的排列不同，颜色差异非常明显。

2）喷枪的使用。喷涂使用的喷枪与调色使用的喷枪不同会产生颜色差异；喷涂参数，如喷涂气压、喷涂流量、喷涂距离、喷涂速度等与喷涂样板不一致，也会产生颜色差异。

3）涂料配制。配制喷涂涂料的固化剂、稀释剂的比例和种类不同，也会出现颜色差异。

4）清漆类型。底色漆表面喷涂不同类型的罩光清漆，涂膜颜色也可能不同。

5）涂膜技术指标。涂膜的厚度、纹理和表面光泽度不同，可能产生颜色差异。

（2）过渡喷涂技术对修补色差的影响

1）局部修补过渡的边界选择不当，颜色过渡面积过小，产生颜色差异。

2）过渡喷涂技术不熟练，使修补区域与非修补区域之间过渡不均匀，出现颜色差异。

3）过渡喷涂的喷涂手法和喷涂参数与原涂膜差别很大，修补区域的涂膜纹理和光泽与非修补区域出现明显差异。

4）没有进行晕色处理或晕色处理不当，新旧涂膜之间出现修补痕迹。

5）涂膜干燥后，没有对边缘接口区域进行抛光，出现修补色差。

三、修补色差的预防与补救

1. 外部因素引起色差的控制

（1）准确把握调色依据

汽车修补调色的目的是调配出与待修补车身颜色一致的涂料，做到无痕修补。因此，修补调色应将实际车身的颜色作为调色标准。汽车在使用过程中受到紫外线照射、风雨侵蚀和周围环境的影响，天长日久车身表面的颜色就会发生变化，所以实际车身的颜色往往与汽车原厂的标准颜色之间存在差异。颜色初始配方对应汽车原厂的标准颜色，修补调色对应车身的实际颜色，修补调色以原厂标准颜色或原厂差异色为调色基础，通过颜色微调达到实际车身的颜色。

准确把握调色依据，首先用除油剂擦拭修补区域周围，除去表面的灰尘和油渍，用抛光剂研磨除去浮色，使涂膜表面露出本来的颜色；然后根据车身颜色代码在色卡上找出原厂标准颜色和差异色，将色卡上的标准颜色和差异色与修补区域周围的颜色比较，找出最为接近的颜色，根据色卡上的颜色信息在颜色资料库中找出配方（见图4—5—6），以此配方为基础进行调色。把握调色依据的要点是准确辨别车身颜色和找出与车身最为接近的颜色，比色时要反复分辨，仔细分析。

图 4—5—6　颜色配方查询

当然，也可以使用测色仪直接检测车身涂膜，然后在颜色资料库找出最为接近的颜色配方。需要注意的是，测色仪和调色软件提供的配方颜色与车身颜色也可能存在色差，要根据具体情况确定是否需要进行颜色微调。

（2）使用优质的调色系统

优质的调色系统能为修补调色提供多方位的技术支持，如色卡上的标准颜色和差异色，为调色提供了基础的颜色标准，调色软件和网上颜色配方查询系统便于快捷地查询和检索，颜色资料库积累了大量车型颜色信息和颜色配方，减轻了调色工作的强度，提高了调色效率。优质调色系统是准确调配颜色，减少颜色差异的外部保障。

色母质量可靠，颜色特性稳定是准确调色的基础条件。如果色母系统不稳定，调色人员即使掌握了色母特性和调色技巧，也很难调配出目标颜色。色母不同批次颜色出现差异，色母质量较差，都会直接导致修补色差。因此，使用优质的调色系统是控制修补调色色差的可靠途径。

（3）合理选用调色光线和调色环境

用于调色的最佳自然光是日出后3h到日落前3h之间的光线，不能在阳光直射下调色，可以采用北向窗户进入的自然光。国际标准ISO3668规定，用于调色的光源照度应不低于2 000lx，比色位置的光源照度应当控制在1 000~4 000lx之间，对深色漆照度应取上限。

国际照明委员会推荐D65光源为标准光源，它代表典型的日光。用于调色的比色灯箱（见图4—5—6）中配备了D65光源，其色温为6 500±300K，显色指数Ra≥95，与太阳光具有相近似的光谱分布，并且具有极高的显色性能。因此，在模拟日光条件下观察颜色，以D65光源为佳。

两个颜色在任何光源下观察都完全等色，称为同色同谱；两个颜色在某一光源下观察等色，而在另一种光源下观察不等色，这种现象称为同色异谱。为了避免出现同色异谱现象，用D65光源观察后，还需要用国际照明委员会推荐的A光源（A光源的色温为2856±10K，显色指数Ra＞98）观察，如图4—5—8所示。

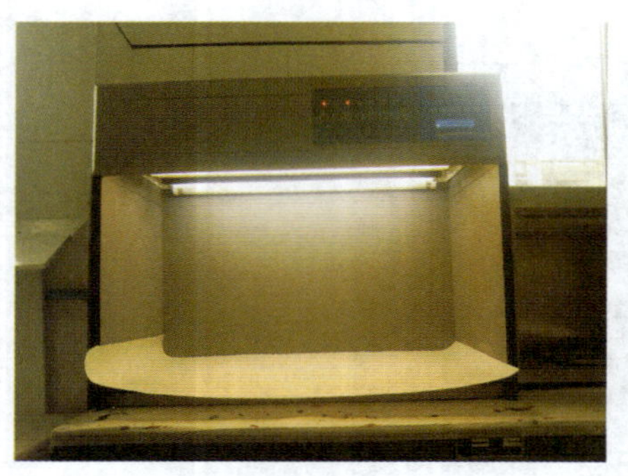

图 4—5—7 比色灯箱

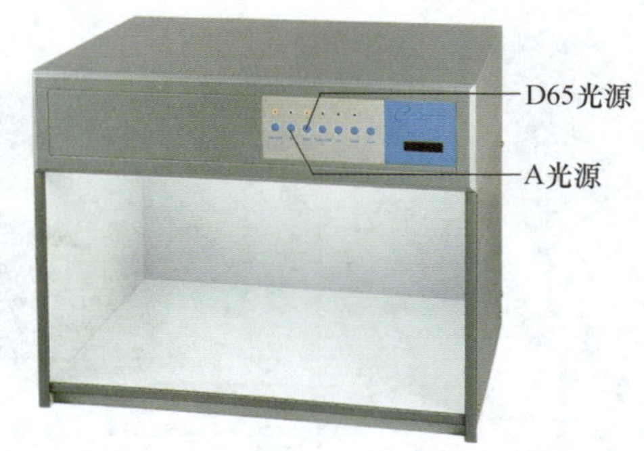

图 4—5—8 比色灯箱中的 D65 光源和 A 光源

调色的环境应无色彩影响，无反光。不能在色彩鲜艳的窗帘下调色，也不能在树下调色，调色环境应光线柔和，无阳光直射；调色者不能穿色彩鲜艳的衣服和佩戴有色眼镜，否则就会造成颜色差异。

2. 调色色差的预防与补救

（1）调色色差的预防措施

汽车修补调色包括配方调色和手工微调两个阶段，在这两个阶段中，预防色差的措施有：

1）准确辨别车身颜色，确定颜色调配基准。根据颜色代码，在自然日光下，对照清洁的车身找出最接近的差异色，选择调色的基础配方。

2）严格色母管理，确保色母均一稳定。所有新的色母在放上调漆机之前必须先手工搅拌，或用振荡器振荡均匀，然后再用调漆机搅拌15 min；所有色母必须每天搅拌两次，早晨上班时及中午午饭后分别搅拌一次，每次15 min；每次调色之前再搅拌至少5 min，调配好的油漆使用之前要彻底的搅拌均匀。

3）正确使用电子秤，准确称量色母。电子秤是精密的设备，其称量的精度为0.1g，要按照说明书的指示定期校正；电子秤应放置在调色架附近以方便称量，要避免振动和气流扰动；色母的称量一般使用色母的绝对量，以保证各色母加入的精确程度；在色母称重过程中涂料罐要轻拿轻放，以免引起读数不稳；添加色母应从调漆杯的中央加入（见图4—5—9），防止色母黏附在杯壁上影响调色的准确性。

4）正确制备比色样板。采用与实车喷涂一样的喷枪和喷涂技术制备样板（见图4—5—10），确保涂膜厚度、涂膜纹理、涂膜光泽等与原车涂膜基本一致。

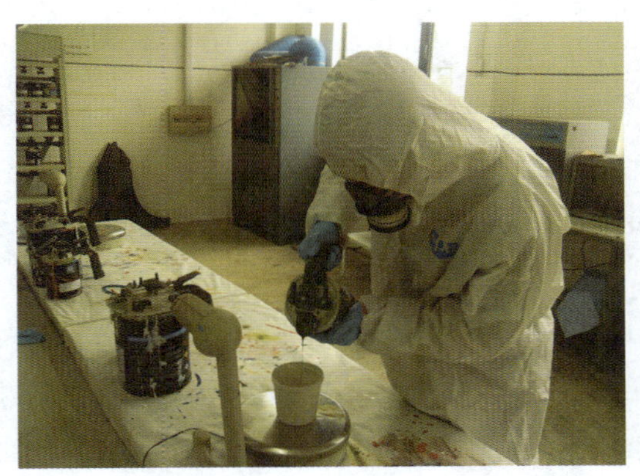

图 4—5—9　色母的添加

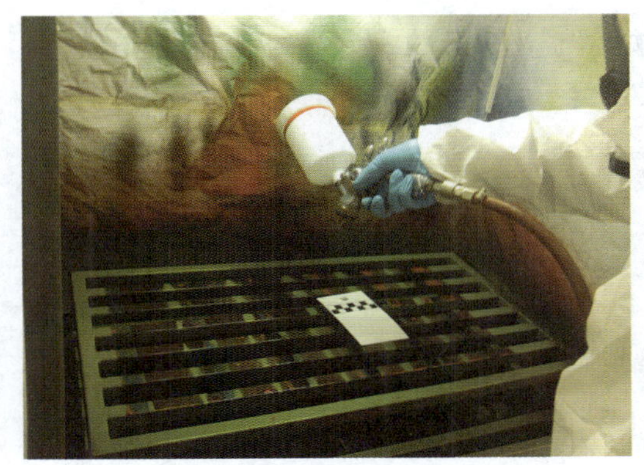

图 4—5—10　喷涂样板

5）正确进行颜色比较。样板干燥后，在自然光下从不同角度进行颜色比较。比色时要考虑到素色漆干燥后颜色会明显变深，银粉漆和珍珠漆会变浅。在自然光下比色后，还要利用比色灯箱中的各种光源进行比较，以防出现颜色异构现象。

6）正确进行颜色分析。颜色分析包括修补区域以前是否做过修补，颜色的色调、明度、彩度分析，颜色配方分析，色母特性分析等。

7）准确添加所缺色母。通过分析找出混合涂料所缺的色母后，要合理确定色母每次添加的量，准确添加，防止添加过量。

8）果断结束调色。反复比色，直到所调颜色与目标颜色一致，或通过过渡修补方法可以解决时，果断结束调色。把样板放入样板箱内收集保留，并详细记录调整后的配方。

（2）调色色差的补救方法

1）素色漆调色出现色差的补救方法。调色过程中经常出现颜色添加过量、颜色变暗（见图4—5—11）和颜色走色（见图4—5—12）等问题，给实际的调色工作带来很大麻烦，有时导致调色失败，涂料浪费。

图 4—5—11　颜色变暗

图 4—5—12　颜色走色

颜色添加过量。解决颜色添加过量一般的方法是加主色冲淡，或者加主色冲淡后再加入该颜色的互补颜色；如果颜色添加只是少量过量，则直接加入互补色就可以了。

涂料调配过程中颜色变暗。颜色变暗有两种情况，一种是颜色的饱和度降低，常见的方法加主色调，或者加入相应色调中颜色鲜艳的色母，如白漆加入土黄色，当颜色变暗后，可直接加入鲜艳的柠檬黄，以提高饱和度；另一种情况是涂料的明暗度发生了变化，一般直接加白漆，但是加入白漆有变红的可能。

由于外部条件的影响导致颜色的变化叫“走色”，解决颜色走色有效的方法是先喷样板，视觉比色后，根据具体情况进行调整。

2）银粉漆调色出现色差的补救方法。银粉漆出现色差的补救方法有：通过控色剂调整，如控色剂A使银粉正、侧面都变暗，控色剂B使银粉正面变暗、侧面变亮；改变银粉颗粒的大小来调整，如正面太亮、侧面太暗时可用细的银粉取代较粗的银粉，正面太暗、侧面太亮时可以用粗的银粉取代较细的银粉；利用添加银粉的量来调整，如银粉正面和侧面两个角度都太暗时需加入银粉，正面和侧面两个角度都太亮时需等比例加入其他色母；利用基色的特性来调整，如在银粉漆里面加入白色，会明显提高银粉侧面的白度；利用幼白银或白珍珠进行调整，如在银粉漆里面加入5%~30%的透明白珍珠，会使银粉漆的侧面透光量增大。

3）珍珠漆调色出现色差的补救方法。珍珠漆出现色差的主要原因是底色漆调色失准、珍珠层数错误和珍珠颗粒大小不当。补救珍珠漆出现色差的方法是再次制作分层遮盖样板，待样板喷涂底色层、珍珠层、清漆层干燥后，将样板各区域的颜色与车身比对，如果样板各区域颜色与车身颜色都不相同，需要重新调配底色漆；如果样板某一区域颜色与车身颜色基本一致，选择该区域珍珠层的层数进行面漆喷涂；如果样板颜色与车身颜色基本接近，但正侧面效果出现差异，则需要调整珍珠层不同大小颗粒的比例。珍珠漆调色比较困难，当颜色接近时就可以考虑采用过渡修补消除颜色差异。

3. 喷涂色差的预防

（1）喷涂色差的预防

由于喷涂的环境条件、喷涂设备及其调整、稀释剂的种类和喷涂技术等方面的不同，往往会使修补区域与周围颜色产生差异。一般来说，素色漆颜色受喷涂的影响不大，经常是因为喷涂的涂膜厚度、纹理和光泽度的不同产生色差；金属漆则不同，喷涂环境、工艺等任一条件发生变化都可能导致颜色差异，影响金属漆颜色的喷涂因素见表4—5—1。

表 4—5—1　影响金属漆颜色的喷涂因素

影响因素		使金属漆正面颜色变亮	使金属漆正面颜色变暗
环境条件	温度	升高	降低
	湿度	降低	升高
	通风	增加	减少
喷涂设备及其调整	枪嘴	较小喷嘴	较大喷嘴
	出气量	较大	较小
	油漆流量	减少	增加
	喷幅调整	调大	调小
	枪口气压	增加	减小
稀释剂的选择	稀释类型	快干稀释剂	慢干稀释剂
	涂料黏度	黏度小	黏度大
	使用缓凝剂	不使用缓凝剂	在稀释剂里添加缓凝剂
喷涂技术	喷涂距离	拉远	拉近
	走枪速度	加快	减慢
	闪干时间	长	短

为了防止喷涂产生色差，喷涂人员要了解所调涂料的颜色特点，分析修补区域周围的颜色，根据颜色的具体情况选择喷涂环境和喷涂参数，确定喷涂工艺和喷涂手法，找出最佳的喷涂方案。同一技术员负责调漆和喷涂工作，是减少修补色差最为有效的途径。

（2）局部修补喷涂色差的控制

在实际操作中，很难把修补漆的颜色与旧漆颜色调配得完全一致，即使成分完全一致的面漆喷涂后仍会出现色差，为了减少修补色差，可以通过过渡喷涂法和局部整喷法将修补漆的颜色差异减少到最小程度，具体操作方法如下。

1）过渡喷涂法。当无法将所调修补漆的颜色调配到与修补区域周围涂膜一致时，可以使用“挑枪喷涂”法（见图4—5—13）喷涂，使局部修补区域的颜色渐渐地过渡到修补区域外旧涂膜的颜色。过渡喷涂一般要喷涂3~4次，最后一两次喷涂须向喷枪的涂料杯中加入适量的稀释剂，降低涂料的黏度，使喷涂的涂膜变得更加稀薄（即虚枪喷涂，见图4—5—14），以实现新旧涂膜颜色的平稳过渡，缓解局部修补的色差。过渡喷涂技术可以有效减少颜色在色调、纹理或者银粉漆的侧视色调等方面的差异，减少了车身修补的返工和油漆浪费，提高了工作效率，是国际汽车涂装维修行业的通用做法。

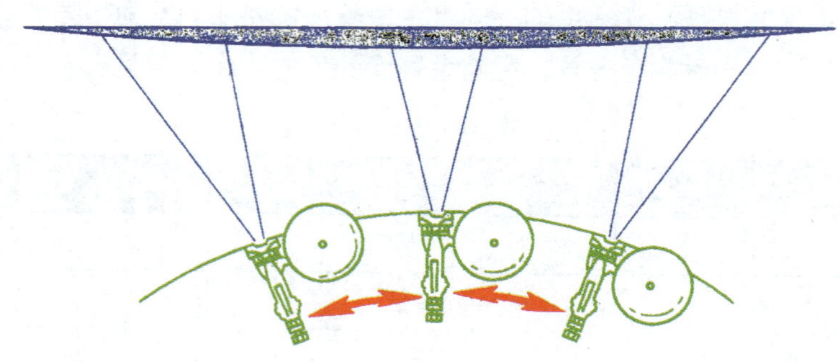

图 4—5—13 “挑枪喷涂”法

2）局部整喷法。利用车身板件特征线部位角度的变化，在喷涂前用双条胶带遮盖。首先沿板件的特征线反贴第一条胶带加遮盖纸，将角度边缘以上粘贴好，然后在第一条胶带之上粘贴第二条胶带，如图4—5—15所示。局部整喷后，可利用角度相邻两面的明暗产生的视觉差来减缓新旧漆的色度差。这种方法用于银粉漆效果更佳。需要注意的是，在喷涂到两层胶带处时，应尽量减薄，待涂膜干燥后撕下胶带，进行抛光处理，以防出现硬边。

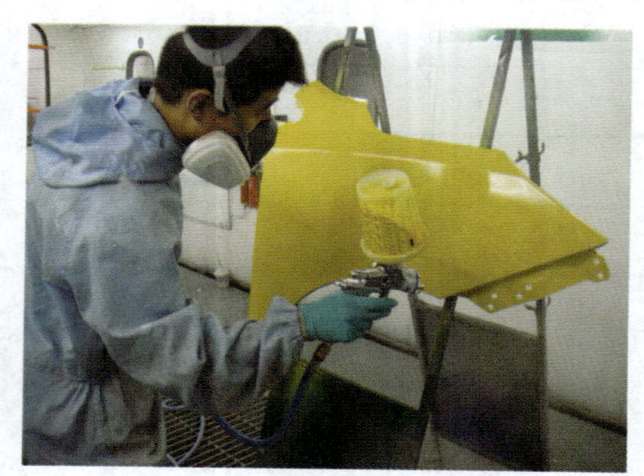

图 4—5—14 虚枪喷涂

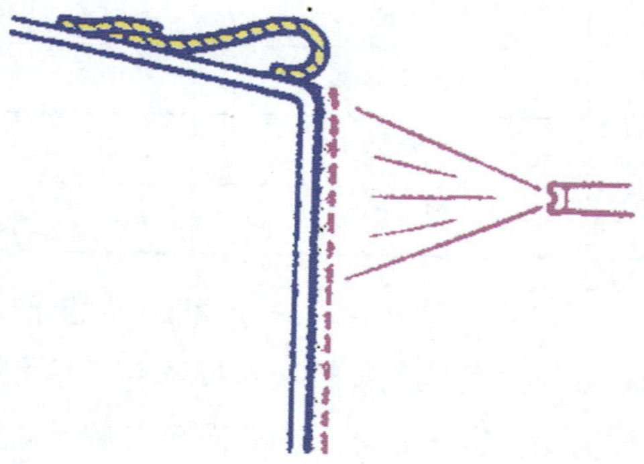

图 4—5—15 双条胶带遮盖

技能训练

将图中右面的差异色与图中左面的标准色进行比较，分析修补色差产生的原因，提出预防和控制修补色差的处理方案。

训练1 素色漆修补色差的分析与处理

1. 素色漆白色修补色差

分析：

差异色为白色偏绿，颜色较浑；标准色为白色偏黄，整体感觉颜色干净。形成色差的原因可能是修补用的白色色母不够稳定，或调色的颜色走向分析错误，微调方向错误。

处理：

向混合的调色涂料中加入白色色母，提高颜色的纯净度，减小蓝色色母的比例，然后分几次滴入黄色母，反复比较直至颜色基本一致。

2. 素色漆黑色修补色差

分析：

差异色为蓝相黑，整体颜色较为纯净；标准色为红相黑，颜色较浑。形成色差的原因可能是对色母的特性不够熟悉，色母选用错误；色母走向把握不准，颜色微调方向错误。

处理：

直接向混合的调色涂料中加入蓝色的互补色——红橙色，使颜色变红变浑。

3. 素色漆红色修补色差

分析：

差异色颜色偏橙，明度和彩度较低；标准色是红色带蓝相，略微偏紫，整体颜色比较干净。形成色差的原因可能是颜色走向分析错误，黑色色母及其他色母添加过量。

处理：

向混合涂料中冲入标准的鲜红色母，以减小橙色色母和黑色色母的比例，提高整体颜色的彩度，然后滴加少量蓝色色母，或加入适量的紫红色色母。

续表

	4. 素色漆橙色修补色差 分析： 差异色偏红，明度略低，颜色相对较“浊”；标准色为较亮的橙黄色。产生色差的原因是红色色母添加过量，加入了少量的黑色，或选用的主色母错误，微调时色调走向把握不准。 处理： 向混合的调色涂料中加入鲜亮的橙色色母，提高差异色的彩度，然后，加入适量鲜黄色母，反复比较分析和调整。
	5. 素色漆黄色修补色差 分析： 差异色颜色偏绿的成分相对比较多，颜色明度略微偏低，颜色彩度较低；标准色为亮黄色，颜色纯净，略微偏绿。产生差异色的原因可能是微调时加入蓝色或绿色色母过量。 处理： 向混合涂料中加入鲜艳的亮黄色（如柠檬黄），以减小蓝色或绿色色母的比例，提高差异色整体的明度和饱和度。
	6. 素色漆绿色修补色差 分析： 差异色为绿色偏蓝，明度较高，颜色较“浊”；标准色为绿色略带黄相，颜色稍暗，彩度较高。产生色差的原因可能是色调走向分析错误，加入了过量的蓝色色母，为提高明度又加入了较多的白色色母，或调色时主色母选用不当，原始配方有误。 处理： 向混合涂料中加入适量的柠檬黄，边调边反复比较。

续表

	7. 素色漆蓝紫色修补色差 分析： 差异色偏紫的成分比较多，为紫蓝色，明度稍暗，彩度略低；标准色也为蓝紫色，但偏紫的成分较少，明度较高，颜色比较纯净。产生色差的主要原因是紫色或红色色母添加过量，颜色走向的程度把握不准。 处理： 向差异色中加入标准蓝的蓝色色母以提高整体颜色的彩度，然后根据比色的情况适当加入白色，调整明度。

训练2　银粉漆修补色差的分析与处理

	1. 白色银粉漆色差 分析： 色差板银粉颗粒比较粗，颜色偏蓝相较多，正面颜色较暗；标准色银粉颗粒较细，略微偏蓝，正面明度较高。一般情况颗粒越粗，正面颜色越亮，出现这种情况可能是面漆喷涂采用了湿喷的喷涂方式。 处理： 向混合的调色涂料中加入细银色母，然后采用干喷的喷涂方式喷涂样板，确定喷涂参数和喷涂手法，使颜色与标准颜色基本一致。
	2. 灰色银粉漆色差 分析： 差异色正面颜色较暗，银粉颗粒较细，色调为灰绿色；标准色正面较亮，银粉颗粒较粗，色调也为灰蓝色。色差产生的原因可能是银粉颗粒选用错误，喷涂方法有差异。 处理： 向混合涂料中加入中闪银，采用干喷的喷涂方式进行面漆的喷涂。

续表

	3. 蓝色银粉漆色差 分析： 差异色为中细普通银粉，正面暗、侧面较亮，色调较蓝；标准色为粗闪银，正面较亮、侧面较暗，整体为蓝色。差异色产生的原因是银粉色母的种类选用错误，对银粉漆的颜色特性不够熟悉。 处理： 向差异色中加入粗闪银，采用银粉面漆的标准喷涂方法进行喷涂。
	4. 黄色银粉漆色差 分析： 差异色正面偏暗偏绿，侧面偏亮，银粉颗粒较粗；标准色正面偏亮偏黄，侧面偏暗，银粉颗粒较细。产生差异色的原因可能有素色色母的色调走向分析错误，颗粒选择或配比错误，喷涂参数和手法不一致。 处理： 先向差异色中加入普通中粗银，然后滴加透明黄，采用与调色喷涂色板一致的喷涂参数和喷涂手法进行喷涂。

训练3　珍珠漆修补色差的分析与处理

	1. 白珍珠色差 分析： 差异色正面颜色相对较暗，整体略微偏绿；标准色明度很高，颜色相对透明和纯净，差异色与标准色整体色差不大；产生色差的原因可能是素色底色漆颜色存在差异，珍珠层的喷涂参数和喷涂手法不一致。 处理： 检查差异色素色底色漆与标准色素色底色漆的颜色差异，必要时做微调；采用与喷涂比色样板一致的喷涂参数和喷涂手法。

续表

	2. 红珍珠色差 分析： 差异色偏红偏紫，明度相对较高；标准色偏红紫，明度较低，整体颜色较浑。差异色与标准色整体颜色差异不大，可以排除珍珠层数的差异，产生颜色差异的主要原因可能是喷涂参数和喷涂手法不一致。 处理： 珍珠层湿喷正面颜色较暗，侧面颜色较亮，要缩小颜色差异，采用湿喷的喷涂方式，其喷涂参数与喷涂手法尽可能与比色样板一致。
	3. 黄珍珠色差 分析： 差异色色调微黄，整体发灰；标准色颜色呈黄绿色，明度与差异色大体一致。产生色差的原因可能是喷涂的珍珠层数不一致。 处理： 将调好的素色底色漆重新喷涂样板，干燥后分四层遮盖，分层喷涂黄珍珠，然后喷涂清漆。干燥后比色，确定珍珠层的层数。
	4. 绿珍珠色差 分析： 差异色整体颜色偏绿，明度较高，颜色相对比较浑；标准色绿色偏蓝，颜色相对纯净。产生差异色的原因可能是素色底色漆颜色微调存在差异，差异色的珍珠层比标准色少一层。 处理： 调配素色底色漆，使素色底色漆的颜色与车身未喷珍珠层的素色颜色一致；底色漆喷涂干燥后分层遮盖样板，分层喷涂并干燥比色，准确确定珍珠层数。

训练评价

考核要求

1. 在规定的时间内，完成修补色色差的分析，使之符合技术标准。

2. 应及时纠正在操作过程中出现的违规操作。
3. 符合安全文明生产的要求。

考核标准

考评标准表——修补色差分析

考核时间	考核项目	分值	评分标准与指导	评价结果
60 min	素色黑白系列色差分析	10	按要求酌情扣分，并指正	
	素色红、橙系列色差分析	10	按要求酌情扣分，并指正	
	素色黄色系列色差分析	10	按要求酌情扣分，并指正	
	素色绿色系列色差分析	10	按要求酌情扣分，并指正	
	素色蓝、紫系列色差分析	10	按要求酌情扣分，并指正	
	银粉白、灰系列色差分析	10	按要求酌情扣分，并指正	
	彩色银粉色差分析	10	按要求酌情扣分，并指正	
	珍珠白色差分析	10	按要求酌情扣分，并指正	
	带色珍珠色差分析	10	按要求酌情扣分，并指正	
	“6S”操作规范的认知	10	每项扣 2 分，扣完为止	
	遵守相关安全操作规范		因违规操作发生人身和设备事故，终止考核，成绩按 0 分计；超时，每分钟扣 2 分，超时 5 min 终止考核	
	分数合计	100		

思考题

1. 颜色微调引起的修补色差的因素有哪些？素色漆出现色差怎样补救？
2. 怎样控制局部修补喷涂的色差？

单元五　面漆配制

课题一　面漆配制工具的使用

学习目标

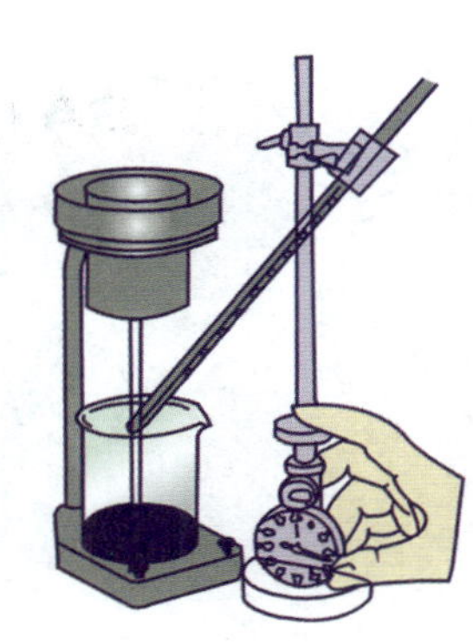

1. 了解汽车涂料配制所需要的工具和耗材。
2. 掌握涂料杯、SATA多功能枪壶的使用方法。
3. 掌握调漆比例尺、黏度计的使用方法。
4. 掌握涂料过滤网的选择和使用。
5. 能正确查阅汽车涂料使用说明书。
6. 能熟练使用汽车涂料的配制工具。

知识准备

要配制适合喷涂要求的涂料，必须掌握配制涂料所用工具的使用方法和涂料的配制方法。同时，由于涂料和溶剂大多是有毒、易燃物质，在配制时应做好卫生安全防护工作。

一、面漆配制所需要的工具

配制面漆的工具有涂料杯、调漆比例尺、黏度计和过滤网等。

1. 涂料杯

涂料杯（见图5—1—1）用于配制涂料，使涂料符合施工黏度。若杯身无比例刻度，其外形必须是圆柱形，否则会对涂料的配制比例产生影响。若杯身上印有比例刻度，按照比例刻度配制涂料则不受涂料杯形状的限制。用聚丙烯制造的一次性涂料杯在实际生产中应用最为广泛。目前德国萨塔公司出品的SATA RPS 多功能免洗枪壶备受欢迎，其整体结构包括壶体、壶盖、壶帽以及过滤网，如图5—1—2所示。

按照用途不同，SATA RPS 多功能免洗枪壶分为水性漆型枪壶和通用型枪壶，两者区别就是滤网不同，如图5—1—3所示。SATA RPS 多功能免洗枪壶具有调色、喷涂、快速更换以及作为储存容器使用四种功能，如图5—1—4所示。

图 5—1—1　普通涂料杯

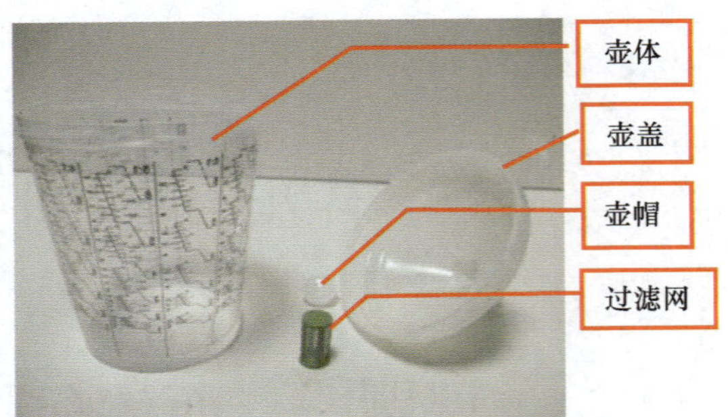

图 5—1—2　SATA RPS 枪壶

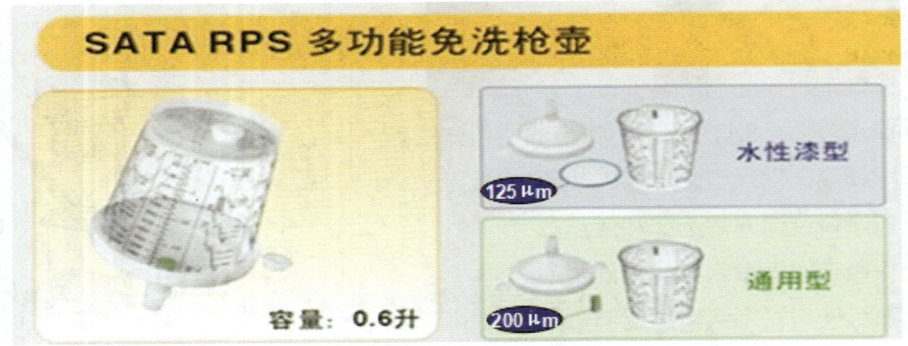

图 5—1—3　水性漆型与通用型枪壶

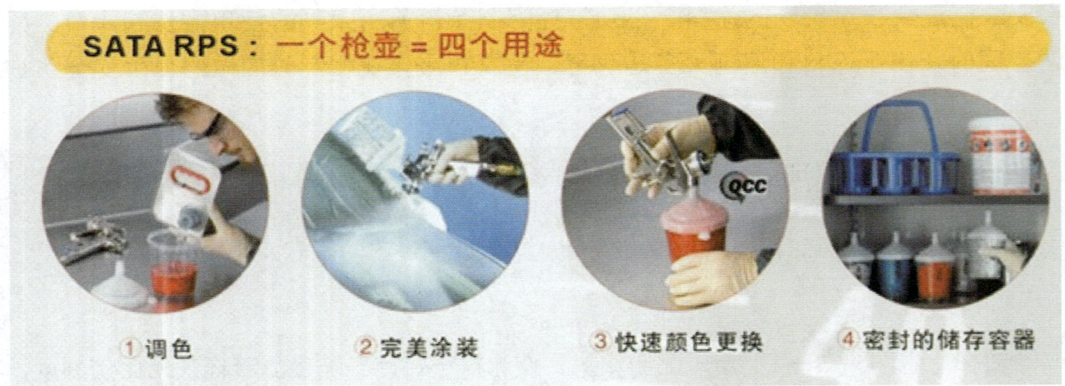

图 5—1—4　SATA 枪壶的功能

2. 调漆比例尺

调漆比例尺简称比例尺，是一种用金属或塑料制成的尺子，上面带有刻度记号。比例尺根据用途不同，分为1K比例尺（见图5—1—5）和2K比例尺（见图5—1—6）。2K比例尺上有三列刻度，可计量适当数量的涂料、固化剂和稀释剂，如图5—1—7所示。从左侧开始，第一列刻度指示涂料的加入量，第二列指示固化剂的加入量，第三列指示稀释剂的加入量。使用比例尺可以避免涂料配制过程中称量涂料、稀释剂的麻烦，简化操作，节约时间。

但必须注意，各家涂料公司的调漆比例尺一般不可混用。

图 5—1—5　1K 比例尺

图 5—1—6　2K 比例尺

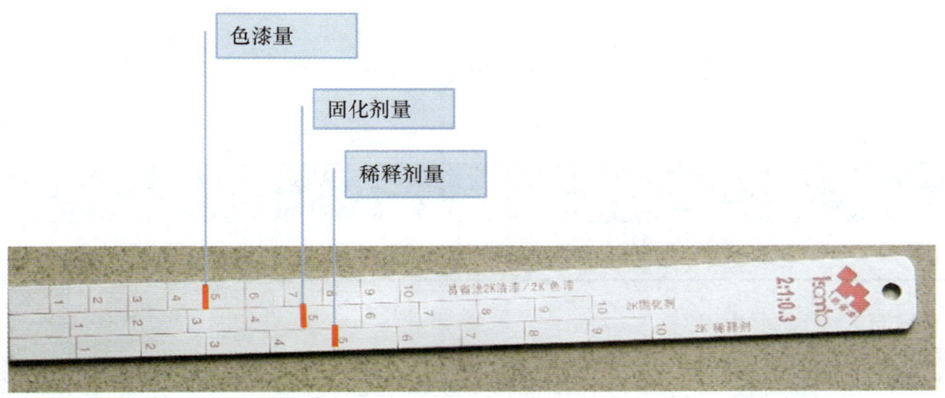

图 5—1—7　调漆比例尺（2 ：1 ：0.3）

3. 黏度计

黏度计是用来检验涂料配制黏度是否符合施工要求的工具，在车身修补涂装中运用的黏度计有福特杯黏度计、涂—4黏度计、扎恩杯黏度计和DIN-4杯黏度计四种，如图5—1—8所示。黏度计的工作原理是以一定数量的涂料，通过一定直径的小孔流出的时间来衡量涂料的黏度，所以涂料黏度的计量单位为秒（s）。

涂-4杯黏度计

ISO-4杯黏度计

福特-4杯黏度计

DIN-4杯黏度计

图 5—1—8　汽车涂装中常用的黏度计

二、面漆配制所需要的耗材和资料

1. 涂料过滤网

涂料配制符合喷涂施工要求后，必须用专用的涂料过滤网（见图5—1—9）过滤掉涂料中的杂质和较大的颗粒，以防堵塞空气喷枪，影响涂膜质量。涂料过滤网的规格用筛目数来表示，常用涂料滤网的规格有80、100、150、180和200五种，涂料过滤网的使用场合见表5—1—1。

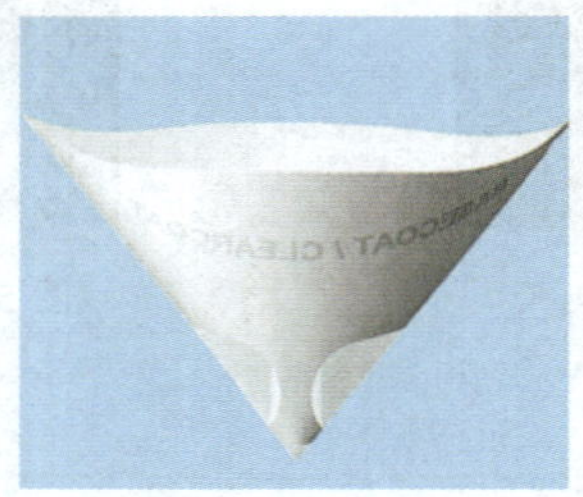

图 5—1—9 纸漏斗

表 5—1—1 涂料过滤网的使用场合

过滤网筛目数	80	100	150	180	200
使用场合	中涂底漆和金属漆		素色漆	清漆	

2. 涂料使用说明书

任何一个汽车涂料厂生产的涂料产品都有其配套的使用说明书，正确使用涂料产品说明书是汽车涂装技术人员的基本素质。汽车涂料产品说明书的内容通常包括产品特性、标准涂装条件、涂装注意事项、卫生安全注意事项以及成分表和涂膜性能等。

在涂料配制时，需要掌握涂料的类型和配制比例，查阅涂料产品说明书可以直接获得具体的标准信息。以PPG公司Nexa Autocolor品牌中P190-538 2K标准清漆为例，查阅涂料配制信息时，按照清漆的标号在Nexa Autocolor专业汽车漆产品使用指南的目录中找到P190-538 2K标准清漆，翻到对应页码，可以看到在该页表格中第一行的配制比例为2：1：（0~10%），第二行的内容是涂料的配制黏度，即20℃时用DIN-4杯测量的黏度应为14~16s，如图5—1—10所示。

不同品牌不同产品的配制比例和施工黏度也会不一样，要根据产品的标号查阅其对应的说明书。

P190-538 2K　标准清漆

高质量的双组份清漆，适用于各种温度，各种场合下的全喷，局部修补，适用于2K底色漆超级贝高金属漆或BELCO底色漆之上。

图标	内容	含义
	P190-538　2份 P210-760/790　1份 P850-1491/2/3/4　0-10%	调漆比例
S	14-16 秒 DIN4 (20℃) (17-20 秒 BSB4)	施工参考黏度
	重力式：1.3~1.6mm 吸力式：1.4~1.6mm 压力：3.0~3.5公斤/厘米^2	不同喷枪系数调整
	2~3 层全湿单层	喷涂方法
	层间静置 5~10min	静置参考时间
	使用 P210-760　　使用 P210-790 50℃　60min 60℃　30min　　10min 70℃　20min 可投入使用：冷却后	干燥参考时间
	用MIRKA磨卡干磨砂纸P1200或更细打磨尘点	打磨方法
	用打磨亮丽蜡 P971-399 结合羊毛球 /亮丽蜡 P971-34 结合海绵垫进行机械或手工打磨砂纸痕及抛光	抛光方法
包装	P190-538　5L P210-760/790　2.5L	包装规范

图 5—1—10　PPG 公司 P190-538 2K 标准清漆说明书

技能训练

训练1 SATA一次性枪壶的使用

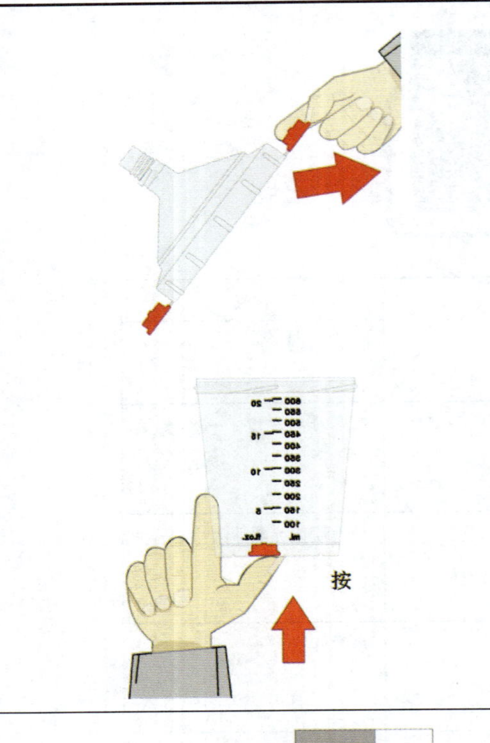

1. 准备工作

方法：

（1）取下壶盖边缘两个防滴漏塞的其中一个。

（2）把防滴漏塞盖住杯底通气孔，使其处于密闭状态，确保完全密封。

（3）壶壁刻有容量和比例尺度，可以根据所要的涂料用量及添加比例直接调配。

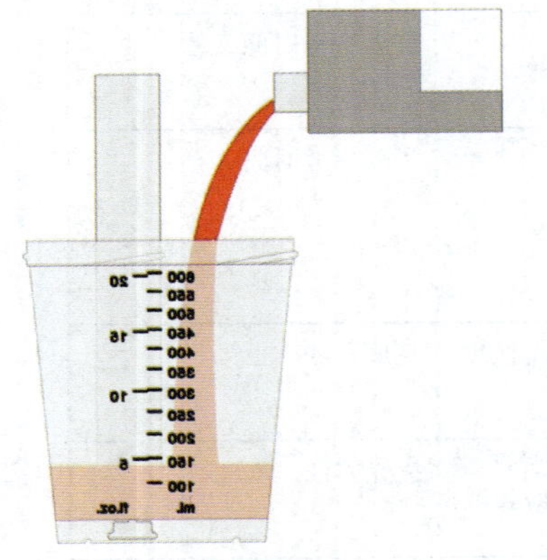

2. 配制涂料

方法：

（1）从说明书找出所需的配制比例。

（2）将色漆倒入枪壶至色漆用量相应的刻度线。

（3）将固化剂倒入枪壶至固化剂用量相应的刻度线。

（4）将稀释剂倒入枪壶至稀释剂用量相应的刻度线。

提示：

（1）涂料倒入完毕后，需充分搅拌。

（2）搅拌时，搅杆需在枪壶内慢慢搅拌，以免溢出。

（3）粘在枪壶内壁的涂料要刮下来，以免搅拌不匀。

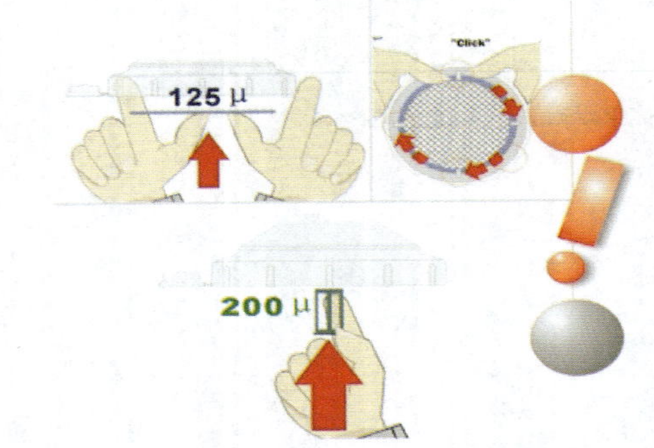

3. 安装涂料过滤网

方法：

把涂料过滤网装入壶盖。

提示：

涂料过滤网规格有 A 和 B 两种。A 为 125μm，适用于水性漆；B 为 200μm，属于通用型。

续表

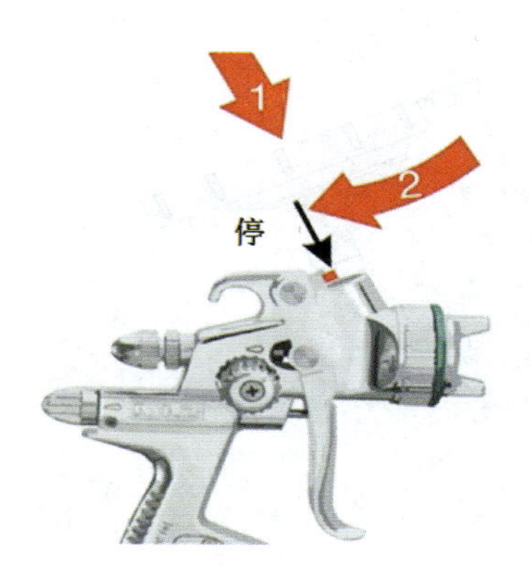	4. 安装壶盖 方法： 把壶盖旋入喷枪涂料进口。
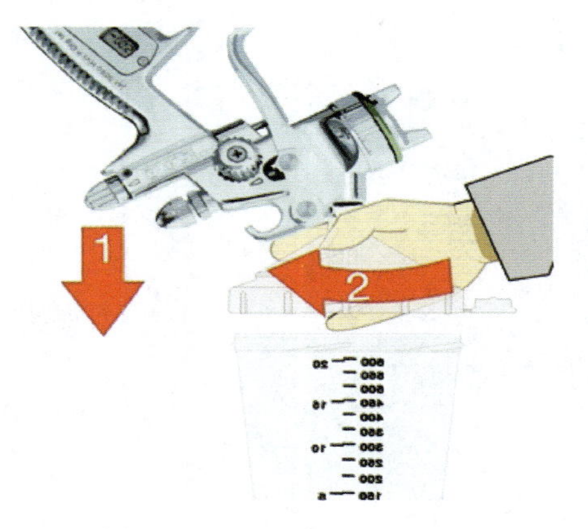	5. 旋紧壶体 方法： 倒转喷枪使壶盖口朝下，将壶盖对准壶体旋紧，确保连接可靠，将壶体和壶盖的连接处密封。
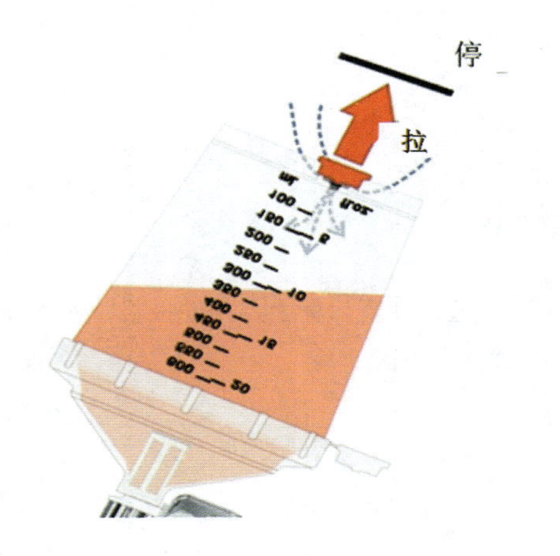	6. 拔起防滴漏塞 方法： 再次倒转喷枪，使喷壶底朝上，轻轻开启防滴漏塞，使其处于半盖状态，确保壶内外大气顺畅。

续表

<table>
<tr>
<td>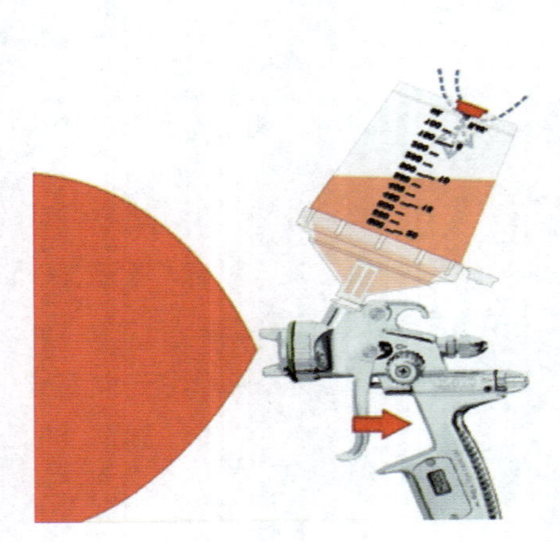</td>
<td>7. 涂料喷涂
方法：
（1）测试涂料喷涂效果，调试喷枪。
（2）涂料喷涂。</td>
</tr>
<tr>
<td>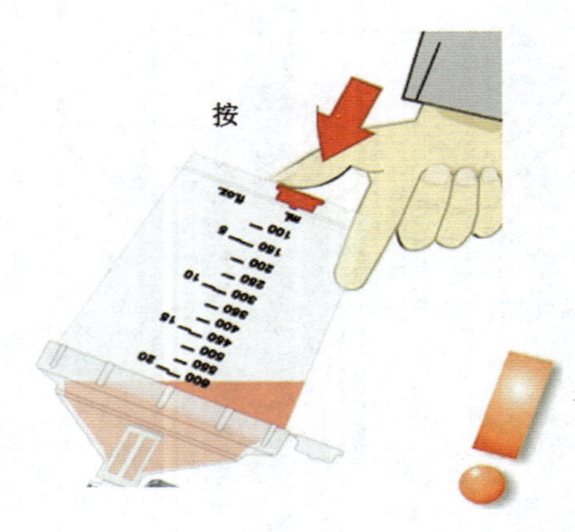
</td>
<td>8. 按下防滴漏塞
方法：
喷涂完成后，按下防滴漏塞，使通气孔处于关闭状态，确保完全密封。</td>
</tr>
<tr>
<td>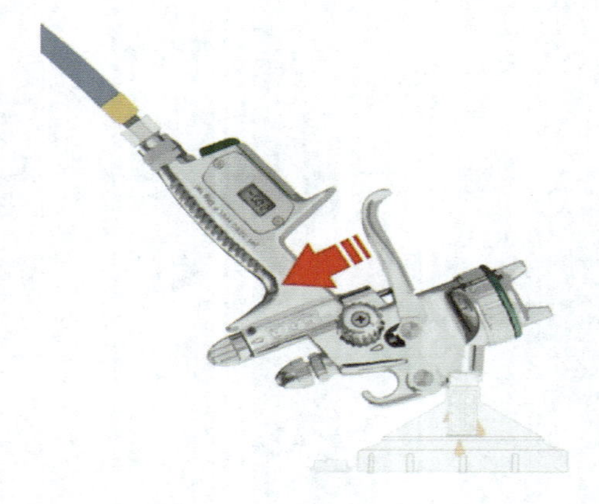</td>
<td>9. 涂料回流
方法：
再次倒转枪壶，使壶口朝上，扣动扳机，使喷枪中的涂料回流到枪壶中。</td>
</tr>
</table>

续表

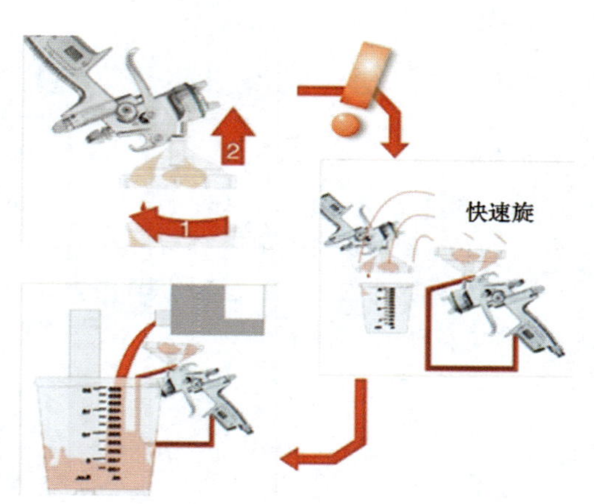	10. 后续处理 （1）添加涂料 方法： 第一罐涂料喷完后，如果要继续喷涂，则直接旋下壶盖，添加涂料，然后依照上述操作顺序，再次进行喷涂作业。
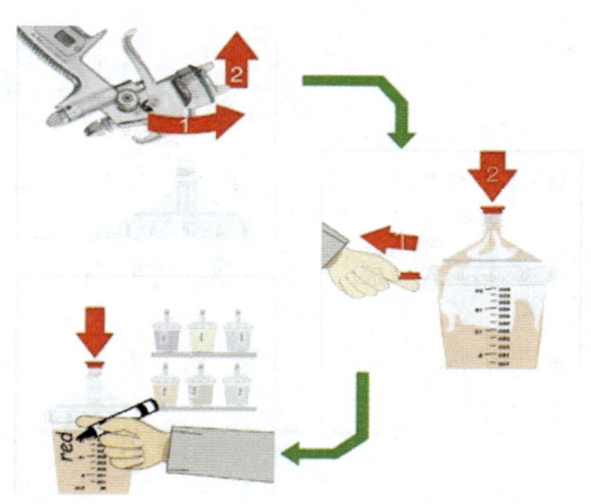	（2）储存涂料 方法： 如果剩余涂料为单组份涂料，可以把整个枪壶卸下，从壶盖上取下另一个防滴漏塞，塞紧壶盖上与喷枪相连的涂料出口，再用油性笔在枪壶上标记颜色编号。
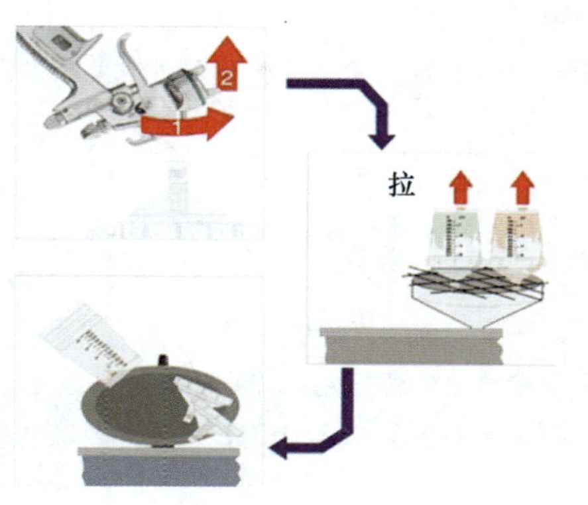	（3）废弃 方法： 把整个壶卸下，将壶内涂料倒入涂料专用收集桶，然后将枪壶放入垃圾桶。

训练2 黏度计的使用

1. 黏度计的安装

方法：

（1）将黏度计支架放置在平坦的工作台上。

（2）将涂 -4 杯黏度计放在横臂支撑的圆环内。

（3）在底座上放好涂料杯。

2. 黏度计支架调整

方法：

（1）通过升降固定螺丝调整涂 -4 杯的高度。

（2）通过水平螺栓调节底座，使圆形水泡居中为止。

提示：

涂 -4 杯底部的流出孔要堵紧，防止涂料流出。

3. 倒入被测涂料

方法：

（1）将一块厚橡胶板放于涂 -4 杯出口处并用手托住，堵住流出口。

（2）向涂 -4 杯内缓缓倒入涂料，倒入高度为液面凸出杯的上边缘。

（3）搅拌涂料进行消泡。

（4）用刮板刮除流量杯顶部多余的涂料。

提示：

（1）测试黏度之前做好恒温处理。

（2）倒入涂料后如有气泡，必须进行消泡处理。

（3）测试前涂料必须搅拌均匀，过滤后静置 15min 才能测试。

续表

	4. 测量黏度 方法： （1）撤除橡胶板，同时启动秒表。 （2）当孔口流出的涂料开始断线时，停止计时。 提示： （1）为了测量准确，需采取多次测量取平均值。 （2）两次测定值之差不应大于平均值的 3%，否则重新测量。 （3）测定时，试样的温度应控制在 25 ± 1℃。
 	5. 黏度计的保养 方法： 测试完毕后，立即用毛刷蘸上香蕉水清洗黏度计。 提示： 黏度计要经常清洁，不用时应做好防尘措施。

训练评价

考核要求

1. 在规定的时间内，完成面漆配制工具的使用，使之符合技术标准。
2. 应及时指正在操作过程中出现的违规操作。
3. 符合安全文明生产的要求。

考核标准

考评标准表——面漆配制工具的使用

考核时间	考核项目	分值	评分标准与指导	评价结果
40 min	使用 SATA 枪壶配制前的准备	5	按要求酌情扣分，并指正	
	使用 SATA 枪壶配制涂料	15	按要求酌情扣分，并指正	
	使用 SATA 枪壶过滤涂料	5	按要求酌情扣分，并指正	

续表

考核时间	考核项目	分值	评分标准与指导	评价结果
40 min	使用 SATA 枪壶喷涂涂料	5	按要求酌情扣分，并指正	
	喷涂后 SATA 枪壶的处理	20	按要求酌情扣分，并指正	
	黏度计的安装	5	按要求酌情扣分，并指正	
	黏度计的调整	5	按要求酌情扣分，并指正	
	黏度的测量	20	按要求酌情扣分，并指正	
	黏度计的维护	10	按要求酌情扣分，并指正	
	“6S”操作规范	10	每项扣 2 分，扣完为止	
	遵守相关安全操作规范		因违规操作发生人身和设备事故，终止考核，成绩按 0 分计；超时，每分钟扣 2 分，超时 5 min 终止考核	
	分数合计	100		

思考题

1. 使用SATA枪壶配制涂料的步骤是怎样的?
2. 怎样使用涂-4杯黏度计测量涂料的黏度?

课题二 面漆的配制

学习目标

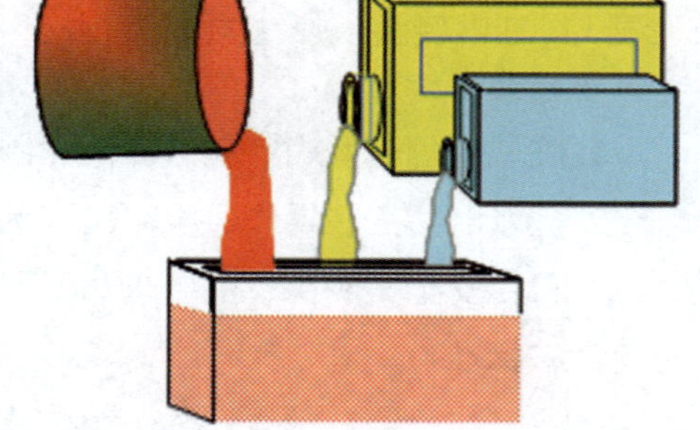

1. 了解面漆配制的定义和面漆基本类型。
2. 熟悉面漆配制的注意事项。
3. 掌握涂料配制比例和黏度的基本知识。
4. 掌握面漆配制的方法。
5. 能熟练使用涂料配制的工具和设备。
6. 能熟练配制面漆。

知识准备

一、面漆配制的基础知识

经过调色后原厂的汽车面漆黏度高，不利于喷涂雾化，难以形成均匀、光滑的涂膜。为了保证面漆喷涂的质量，面漆喷涂前必须进行适当的添加和稀释处理。按照面漆产品说明书的要求，向面漆中加入添加剂和稀释剂，将面漆配制成适合喷涂的涂料的工艺称为面漆的配制。面漆的配制需要了解面漆的类型、面漆的配制比例和涂料喷涂黏度等方面的知识。

1. 面漆的基本类型

汽车面漆按照组成的成分不同，分为单组份（1K）面漆和双组份（2K）面漆。

单组份面漆依靠溶剂的挥发固化成膜，在面漆配制时只需要加入稀释剂稀释到适合喷涂的黏度，不需要加入固化剂。在汽车修补漆系列中，有单组份素色漆、单组份银粉漆和单组份珍珠漆，如图5—2—1所示。汽车修补漆要求单组份面漆的涂层附着力强，耐候性能好，平整光滑，银粉或珍珠颗粒排列均匀、清晰，经配套清漆罩光后具有优良的光泽与鲜映性。

单组份素色漆

单组份银粉漆

单组份珍珠漆

图 5—2—1 单组份面漆

双组份面漆由甲组份面漆和乙组份固化剂组成（见图5—2—2），配制时按一定比例先加入固化剂，然后加入稀释剂混合。在汽车修补面漆系列中有双组份素色漆和双组份罩光清漆，它们均有良好的丰满度及光泽度，且漆膜坚实，耐候性好。

图 5—2—2 双组份面漆

单组份修补漆一般为色漆层用，作为汽车漆修补双工序工艺的第一道工序，干燥后必须喷涂双组份罩光清漆覆盖；喷涂的一般程序为“色漆+稀释剂”直接施工，无须加固化剂。双组份修补漆可直接做面漆使用，无需加喷罩光清漆，在喷涂时按“色漆+固化剂+稀释剂”程序施工。

2. 涂料的配制比例

涂料的配制比例对于单组份面漆来说是面漆和稀释剂的配比比例，对于双组份面漆来说是面漆、固化剂、稀释剂的配比比例。涂料配制比例有质量比和体积比两种，大多面漆配制的比例都采用体积比，在没有特别说明的情况下，说明书所列出的涂料配制比例都是体积比例。

对于单组份面漆，涂料的配制比例由两个数据组成（如100：50），第一个数据表示面漆的体积份数，第二个数据表示稀释剂的体积份数；而双组份面漆由三个数据组成（如4：1：1），第一个数据表示面漆的体积量，第二个数据表示固化剂的添加量，第三个数据为稀释剂的添加量。

在实际生产中，涂料的配制比例有百分比例、份数比例和混合比例三种。百分比例是将面漆的体积设定为“100”，固化剂和稀释剂与面漆对应相应的数值，如“100：50”表示100份的单组份面漆用50份稀释剂稀释，荷兰新劲公司品牌修补漆习惯采用这种配制比例。份数比例的表达比较直接，如配制比例“4：1：1”，即4份双组份面漆中需要加入1份固化剂和1份稀释剂进行配制。混合比例由份数比例和百分数组成，如PPG公司P421系列单工序金属面漆的配制比例为“2：1：（5%~15%）”（见图5—2—3），其含义是在2份双组份金属面漆中加入1份固化剂，然后加入面漆和固化剂总体积5%~15%的稀释剂进行稀释。

3. 汽车涂料的黏度

黏度是衡量汽车涂料稀稠程度的物理量，采用流量杯黏度计来测定其黏度值的大小，所测定的黏度为涂料的运动黏度。世界各国使用的流量杯黏度计各有不同，我国主要使用涂-4杯黏度计来测量涂料的黏度，如图5—2—4所示。

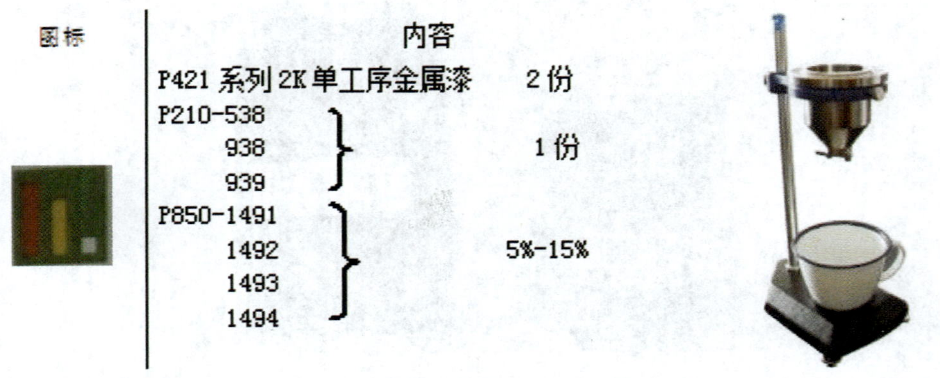

图 5—2—3 PPG 公司 P421 系列单工序金属面漆的配制比例

图 5—2—4 涂 -4 黏度计

为了方便运输和储存，汽车涂料通常保持较高的黏度值，此时的黏度为涂料的原始黏度或供货黏度；在喷涂施工时，需要用稀释剂调整至较低的黏度，以适合喷枪喷涂的需要，这时的黏度称为涂料的施工黏度。各种汽车修补涂料原始黏度和施工黏度的对照见表5—2—1。

表 5—2—1　各种汽车修补涂料原始黏度与施工黏度对照（DIN-4 杯黏度，23℃）

汽车涂料	原始黏度（s）	施工黏度
罩光清漆	45~50	27~28
金属底色漆	24~26	22~24
中涂底漆	80~85	22~24

二、面漆配制的方法及注意事项

1. 面漆配制的方法

（1）确认涂料，搅拌涂料

核对涂料的类型、名称、型号及品种，应与所选的涂料完全相符；在开盖前，应在调漆机上搅拌15min以上，使涂料混合均匀。

（2）检查涂料的质量

打开涂料桶盖后，观察涂料是否有结皮、沉淀、变色、变稠、浑浊、变质等质量问题，若存在质量问题，应更换或处理后再使用。

（3）混合涂料

将一定数量的涂料及配套稀释剂、添加剂按照说明书上的比例混合。以双组份、混合比例为4：1：1的涂料为例。

1）将4：1：1的比例尺垂直放入圆柱形涂料杯中。

2）将涂料倒入涂料杯（见图5—2—5），液面高度与比例尺左侧第一列某一刻度线对齐（“某一刻度线”只与需要配制涂料的量有关，与比例无关。不同混合比例，对应不同的比例尺）。

图 5—2—5　涂料的配制

3）倒入固化剂至比例尺第2列相同数字的刻度线。

4）倒入稀释剂至第3列上相同数字的刻度线。

5）按比例加入各种辅料后，使用调漆尺搅拌均匀。

（4）检查涂料的黏度

为了确保面漆的施工性能，提高涂膜的质量，喷涂前要进行涂料黏度的检查。如果涂料的黏度不符合要求，则需要加入涂料或稀释剂进行调整。

黏度检查的方法有经验法和黏度计测量法。经验法是在搅拌涂料过程中快速提起搅拌尺（见图5—2—6），观察涂料流束的粗细来确定涂料黏度是否合适的一种方法。流线细则应加入涂料，反之则应加入稀释剂。此法的使用与操作者的经验有很大关系，且调制的精确度差，适用于涂装表面质量要求不高的场合。黏度计测量法比较准确，但操作比较烦琐，在汽车涂装修补中很少使用。

图 5—2—6　用经验法检查涂料的黏度

（5）添加辅助材料

如果施工环境不能满足涂装要求，应向涂料中加入适量的添加剂。如环境湿度较大，涂层表面出现发白、发黏等质量缺陷时，应在涂料中加入适量的防潮剂和催干剂；为防止涂膜表面“鱼眼”缺陷的产生，可以加入适量的“防走珠水”。

（6）过滤涂料

在将调制好的面漆倒入喷枪之前，必须进行涂料的过滤。其目的是为了减少喷枪的堵塞，提高喷涂施工质量，提高涂层的表面光泽度。涂料过滤采用专用的过滤网，过滤网是由铜丝或不锈钢丝制成的120~180目筛网（孔径为0.080~0.125 mm），可以根据涂料及涂装要求选择不同规格。

面漆配制也可以采用SATA一次性枪壶，按照SATA枪壶壁上的比例配制，操作简单快捷。

2. 面漆配制时的注意事项

（1）熟悉涂装修补的目的和工艺要求

在涂料配制前，应了解修补涂装是保护性涂装还是装饰性涂装，是底涂层涂装还是面涂层涂装等。修补的目的和工艺不同，涂料的配制方法和配制质量也不同。

（2）熟悉涂装工艺

涂装工艺包括涂装材料、工具设备、漆前准备、操作过程、检查、安全及注意事项等。在涂料配制前，应明确涂料的黏度范围、环境温度、过滤网的目数、过滤次数和搅拌的程度等。

（3）掌握被涂表面的材质、涂装方法及设备工具

被涂物件的材质不同，涂层的形成质量和附着力也不同。底材是金属还是非金属，底材表面有涂层或无涂层，底材表面涂膜类型等方面的差别；每种涂料都有其最佳的施工方法，施工方法不同，涂料的施工黏度也不同。

（4）熟悉选用面漆、稀释剂及辅料的特性

面漆的选用是根据涂装目的和要求而定的。配制前，操作者要对所配制面漆的施工性能和特点有一个充分的了解。面漆的类型、用途及涂装特点不同，其配制方法也不一定相同。

（5）把握涂装环境条件对配制的影响

涂装环境主要是指温度和湿度对涂料施工性能的影响。施工环境温度低、湿度大时，应适量加入防潮剂和催干剂；单纯的温度低，则适当增大涂料的施工黏度；温度高时，涂料本身的黏度小，加入的稀释剂也少。

（6）了解各涂层间的厚度要求

单一涂层结构主要考虑的是涂料与稀释剂的配套性，而多涂层结构则应特别注意层间涂料与稀释剂的配套性。相同涂料在不同的涂层结构中的施工黏度不同，底层涂料黏度大，中涂层涂料黏度次之，面漆涂层的黏度最小。

（7）防止涂料污染

配制面漆时使用的容器、搅拌工具必须干净无污，防止水分、油污及其他滤网无法滤除的杂质混入，防止出现颜色污染。

（8）充分考虑到双组份面漆的特性

配制双组份面漆时，要充分考虑面漆的活化期和熟化期。活化期是指双组份面漆按规定比例混合后，在规定时间内使用完毕所经过的时间，也称之为使用寿命。若在产品规定的时间内未用完，涂料将变稠、失效。熟化期是指双组份涂料混合后，先静置一段时间，使两组份有充分的时间均匀反应，这段时间称为熟化期。另外，双组份涂料调制后的黏度过大时，应选用配套的稀释剂进行调节，切记不可使用固化剂调节黏度值。

技能训练

训练1　单组份面漆的配制

用多功能 SATA 枪壶配制 200mL 单组份普通金属漆，配制比例为 2 ∶ 1。

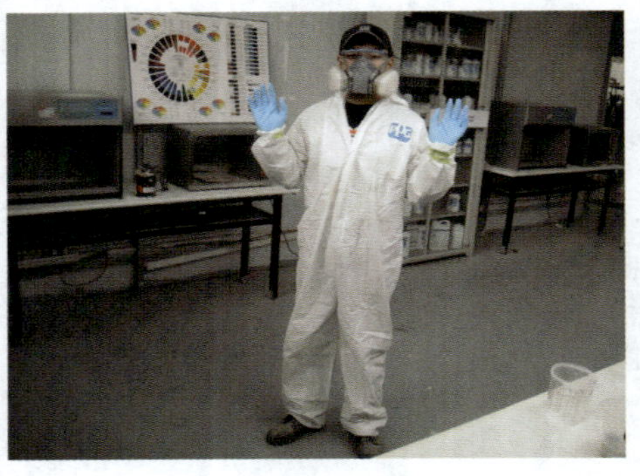

1. 面漆配制前的安全防护

方法：

（1）穿好防静电工作服、工作鞋，戴好乳胶手套、滤筒式防毒面具、工作帽、护目镜。

（2）开启调漆室内的通风设备，使调漆室处于良好的气流流通状态。

提示：

配制面漆时通常戴乳胶手套，这样既能防止有机涂料流出对手的伤害，又能保证手指灵活。

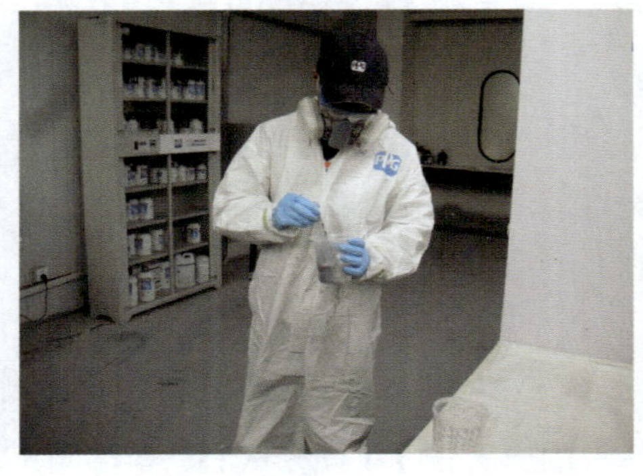

2. 面漆配制前的涂料准备

方法：

（1）核对面漆的型号，检查面漆的质量。

（2）准备好面漆配制所需要的稀释剂、添加剂，充分搅拌需要配制的面漆。

提示：

当面漆出现结皮、变稠、浑浊、变质等情况时，应更换或处理后再使用。

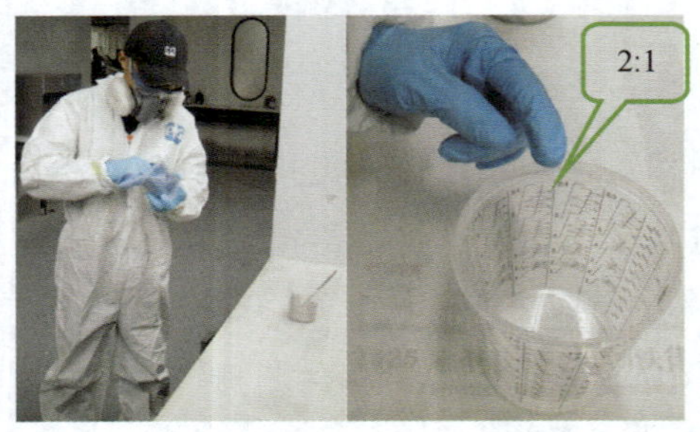

3. 面漆配制的工具准备

方法：

（1）准备好多功能 SATA 枪壶，观察枪壶内壁上印制的配制比例，找到印有 2 ∶ 1 比例的位置。

（2）用干净的除油纸擦拭枪壶，以除去枪壶内壁和外表的灰尘和污物。

提示：

面漆配制的工具一定要干净、无颜色污染，否则会影响面漆喷涂的质量。

续表

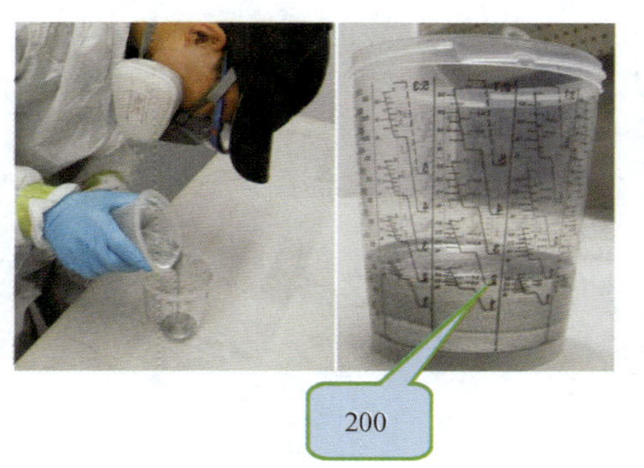	4. 加入普通金属漆 方法： （1）在 SATA 枪壶上确定配制 200mL 普通金属漆的目标位置。 （2）向 SATA 枪壶中缓慢倒入普通金属漆，当枪壶中液面上升至“200”时，停止添加。 提示： 面漆的倒入速度不能过快，否则很容易造成添加过量。
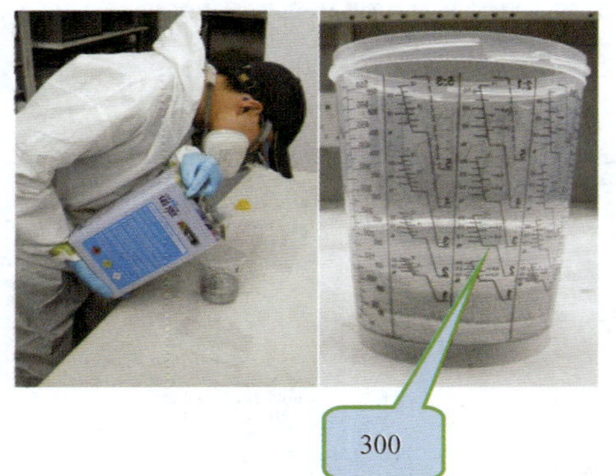	5. 加入稀释剂 方法： （1）根据 2 ∶ 1 的配制比例，200mL 面漆需要 100mL 稀释剂来稀释，所以加入稀释剂后整体体积为 300mL。 （2）缓慢加入稀释剂，使液面高度与枪壶上“300”位置平齐。 提示： 稀释剂罐体的流出口为圆形，不好控制添加量，添加时一定要小心。
	6. 涂料搅拌 方法： 用干净的调漆尺充分搅拌涂料，以确保涂料混合均匀。 提示： （1）搅拌的速度不能过快，否则会产生气泡，影响黏度的检测和面漆的喷涂。 （2）搅拌时要避免剧烈的振动，以防涂料溅出。
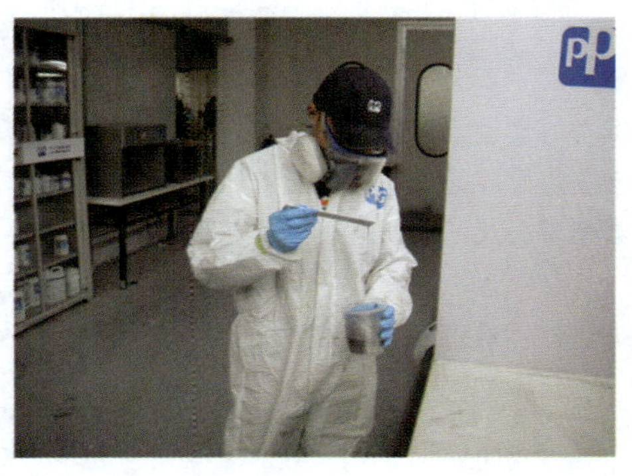	7. 检查涂料的黏度 方法： （1）涂料搅拌均匀后，提起调漆尺使调漆尺上的涂料流入枪壶，观察涂料的流束。 （2）涂料流束粗细适中，从流束变成流滴的时间为 3s，根据经验得知其黏度符合要求。 提示： 实际生产中，检查涂料的黏度通常采用经验法，黏度计检测法用得很少。

续表

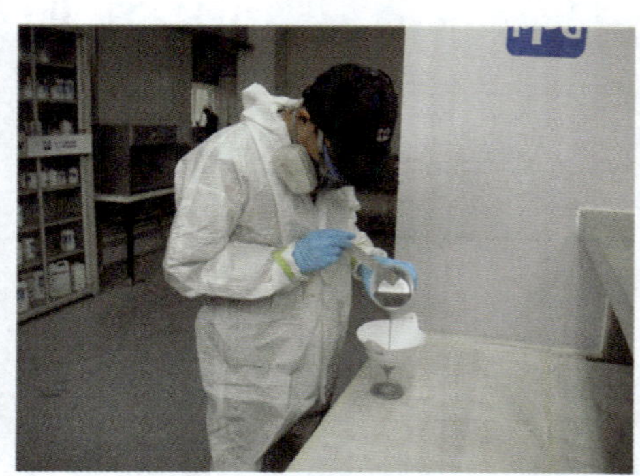	8. 过滤涂料 方法： （1）根据普通金属漆颗粒的特点，选用 100 目的专用涂料过滤网。 （2）将涂料过滤网放在另一干净的调漆杯上，向滤网中倒入配制好的普通金属漆，过滤涂料中大的颗粒和杂质。 提示： 根据涂料中颗粒的大小和喷涂的要求，一般中涂底漆和金属漆选用 80~150 目滤网；素色漆选用 150~180 目滤网，罩光清漆选用 180~200 目滤网。
	9.“6S”操作 方法： （1）整理面漆配制中所使用的材料和工具。 （2）清洁工作台、涂料配制工具；清扫作业场地。 （3）填写设备使用和维护记录。 提示： 严格按照 6S 的要求规范操作。

训练2 双组份面漆的配制

用涂料比例尺配制 200mL 双组份素色漆，配制比例为 2% ∶ 1% ∶ 15%。

	1. 面漆配制前准备 方法： （1）做好卫生安全防护工作。 （2）准备好作业场地 （3）准备好面漆配制所需要的涂料。 （4）准备好面漆配制所需要的工具和设备。 提示： 准备配制工具时要选用 2 ∶ 1 ∶（5%~20%）的比例尺。

续表

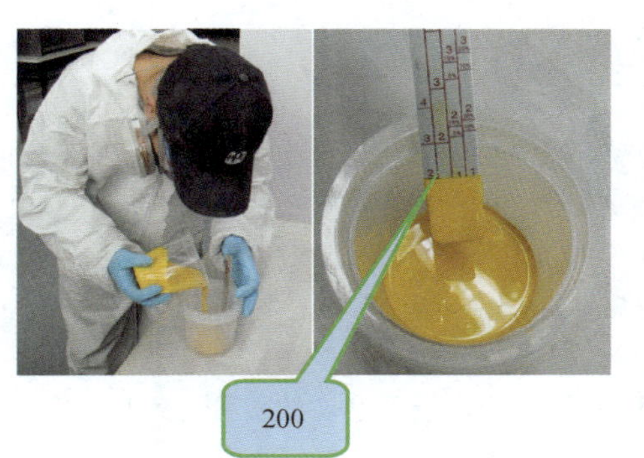	2. 加入素色漆 方法： （1）将准备好的调漆比例尺靠在直筒型调漆杯的杯壁上，用手指固定。 （2）缓慢加入素色漆，当漆面高度与比例尺上最左边第一列的“2”平齐时，停止添加。 提示： 直筒型调漆杯选用1000mL规格的专用调漆杯，当漆面高度为“1”时，其体积为100mL，漆面高度为“2”时，体积为200mL。
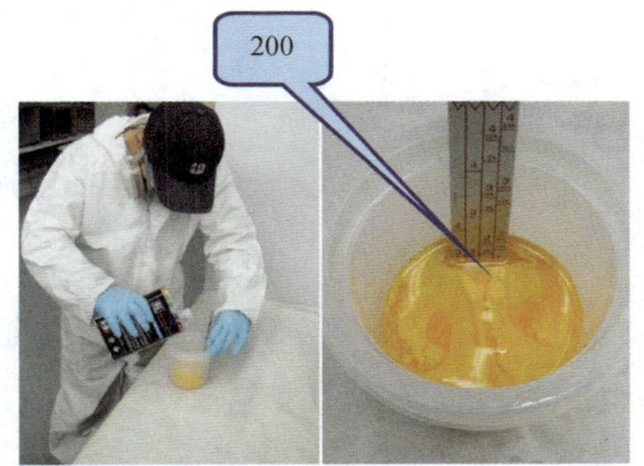	3. 加入固化剂 方法： （1）缓慢地加入配套的固化剂。 （2）当固化剂的液面上升到第二列的“2”位置时，停止添加。 提示： 要严格按照配比的比例加入固化剂，固化剂偏多或偏少都会影响面漆成膜的质量。
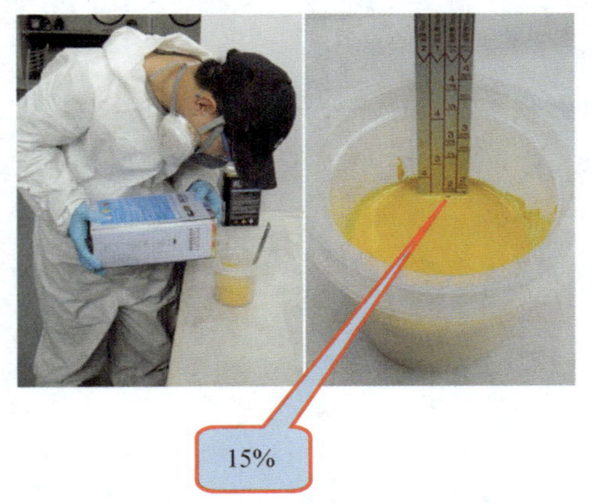	4. 加入稀释剂 方法： （1）按照配制比例加入稀释剂。 （2）缓慢加入稀释剂，当液面上升到比例尺上第三列的“15%”位置时，停止添加。 提示： 此比例尺上第三列上有5%和15%两个刻度线、第四列上有10%和20%的刻度线，配制时要根据环境温度和具体要求选择稀释比例。
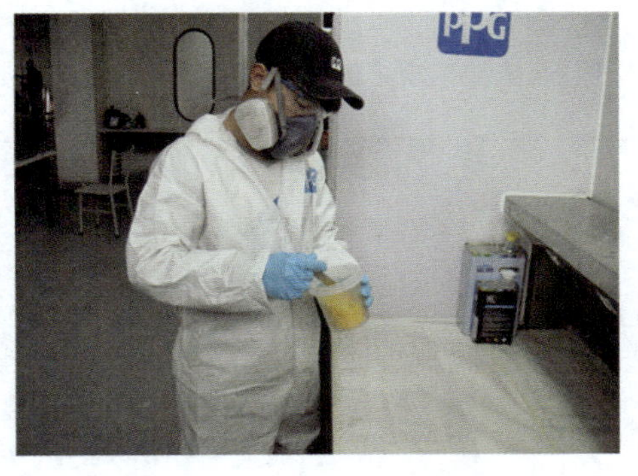	5. 涂料搅拌 方法： （1）配制涂料的各组份按照2∶1∶15%的比例添加完成后，用调漆尺充分搅拌。 （2）确认配制的涂料混合均匀后，停止搅拌。 提示： 搅拌动作不要过于剧烈，以免产生气泡。

续表

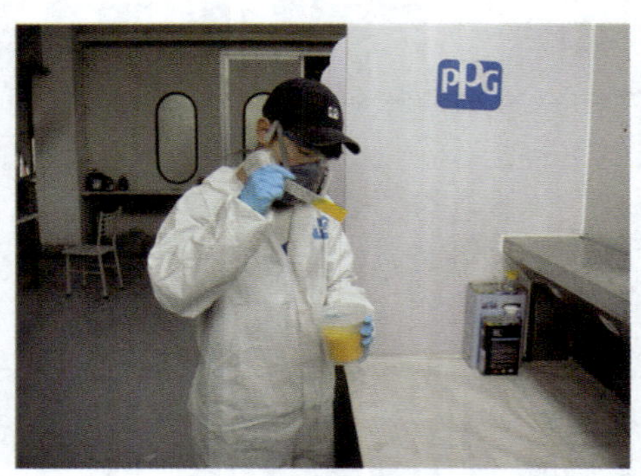	6. 检查涂料的黏度 方法： （1）涂料搅匀后，通过调漆比例尺上涂料的滴流检查涂料的黏度。 （2）涂料流束粗细合适，从流束变成流滴的时间为5s，根据经验可以判断该涂料的黏度符合要求。 提示： 一般情况下，双组份素色漆的喷涂黏度比单组份普通金属漆的喷涂黏度大。
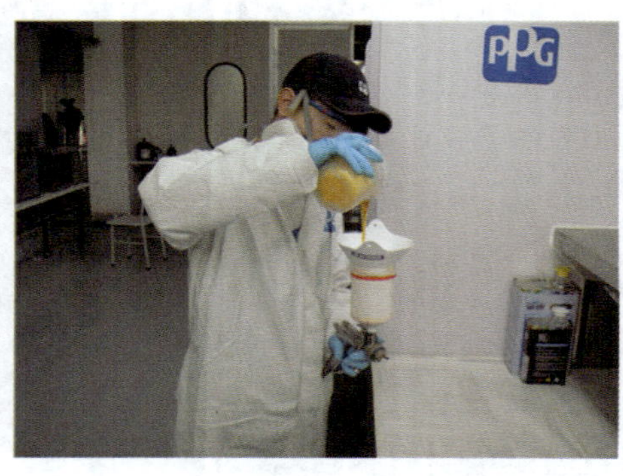	7. 过滤涂料 方法： （1）选用160目的专用涂料过滤网，对配制好的涂料进行过滤。 （2）将过滤网直接放在喷枪的枪壶上，将面漆倒入滤网，待涂料通过滤网流入枪壶后，取下滤网，旋好枪壶盖。 提示： 过滤的目的是除去涂料中大的颗粒和杂质，防止喷枪堵塞，提高面漆喷涂的质量。
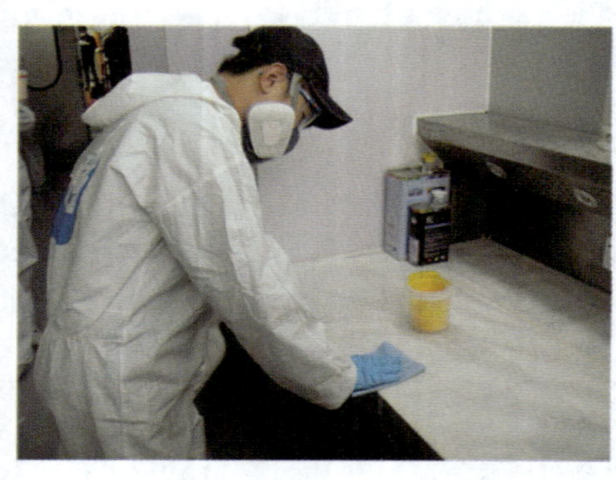	8. “6S” 操作 方法： （1）清洁盛装面漆的涂料杯，处理使用过的涂料过滤网。 （2）将桶装面漆、稀释剂和固化剂密封，存放到涂料仓库里的指定位置。 （3）清洁工作台，清洗比例尺。 （4）填写设备使用记录。 提示： 严格按照6S的要求规范操作。

训练评价

考核要求

1. 在规定的时间内完成面漆的配制，使之符合技术标准。

2. 应及时指正在操作过程中出现的违规操作。

3. 符合安全文明生产的要求。

考核标准

考评标准表——面漆的配制

考核时间	考核项目	分值	评分标准与指导	评价结果
30 min	涂料配制设备和工具的使用	10	工具使用不当酌情扣分，并指正	
	单组份普通金属漆配制前准备	10	按要求酌情扣分，并指正	
	按比例加入金属漆和稀释剂	20	按要求酌情扣分，并指正	
	普通金属漆涂料黏度的检查	5	按要求酌情扣分，并指正	
	普通金属漆涂料的过滤	5	按要求酌情扣分，并指正	
	双组份素色漆配制前的准备	10	按要求酌情扣分，并指正	
	按照配制比例加入各组份	20	按要求酌情扣分，并指正	
	素色漆混合涂料黏度的检查	5	按要求酌情扣分，并指正	
	素色漆混合涂料的过滤	5	按要求酌情扣分，并指正	
	“6S”操作规范	10	每项扣 2 分，扣完为止	
	遵守相关安全操作规范		因违规操作发生人身和设备事故，终止考核，成绩按 0 分计；超时，每分钟扣 2 分，超时 5 min 终止考核	
	分数合计	100		

思考题

1. 简述面漆配制的一般步骤。
2. 面漆配制的注意事项有哪些？